Von Sebastian Haffner sind außerdem erschienen:

Von Bismarck zu Hitler
Germany: Jekyll & Hyde

Über den Autor:

Sebastian Haffner, geboren 1907 in Berlin, gestorben 1999, emigrierte 1938 nach England und arbeitete dort als Journalist. 1954 kehrte er als Auslandskorrespondent des *Observer* nach Deutschland zurück, war dann ab 1961 politischer Kolumnist, erst für die *Welt*, später für den *Stern*. Sebastian Haffner ist Autor mehrerer historischer Bestseller und gilt als einer der bedeutendsten Zeitzeugen der deutschen Nachkriegsgeschichte.

Sebastian Haffner
Zwischen den Kriegen

Essays zur Zeitgeschichte

Aus dem Englischen von Kurt Baudisch,
Anne Gebhardt und Nina Hartl

Knaur

Besuchen Sie uns im Internet:
www.droemer-weltbild.de

Dieser Titel ist bereits unter der Bandnummer 77412 erschienen.
Vollständige Taschenbuchausgabe 2001
Droemersche Verlagsanstalt Th. Knaur. Nachf., München
Copyright © 1997 Verlag 1900, Berlin
Alle Rechte vorbehalten. Das Werk darf – auch teilweise – nur mit
Genehmigung des Verlages wiedergegeben werden.
Umschlaggestaltung: ZERO Werbeagentur, München
Umschlagabbildung: Stern, Hamburg / Harald Schmitt
Satz: Ventura Publisher im Verlag
Druck und Bindung: Clausen & Bosse, Leck
Printed in Germany
ISBN 3-426-77591-3

5 4 3 2

Inhalt

Vorwort:
Ein bürgerlicher Geschichtsdenker 7

Zwischen den Kriegen
Deutschland zwischen den Kriegen 19
Der spanische Bürgerkrieg 37
Und führ' uns gleich ins Dritte Reich 44

Hitlerzeit
Der Abschied 53
Parteiendämmerung im Deutschen Reich 65
Rückblick auf München 73
Heuschrecken 98

Kalter Krieg
Das Ende von sieben Jahren 103
»Kalter Frieden« 111
Das Ende des Wirtschaftswunders 115
Agenda für Deutschland 119
17. Juni 1953 125
Ein Staat der Partei 129
Noch einmal davongekommen? 141
Eine ganze klinische Literatur 146
Berlin – Hauptstadt und sonst nichts! 152

Entspannung
Die deutsche Frage 157
Deutschland, Rußland und der Westen 171
Mit der Teilung leben 189
Die bedingungslose Integration 196

Wo Bismarck und Adenauer scheiterten 223
Zweifel an Freund und Feind....................... 226
Die Anerkennung der DDR 242
12 Thesen zur Deutschlandpolitik 265

Neue Kritik
Rückfall in Schrecken und Willkür 271
Kein Ende der SPIEGEL-Affäre 274
Das Vertrauen der Bürger 288
Hundert Jahre deutsche Arbeiterbewegung 292
Die Nacht der langen Knüppel 298
Faschismus und Kapitalismus...................... 302
Die Bestie erwacht................................ 310
Freiheit auf Abruf 315
Ist die Bundesrepublik noch zu retten? 319
Sieg der Untertanen............................... 327
Falsche Solidarität 331
Blutiges Spiel 334
Rückblick auf die Siebziger 337

Anhang
Quellenverzeichnis................................ 345

Ein bürgerlicher Geschichtsdenker

Strenggenommen ist Sebastian Haffner nicht, als was er gemeinhin gilt; er ist kein Historiker, weder was seine Ausbildung betrifft, noch in seiner Arbeitsweise. Er nennt sich selbst einen »bürgerlichen Geschichtsdenker«, womit treffend beschrieben ist, daß sein Hauptinteresse nicht der Erforschung neuen Quellenmaterials, sondern der Neubewertung bereits bekannter Fakten gilt. Dabei kommt ihm seine herausragende Fähigkeit zugute, in Widersprüchen sowohl denken als auch argumentieren zu können und so seine Leser an den Paradoxien und scheinbaren Widersinnigkeiten komplexer historischer Vorgänge teilhaben zu lassen.

Kaum ein deutscher Publizist hat so unterschiedliche Reaktionen auf die Ergebnisse seines Nachdenkens erfahren wie Sebastian Haffner: Anerkennung, Sympathie und Bewunderung einerseits; Ignoranz, scharfe, teilweise ätzende Kritik, sogar persönliche Angriffe andererseits. Dieses Echo sagt einiges aus sowohl über den Autor Sebastian Haffner als auch über die Kritiker und verrät zugleich etwas über den wichtigsten Gegenstand der Überlegungen Haffners: Deutschland und die Deutschen. Denn Haffner ist Deutscher, seine Kritiker ebenfalls.

Dem häufigen Versuch, Haffner der Rechten zuzuschlagen, liegt ein Mißverständnis zugrunde: Da Haffner sich fast ausschließlich mit deutscher Geschichte und Gegenwart beschäftigt, wirkt dies wohl auf manchen Betrachter, als wäre Haffner schon allein deshalb deutscher Nationalist. Dabei ist es doch ein nicht zu übersehender Unterschied, *stolz* darauf oder existentiell *betroffen* davon zu sein, in Deutschland zu leben. (Wie sehr betroffen, zeigte sich noch 1992, als ausländerfeindliche Ausschreitungen in Deutschland eskalierten

und Haffner sehr unsicher war, ob seine Entscheidung von 1954, nach Deutschland zurückzukehren, nicht vielleicht doch falsch gewesen war. »Es ist doch manches wieder aufgetaucht hier in Deutschland und jetzt gerade seit der sogenannten Einheit, was an schlechte Zeiten erinnert.«)
Daß die deutschen Katastrophen – die Haffners Leben den Rhythmus aufgezwungen, ihn aber auch als politischen Publizisten erst geschaffen haben – sein Hauptthema sind, ist unübersehbar und nur logisch. 1964 schrieb Haffner, der im Frühjahr 1914 eingeschult wurde, im Vorspann zu einer Serie in der Illustrierten STERN über den von G. F. Kennan die »Urkatastrophe des Jahrhunderts« genannten Ersten Weltkrieg die folgenden Zeilen: »Deutschland ist mit dem Erlebnis des Ersten Weltkrieges nicht fertig geworden ... Die alten Legenden sind nicht tot, von der ›Einkreisung‹ bis zum ›Dolchstoß‹. Die Älteren reiben sich an der ›Kriegsschuldlüge‹ wund, bestreiten die Niederlage und hadern mit dem Schicksal. Die Jüngeren wissen nichts und wollen nichts wissen. Sie finden, schon der Zweite Weltkrieg gehe sie nichts mehr an; und nun gar der Erste! ... Wer einen schweren Rückschlag im Leben erleidet, fragt sich normalerweise: ›Was habe ich falsch gemacht?‹ ... um aus seinen Fehlern zu lernen. Wenn er es versäumt, wird er diese Fehler immer wieder machen. Die Deutschen haben es versäumt, und sie haben dieselben Fehler immer wieder gemacht. Statt sich zu fragen, wodurch sie sich den Krieg eingebrockt und ihn dann verloren haben, haben sie sich immer wieder vorgerechnet, daß sie am Kriege unschuldig gewesen seien und ihn eigentlich gewonnen hätten.« Wer so wie Haffner um die Beseitigung der zahlreichen deutschen Mythen und Legenden bemüht ist, ist kein Nationalist – er leidet an Deutschland.
Haffner war immer wieder bereit, angestammte Lager selbst unter Inkaufnahme existentieller Risiken zu verlassen, wenn

er es für notwendig erachtete. Seine Kritiker haben deshalb schnell den Vorwurf des Opportunismus bei der Hand. Jedoch haben sich nicht einfach Haffners Standpunkte und die äußeren Bedingungen verändert, zu denen Haffner sich neu und anders – und oft überraschend – positionierte.

»Wer sich in die Geschichte der deutschen Nation vertieft, der hat leicht den Eindruck eines unruhigen Lebens in Extremen ... Von apolitischer Ruhe wendet Deutschland sich zur aufgeregtesten politischen Tätigkeit, von buntscheckiger Vielgestalt zu radikaler Einheitlichkeit; aus Ohnmacht erhebt es sich zu aggressiver Macht, sinkt zurück in Ruin, erarbeitet sich in unglaublicher Schnelle neuen hektischen Wohlstand. Es ist weltoffen, kosmopolitisch, mit Bewunderung dem Fremden zugeneigt; dann verachtet und verjagt es das Fremde und sucht das Heil in übersteigerter Pflege seiner Eigenart. Die Deutschen gelten als das philosophische, spekulative Volk, dann wieder als das am stärksten praktische, materialistische, als das geduldigste, friedlichste und wieder als das herrschsüchtigste, brutalste. Ihr eigener Philosoph, Nietzsche, hat sie das ›Täusche-Volk‹ genannt, weil sie die Welt immer wieder mit Dingen überraschen, die man gerade von ihnen nicht erwartet«, schrieb Golo Mann in seiner »Deutschen Geschichte des 19. und 20. Jahrhunderts«. Es sind diese mehrfach miterlebten abrupten Veränderungen Deutschlands, die mehr als geistige Stellungswechsel von Haffner erzwangen. »Ich habe zweimal mein Land gewechselt.«

Sein Handeln im Zusammenhang mit der SPIEGEL-Affäre mag hier wichtig und aufschlußreich sein, denn diese Affäre hat nicht nur die weitere Entwicklung der sechziger Jahre in der Bundesrepublik geprägt – sondern war zugleich die Geburtsstunde des »linken Haffner«. Haffner hatte auf eine dramatische Veränderung in der politischen Landschaft reagiert, indem er die Grundsätze von Demokratie und Pressefreiheit nicht der vermeintlichen Staatsräson opferte wie seine konservativen Kollegen (die wiederum ihrerseits Haffner des Lagerwechsels ziehen und das damalige Vorgehen der Bundesregierung teils deckten, teils billigten), sondern seinen rechtsstaatlichen Prinzipien und politischen Idealen treu blieb.

Seine ehemaligen konservativen Mitstreiter fielen in erbosten Kommentaren über Haffner her: »Wie kann ein Mann sich so wandeln?« fragte Haffners Kollege Eckhardt 1963 in der WELT. »Der Fall Haffner ist mehr als ein krankhafter Fall anzusehen«, und, fügte er 1967 hinzu, was Haffner schreibt, ist »ganz und gar vergiftend, bösartig und, ich wage das auszusprechen, gegen das eigene Wissen stehend«.

Indes, Haffners stets bewahrter geistiger Unabhängigkeit verdanken wir eine gute Handvoll Bücher, wie sie in der deutschen Publizistik und Geschichtsschreibung selten zu finden sind und in denen seine besondere Sicht auf die Bedeutung der deutschen Revolution 1918/1919 für den weiteren Verlauf des 20. Jahrhunderts eine große Rolle spielt: Für Haffner ist es unmöglich, das vergangene Jahrhundert ohne Berücksichtigung des Verlaufs dieser Revolution zu verstehen. Doch dieser für Haffner so überaus wichtige Aspekt spielt in der deutschen Öffentlichkeit kaum eine Rolle. Ein interessanter Widerspruch.

Haffners Analyse der deutschen Revolution kommt zu dem Ergebnis, daß die Novemberrevolution 1918 »eine sozialdemokratische Revolution [war], die von den sozialdemokratischen Führern niedergeschlagen wurde: ein Vorgang, der in der Weltgeschichte kaum seinesgleichen hat«. Schon 1939 notierte Haffner im englischen Exil, daß die deutschen »Sozialdemokraten als Partei während der letzten 25 Jahre beispiellos versagt haben«. Er macht dieses Versagen der SPD unter anderem an einem Datum fest, dem 24. Dezember 1918, der Tag, »an dem die ›Volksbeauftragten‹ der Sozialdemokratischen Partei zum ersten Mal das Freikorps gegen das eigene Volk einsetzten« und der »das klägliche Scheitern der sozialdemokratischen ›Revolution‹ von 1918 markiert, einer Revolution, die bald Angst vor ihrer eigenen Courage bekam, Konterrevolutionäre zu Hilfe rief, um für ›Recht und Ordnung‹ zu sorgen, und die Macht so rasch wie möglich an das Zentrum und die Liberalen abtrat.« (»Germany: Jekyll & Hyde«)

Und in seinem 1987 erschienenen Buch »Von Bismarck zu Hitler« beschreibt Haffner die Situation vom Wochenende 9./10. November 1918 aus der Perspektive des Ludendorff-Nachfolgers Groener, dessen Absicht genau wie Eberts darin bestand, die in Berlin drohende Revolution mit Hilfe der heimkehrenden Armee zu unterdrücken. »Groener erklärte sich schon in diesem ersten Telefongespräch [mit Friedrich Ebert, U. S.] dazu bereit, später wurde die Abmachung bekräftigt. Sie involvierte eine Gegenrevolution, eine militärische Unterdrückung der linken Revolution, die in dem Rat der Volksbeauftragten ihre Führung hatte, an dessen Spitze ironischerweise Ebert stand.« Haffner weiter: »Eine Art schleichender Bürgerkrieg fand statt, in dem die Freikorps mit voller Deckung der Regierung Ebert/Noske ... die noch verbliebenen Reste von Arbeiter- und Soldatenräte-Herrschaft in vielen Städten blutig niederschlugen.«

Eine Folge der gescheiterten Revolution war, daß die Ursachen für den Ersten Weltkrieg im dunklen blieben und die Verantwortlichen nicht zur Rechenschaft gezogen wurden – durchaus im Interesse der sozialdemokratischen Führer, deren Verantwortung größer war, als selbst heute gemeinhin bekannt ist. Durch Eberts Begrüßung der heimkehrenden Truppen vor dem Brandenburger Tor – »Kein Feind hat euch überwunden«, hatte ihm General Schleicher in die Rede geschrieben – leistete Ebert der Dolchstoßlegende Vorschub. Die zugleich friedliche und revolutionäre Stimmung in Deutschland wurde nicht zu notwendigen Umwälzungen genutzt.

Am 8. November 1993 wies Haffner in einem Radiointerview auf eine andere, tiefgehende und lang anhaltene Folge der deutschen Revolution von 1918 hin, nämlich die, »daß die SPD aufgehört hat, eine klare Partei mit einem klaren Wollen zu sein. Sie gibt sich immer noch als Linkspartei, ist aber im Grunde genommen eine zweite Rechtspartei geworden, und zwar durch das Wirken Eberts und Noskes gegen die damalige Revolution, die von den damaligen Anhängern der SPD veranstaltet wurde.«

Verständlich, daß Haffner sich mit diesen Aussagen nicht nur Freunde gemacht hat. In seiner Ebert-Monographie schrieb vor Jahren der SPD-nahe Historiker Claus-Peter Witt: »Der nur noch als pathologisch zu bezeichnende Haß, mit dem historisierende Publizisten wie z. B. Sebastian Haffner die Politik Friedrich Eberts deuten, ist wegen der großen Breitenwirkung ihrer Bücher in der historisch-politisch interessierten Öffentlichkeit verantwortungslos, zumal sie nicht davor zurückschrecken, komplizierte Sachverhalte und differenzierte Erörterungen der gelehrten Forschung auf plakative Formeln zu reduzieren und damit auch zu verfälschen.« Dem schließt sich Helga Grebing an, die Haffner 1996 einen »schwadronierenden Publizisten« nannte, oder der Berliner Historiker Heinrich August Winkler, der im Sommer 1997 in der BERLINER MORGENPOST schrieb, daß Haffner in seinem Buch über die deutsche Revolution die »alte kommunistische Behauptung« aufwärme, »Friedrich Ebert und seine Partei, die SPD, hätten die Revolution verraten«. Winkler indes weiß, daß Haffner »der einzige nichtkommunistische

Autor«, ist, der die These vom Verrat der Revolution vertritt, allerdings spricht Haffner, ebenfalls als einziger, vom Verrat einer sozialdemokratischen, nicht kommunistischen Revolution, begangen von sozialdemokratischen Politikern, was die Angelegenheit so ungeheuer kompliziert.
Einige Zeilen weiter heißt es bei Winkler: »Ein frischer, fröhlicher Bürgerkrieg hätte Deutschland und der Welt 14 Jahre später Hitler erspart, und da Ebert und Konsorten den Bürgerkrieg partout nicht wollten, tragen sie die Mitschuld am Erfolg des Nationalsozialismus.« Mit diesem Satz drischt Winkler auf Haffners Verleger ein, meint aber Haffner, dessen Verdienst es aber nun einmal ist, darauf hingewiesen zu haben, daß es in Deutschland 1919 überhaupt einen Bürgerkrieg gegeben hat und daß dieser von der SPD gegen ihre eigenen Anhänger geführt wurde. »Von Januar bis Mai 1919, mit Ausläufern bis in den Hochsommer hinein, tobte in Deutschland ein blutiger Bürgerkrieg, der Tausende von Todesopfern und unsägliche Bitterkeit hinterließ. Dieser Bürgerkrieg stellte die Weichen für die unselige Geschichte der Weimarer Republik, die aus ihm geboren, und die Entstehung des Dritten Reichs, das in ihm gezeugt wurde.« Haffner weiter: »Er erzeugte in den Freikorps, die ihn für die SPD-Regierung führten und gewannen, die Gesinnungen und Gewohnheiten der späteren SA und SS, die vielfach aus ihnen hervorgegangen sind. Der Bürgerkrieg von 1919 ist daher ein zentrales Ereignis der deutschen Geschichte dieses Jahrhunderts. Aber merkwürdigerweise ist er aus dem deutschen Geschichtsbild fast vollständig verschwunden, getilgt, verdrängt.« (»Der Verrat«)
Wer sich als Historiker der deutschen Sozialdemokratie verpflichtet fühlt, wird diese Sätze nicht gerne lesen. Das ist verständlich. Winkler unterstellt aber, daß irgend jemand, auch Haffner, es begrüßte, wenn es 1919 einen Bürgerkrieg gege-

ben hätte. Das Gegenteil ist der Fall: Zu beklagen ist, daß ein Bürgerkrieg stattfand und daß dieser Bürgerkrieg in letzter Konsequenz zu Hitler geführt hat.

Es spricht für die Analysen Haffners, daß Ergebnisse der historischen Forschung aus den letzten Jahren, etwa die neuen Beweise für die direkte Beteiligung Gustav Noskes an der Ermordung Rosa Luxemburgs und Karl Liebknechts oder die direkte und geheime Zusammenarbeit der SPD- und Gewerkschaftsführung bei der Vorbereitung des Ersten Weltkriegs, Haffners grundsätzliche Annahmen bestätigen. Es spricht gegen die Analysen Winklers, daß er diese neuen Fakten nicht einmal zur Kenntnis nimmt. Tatsache ist, daß sich sozialdemokratische Politiker und Historiker nicht mit der *ganzen* Geschichte ihrer Partei beschäftigen wollen.

Zurück zu Haffner. Im September 1997 erzählte er der langjährigen DDR-Korrespondentin der ZEIT, Marlies Menge, daß er sich »bis heute übelnimmt«, auf die Frage [des Fragebogens der FRANKFURTER ALLGEMEINEN ZEITUNG, U. S.], welche politischen Gestalten er am meisten verachte, nicht Ebert und Noske geantwortet zu haben: »Die haben die Revolution verraten, sie sind schuld an der Ermordung von Liebknecht und Luxemburg, ohne sie wäre Hitler nicht an die Macht gekommen.« Denn: »Ich möchte noch etwas anfügen: Wir haben gesehen, wie sich die Ereignisse dieses unübersichtlichen Jahres [1918, U. S.] in der Stimmung namentlich des deutschen Bürgertums niederschlugen. Unter diesen deutschen Bürgern war auch ein gescheiterter Künstler, ein Österreicher, der sich als Kriegsfreiwilliger in der deutschen Armee bewährt hatte. Das Kriegsende erlebte er als Gasversehrter in einem pommerschen Lazarett – und in diesem Augenblick entschloß er sich, Politiker zu werden, um all das Furchtbare, das seiner Meinung nach 1918 geschehen war, den scheinbaren Nervenzusammenbruch der Hei-

mat, das scheinbare Aufgeben der sicheren Siegeschance, rückgängig zu machen. Dieser Mann, von dem damals keiner etwas wußte, hieß Adolf Hitler und wurde in den folgenden zehn Jahren allmählich zu einer Schlüsselfigur der deutschen Politik.« (»Von Bismarck zu Hitler«)
Diese subjektive Seite aus dem Leben Hitlers (»Nie wieder darf es in Deutschland einen November 1918 geben!«) erklärt allein noch nicht Hitlers fulminanten Aufstieg; erst die Tatsache, daß dieses Erleben sich mit den Ansichten so vieler Deutscher deckte, machte Hitler später so erfolgreich.
Die deutsche Sozialdemokratie hat 1918/19 einen wirklichen Neuanfang verhindert – im Denken, in der Politik, im Militär, in der Wirtschaft. Die erste deutsche Demokratie war von Beginn an den alten Mächten ausgeliefert, vor allem, weil sie die revolutionäre Herkunft abstritt und verleugnete. Sie blieb »Deutsches Reich«, mit den bekannten Folgen.
Sebastian Haffner hat es miterlebt. Es ist sein Lebensthema geworden.

Uwe Soukup

Zwischen den Kriegen

Deutschland zwischen den Kriegen

1919 bis 1939:
Sechs Geschichtsperioden in zwanzig Jahren

Für das westliche Europa bilden die zwei Jahrzehnte 1919 bis 1939 eine historische Einheit: die Zwischenkriegsperiode, eine Pause des Aufatmens, der Erholung und des langsamen Übergangs von Hoffnung zu Beängstigung. In Deutschland aber enthalten diese zwanzig Jahre, unglaublich wie es klingen mag, nicht weniger als sechs deutlich voneinander geschiedene Geschichtsperioden, von denen jede nur ein paar Jahre dauerte. Allgemein bekannt ist heute noch der große Einschnitt von 1933: das Ende der demokratischen Republik und der Beginn der Nazidiktatur. Weniger bekannt, aber ebenso real sind die Einbrüche der Jahre 1924 und 1930, die Zeit der Weimarer Republik, und der Jahre 1935 und 1938, die die Nazizeit vor dem Zweiten Weltkrieg ruckartig in jeweils drei deutlich verschiedene Epochen teilen.
Die erste umfaßt die Jahre 1919 bis 1923: eine Epoche völliger politischer und wirtschaftlicher Verwirrung, ständiger Putsche von rechts und links, oft bürgerkriegsähnlicher Zustände, politischer Morde, bis zur völligen Geldvernichtung getriebener Inflation, gipfelnd in dem chaotischen Furioso des Herbstes 1923.
Und dann, nach nur einem Übergangsjahr, plötzlich die »goldenen zwanziger Jahre« 1925 bis 1929: scheinbare Stabilisierung der Republik, Wiederkehr von Ruhe und Ordnung, festes Geld, wirtschaftlicher Wiederaufbau, außenpolitische Erfolge und eine fast hektische Kulturblüte. Ein kurzes Glück! 1930 bricht schlagartig die Wirtschaftskrise herein, die sofort in die Politik durchschlägt. Es folgt die Agonie der

Republik in den Jahren 1930 bis 1932: Alles ist plötzlich wieder in Frage gestellt, die Verfassung funktioniert nicht mehr, Massenarbeitslosigkeit und Massenelend machen Kommunisten und Nazis zu Massenparteien, halbdiktatorische Regierungen ohne wirkliche Machtbasis wechseln in kurzer Folge. Ende 1932 ist das allgemeine Gefühl: »So kann es nicht weitergehen.«

Und nun 1933 und 1934: die Jahre der Hitlerschen Machtergreifung, des politischen Kahlschlags, der Abschaffung des Rechtsstaates, des Terrors von oben, der ersten Emigrationswelle, Jahre der Angst und der Verzweiflung für die einen, der begeisterten Aufbruchstimmung für die anderen, die finden: »Nun wird wieder Ordnung geschaffen.«

Scheinbar behalten diese Optimisten zunächst recht. Denn es folgen drei Jahre der Beruhigung, die »guten Nazijahre« 1935 bis 1937; eine gewisse Milderung (wenn auch kein völliges Aufhören) der Terrorherrschaft, und dazu: wirtschaftliche Erholung bis zur Vollbeschäftigung, außenpolitische Erfolge, militärische Erstarkung, Friedensreden Hitlers, die Olympischen Spiele in Berlin. Auf andere Art waren die mittleren dreißiger Jahre für den Durchschnittsdeutschen trotz aufgehobener politischer Freiheit fast wieder eine so gute Zeit wie die goldenen Zwanziger. Aber wiederum ein kurzes Glück, ein noch kürzeres diesmal. Anfang 1938 verdüstert sich schlagartig der politische Himmel: Hitler entmachtet die Armee, die Terrorschraube wird wieder straff angezogen, die Konzentrationslager füllen sich, die Judenverfolgung beginnt im Ernst, und außenpolitisch folgt ein Abenteuer dem andern; erst noch triumphal mit der Besetzung Österreichs, aber dann Krise auf Krise: Sudetenkrise, Tschechenkrise, Polenkrise. Langsam wird jedem klar: Es geht in den Krieg. Als der Krieg da ist, herrscht tiefe Depression.

Sechs Perioden, sechs grundverschiedene politische Stimmungen. Und doch gehen gewisse Grundströmungen durch alle sechs hindurch, die jeweils nächste ist in der jeweils präsenten immer schon im verborgenen da, und der Ausgangspunkt ist für alle derselbe: der vierfache Schock eines verlorenen Krieges, einer steckengebliebenen Revolution, eines bedrückenden und verhaßten Friedensvertrages und einer existenzbedrohenden Finanzkatastrophe. Jeder einzelne dieser vier Schicksalsschläge wäre für jedes Volk eine harte Prüfung gewesen, schwer zu bewältigen. Alle vier zusammen waren für die Deutschen zuviel. Sie zappelten gewissermaßen in vier plötzlich über sie geworfenen Netzen zugleich, unschlüssig, ob sie sie mit einer krampfhaften Anstrengung zerreißen oder sich ihnen durch aalglatte Verrenkungen entwinden sollten, unschlüssig auch, welches sie als erstes anpacken sollten, und sich immer wieder in ein anderes verwickelnd, wenn sie glaubten, mit dem einen irgendwie zurechtgekommen zu sein. Das erklärt ohne weiteres das Chaos der ersten fünf Nachkriegsjahre. Es erklärt aber auch die Brüchigkeit der scheinbaren Erholung in der zweiten Hälfte der zwanziger Jahre und die fast hysterische Bereitwilligkeit, mit der viele Deutsche sich nach dem zweiten wirtschaftlichen Zusammenbruch einem selbsternannten Wundertäter in die Arme warfen, und die verzweifelte Verbissenheit, mit der sie sich an ihn klammerten, als er sie nach einer zweiten Scheinblüte in den Untergang führte. Wenn wir die wildbewegte, immer wieder abreißende und neu ansetzende Geschichte des Zwischenkriegsdeutschland verstehen wollen, müssen wir also bei den vier Heimsuchungen der Jahre 1918/19 ansetzen. Alle vier hatten überdies in sich selbst etwas Kompliziertes und Vertracktes, das sie für die Mitlebenden schwer verständlich machte und vergiftende Mißdeutungen fatal erleichterte.

Beginnen wir mit der deutschen Niederlage im Ersten Weltkrieg. Sie hatte nichts von der Handgreiflichkeit und Vollständigkeit der Niederlage im Zweiten. Die Deutschen hatten vier Jahre lang fast ununterbrochen militärische Erfolge errungen, hatten den Krieg im Osten siegreich beendet und waren im Westen noch bis Juli 1918 in der Offensive. Sie fühlten sich sozusagen noch mitten im Siegen, als sie sich plötzlich, mit dem Waffenstillstandsgesuch von Anfang Oktober, dem Eingeständnis der Niederlage konfrontiert sahen. Tatsächlich brach ja die deutsche Führung den Krieg ab, als der Zusammenbruch der Verbündeten, das reißend zunehmende Übergewicht der Amerikaner und die erzwungenen Rückzüge an der Westfront die Niederlage unausweichlich machten.

Sie warteten die Niederlage sozusagen nicht ab; vollständig vollzogen war sie noch nicht. Noch stand kein feindlicher Soldat auf deutschem Boden. Verständlich, daß viele Deutsche, als Deutschland das Handtuch warf, das Gefühl hatten, es könne bei dem plötzlichen »Wir geben auf« nicht mit rechten Dingen zugegangen sein. Um so verständlicher, als die deutsche Oberste Heeresleitung die Verantwortung für das Waffenstillstandsersuchen einer neuen, parlamentarischen, »linken« Regierung zuschob, die sie auch treuherzig übernahm. Sah es also nicht so aus, als sei diese Regierung an dem Umschwung der Dinge schuld? Der neue sozialdemokratische Reichskanzler Ebert begrüßte die heimkehrenden Truppen am Brandenburger Tor in Berlin mit den Worten: »Kein Feind hat euch überwunden.« Bestätigte er damit nicht im voraus die Erklärung der militärischen Oberbefehlshaber Hindenburg und Ludendorff, die ein Jahr später verkündeten: »Die siegreiche Front ist von hinten erdolcht worden«? Diese Dolchstoßlegende vergiftete die deutsche Politik während der ganzen vierzehn Jahre der Republik. Historisch widerlegt und diskreditiert worden ist sie erst nach dem Zweiten Weltkrieg, als sie für die Masse der Deutschen uninteressant geworden war. Bis dahin nährte sie ein weitverbreitetes unterschwelliges Gefühl, daß der Erste Weltkrieg nicht wirklich verloren worden sei und bei günstiger Gelegenheit wiederaufgenommen und diesmal gewonnen werden könnte und sollte. Sie nährte auch das ganz unberechtigte Gefühl, daß die linken und linksbürgerlichen Parteien, die im Oktober 1918 die Regierung übernommen hatten, an der Niederlage schuld seien.

Dies um so mehr, als diese linken und linksbürgerlichen Parteien zunächst die Führung der Republik übernahmen, die durch die Revolution vom November 1918 begründet wurde. Mit dieser Revolution hatte es eine ebenso vertrackte und schwer zu durchschauende Bewandtnis wie mit der deutschen Niederlage im Krieg. Die Beseitigung der Monarchie war ihr einziger Erfolg gewesen; ein fast allzu müheloser Erfolg: Kaiser und Landesfürsten waren beim ersten Grollen des Revolutionsgewitters sämtlich widerstandslos verschwunden. Nach diesem Anfangserfolg wurde die Revolution von denselben demokratischen und sozialdemokratischen Parteien, von denen sie sich geführt glaubte, im Winter und Frühjahr 1918/19 blutig unterdrückt. Sie wollten keine Revolution; am liebsten hätten sie das parlamentarisierte Kaiserreich, dessen Regierung sie in der Schlußphase übernommen hatten, mit einigen Reformen weitergeführt, und in der Tat blieb dessen staatlicher und gesellschaftlicher Unterbau – Militär, Beamtenschaft, Justiz, Erziehungswesen – in der 1919 in Weimar gegründeten Republik völlig unverändert erhalten. Dieser Unterbau blieb in seiner Gesinnung monarchistisch, und er verzieh den nun regierenden Parteien nicht, daß sie notgedrungen republikanisch und insofern Erben der Revolution waren. Andererseits verziehen die Revolutionäre von 1918 nicht das, was in ihren Augen Verrat an der Revolution gewesen war. So gerieten die Parteien der linken Mitte, die einzigen, die die Republik von Weimar wirklich wollten und trugen, von Anfang an zwischen zwei Feuer; man sprach von einer »Republik ohne Republikaner«. Die ständigen Putsche von links und rechts in den frühen zwanziger Jahren finden so ihre Erklärung.

Die »republikanischen« Parteien der linken Mitte trugen noch ein weiteres Handicap: Sie hatten im Juni 1919 den Friedensvertrag von Versailles unterzeichnet. Sie taten es höchst widerwillig, sozusagen mit der Pistole auf der Brust, unter dem Druck eines Ultimatums, das Wiederaufnahme der Feindseligkeiten androhte, wenn der Friedensvertrag nicht vorbehaltlos unterzeichnet werde. Der Friedensvertrag war von großer Härte. Er wurde von allen Parteien, von rechts bis links, innerlich als unannehmbar und unerfüllbar betrachtet, auch von den linken Mittelparteien, die ihn schließlich unterschrieben hatten. Immerhin, sie hatten ihn unterschrieben; sie trieben sogar ein paar Jahre lang, 1920 bis 1922, »Erfüllungspolitik«, wenn auch nur, um seine Unerfüllbarkeit zu beweisen. Aber das genügte, um sie in den Augen ihrer Gegner, insbesondere ihrer rechten Gegner, endgültig zu Vaterlandsverrätern zu stempeln: erst der »Dolchstoß«, dann das »Novemberverbrechen« und nun noch die »Erfüllungspolitik« – das war zuviel. Die politischen Morde an den »Erfüllungspolitikern« Erzberger und Rathenau, zwei der größten politischen Talente der Republik, fanden in weiten Kreisen der bürgerlichen Rechten heimlichen Beifall.

All diese politische Zerrissenheit hatte als Hintergrund eine Inflation, die in den fünf Jahren 1919 bis 1923 den Geldwert vollkommen vernichtete, alle Geldvermögen und Ersparnisse annullierte und zum Schluß sogar die Löhne und Gehälter binnen Stunden jeder Kaufkraft beraubte. Die Inflation hatte drei Quellen. Die erste war der verlorene Krieg, der nicht mit Steuern, sondern mit Anleihen finanziert worden war. Die zweite waren die Reparationspflichten unter dem Versailler Vertrag: Deutschland sollte zu seinen eigenen nun auch die Kriegskosten seiner siegreichen Gegner tragen. Das ging nur, indem die Notenpresse in Bewegung gesetzt und ungedecktes Geld gedruckt wurde.

Den Rest aber gab der deutschen Währung der »Ruhrkrieg« von 1923: Frankreich besetzte als »produktives Pfand« für seine Reparationsforderungen das Ruhrgebiet, Deutschland antwortete mit der Produktionseinstellung im besetzten Gebiet, und die wurde wiederum mit ungedecktem Geld aus der Notenpresse finanziert – mit dem Ergebnis völliger Geldwertvernichtung. Im Herbst 1923 gab es in Deutschland keine wirkliche Geldwirtschaft mehr, und es ist kein Wunder, daß aus dem wirtschaftlichen Chaos auch ein politisches wurde: separatistische Bewegungen in Bayern und im Rheinland, Volksfrontregierungen in Sachsen und Thüringen, kommunistischer Putsch in Hamburg, Hitlerputsch in München. Das Reich schien in vollem Zerfall.

Seine Rettung verdankte es einem bedeutenden Staatsmann, Gustav Stresemann, der in einer nur hunderttägigen Reichskanzlerschaft den Ruhrkrieg abbrach, die Notenpresse stillegte, eine neue Währung einführte, die Putsche und separatistischen Bewegungen niederschlug und, alles in allem, die Vorbedingungen für die scheinbare Konsolidierung der Republik in der zweiten Hälfte der zwanziger Jahre schuf. Stresemann war es auch, der, nunmehr als Außenminister, 1924 eine erträgliche vorläufige Reparationsregelung und in den folgenden Jahren eine gewisse Aussöhnung mit den Siegermächten zustande brachte.

Das Jahr 1924 war für die Deutschen das erste wirkliche

Friedensjahr. In den vergangenen fünf Jahren hatte immer noch Kriegsstimmung geherrscht, auch wenn nicht mehr geschossen wurde. Jetzt zum ersten Mal fielen Krieg und Niederlage in die Vergangenheit zurück, vom »Dolchstoß« war nicht mehr soviel die Rede, das Losungswort hieß jetzt »Wiederaufbau«. Auch die Wunde des »Friedensdiktats«, obwohl nicht völlig geheilt, schmerzte weniger; man begann, sich damit einzurichten. Einige der beleidigendsten Bestimmungen hatten sich von selbst erledigt, die Behandlung des Kaisers als Kriegsverbrecher zum Beispiel einfach dadurch, daß sein Asylland Holland sich weigerte, ihn auszuliefern. Mit den Gebietsverlusten im Westen begann man sich abzufinden; mit denen im Osten nicht, aber ihre Wiedergewinnung wurde auf unbestimmte Zeit vertagt. Die Entwaffnungsbestimmungen wurden diskret umgangen, hauptsächlich mit russischer Hilfe. Im übrigen: Man reiste wieder ins Ausland, der internationale Handel kam wieder in Gang, ebenso der internationale Sportverkehr, das Gefühl des Geächtetseins und die dadurch erzeugten Ressentiments klangen ab. Kurz, seit 1924 begann sich Friede auszubreiten – Friede nach außen und, ein Jahr später, auch Friede im Innern. Hier war vielleicht das entscheidende Ereignis die Wahl des Feldmarschalls von Hindenburg zum Reichspräsidenten im April 1925.
Hindenburg war für die Deutschen der Heros des Weltkrieges gewesen, und mit ihm an der Spitze wurde die Republik für die monarchistischen Beamten und Offiziere plötzlich annehmbar; er wurde für sie eine Art Ersatzkaiser, fühlte sich übrigens auch selbst innerlich als eine Art Statthalter seines Kaisers, und man konnte sich vorstellen, daß er den Übergang zu irgendeiner Form monarchistischer Restauration bilden würde. Aber das war Zukunftsmusik. Zunächst nahm Hindenburgs Präsidentschaft den monarchistischen

Republikfeinden, die immer noch in Armee und Beamtenschaft den Staat trugen, den Wind aus den Segeln, und in den Jahren 1925 bis 1929 sah es so aus, als ob sich der Staat von Weimar, nach hoffnungslosen Anfängen, schließlich doch noch konsolidieren würde. Ein Gradmesser dieses Bewußtseinswandels war übrigens das fast ruckartige Umschlagen der Kulturmode: statt »Expressionismus« herrschte plötzlich »Neue Sachlichkeit«.

Das alles wäre aber nicht möglich gewesen ohne die wirtschaftliche und finanzielle Sanierung, die in den Jahren 1924/25 erfolgte und in den folgenden Jahren sogar eine bescheidene Wirtschaftsblüte erzeugte; die aber hatte, wie sich nur allzu bald zeigen sollte, eine unsichere Basis. In großen Zügen sah sie so aus: Seine inneren Kriegsschulden, und die Kosten des »Ruhrkriegs« von 1923, war Deutschland durch den Währungsschnitt von Ende 1923 losgeworden – auf sehr brutale Weise: Der geldsparende Mittelstand, Beamte, Angestellte, Freiberufler, war sein Vermögen los und mußte von vorn anfangen. Immerhin, es gab wieder richtiges Geld, man *konnte* von vorn anfangen, und man tat es. Was Deutschland nicht los war, waren seine Reparationsschulden. Die wurden zunächst so geregelt, daß Deutschland, ohne Festsetzung einer Gesamtsumme, jährliche Abschlagszahlungen leistete, die es bis auf weiteres aus amerikanischen Krediten bestritt. Die amerikanischen Kredite waren sogar höher als die deutschen Reparationszahlungen, so daß noch etwas für den Wiederaufbau übrig blieb. Eine Art Kreislauf: Deutschland zahlte Reparationen an England und Frankreich, England und Frankreich zahlten Kriegsschulden an Amerika, und Amerika pumpte Kredite nach Deutschland. Solange der Kreislauf funktionierte, konnte man damit überall ganz vergnügt leben. Aber 1930 brach er im Gefolge des amerikanischen Börsenkrachs plötzlich zusammen,

Amerika pumpte nicht mehr, im Gegenteil, es zog Gelder ab, und damit brach auch in Deutschland alles wieder zusammen, nicht nur die Wirtschaft, sondern fast sofort auch die politische Erholung und Befriedung. Es war alles plötzlich nur Schein gewesen.

Man muß hier auf die harten Brüche hinweisen, mit denen in Deutschland eine Periode die andere ablöste. 1918 hatte man noch an der Schwelle des Sieges zu stehen geglaubt, als plötzlich die Niederlage da war. 1924 hatte ein einziges Jahr für den Übergang aus Chaos zu neuer Ordnung genügt. 1929 lebte man noch bis in den Herbst hinein ganz unbesorgt in dieser scheinbar gefestigten Ordnung. Dann kam der »schwarze Freitag« an der New Yorker Börse, der 13. Oktober 1929, und ein halbes Jahr später wankte in Deutschland bereits wieder alles. In diesem halben Jahr verschwanden die amerikanischen Gelder, die Konkurse häuften sich, die Arbeitslosenzahlen stiegen ruckartig auf drei Millionen – 1931 waren es dann vier Millionen, 1932 sechs –, die Parteien und die von ihnen getragenen Regierungen waren ratlos und warfen fast sofort das Handtuch. Vom Frühjahr 1930 an regierten in Deutschland »Präsidentenkabinette«, ohne Mehrheit im Reichstag, gestützt nur auf das Vertrauen des alten Reichspräsidenten. Ihre »Notverordnungen« taten nichts, um den um sich greifenden wirtschaftlichen Zusammenbruch und dem von Jahr zu Jahr schrecklicheren Massenelend abzuhelfen; im Volk ging das Wort um: »Sie verordnen die Not«.

Der Reichstag wurde wieder und wieder aufgelöst. Und bei jeder Wahl vergrößerten sich die beiden extremen Links- und Rechtsparteien, die bis dahin Randparteien gewesen waren und nun plötzlich Massenparteien wurden: Kommunisten auf der Linken, die Nationalsozialisten auf der Rechten. 1932 hatten sie zusammen die Mehrheit über alle anderen

Parteien, die Kommunisten sechs, die Nationalsozialisten dreizehn Millionen Wähler.

Das Hauptmotiv dieser 19 Millionen war Verzweiflung. Ihre privaten Existenzen waren ruiniert, ihre Geschäfte bankrott, die Arbeiter und Angestellten arbeitslos; und damals gab es noch kein »soziales Netz«, um sie vor dem nackten Elend zu bewahren. Die Jahre 1930 bis 1932 waren für die meisten Deutschen eine unendlich bedrückende, trostlose und hoffnungslose Zeit, schwerer noch zu ertragen als die wilden Nachkriegs- und Inflationsjahre, und man kann es verstehen, daß die Deutschen in ihrer Mehrheit zu extremen Parteien Zuflucht nahmen, die ihnen Besserung durch völligen Umbruch und revolutionären Neuanfang versprachen. Zugleich aber brachen all die alten Wunden wieder auf – die »verratene Revolution« von 1918 bei den Kommunisten und ihren Wählern, der »Dolchstoß« und das »Novemberverbrechen« bei den Nazis und der »Schandfrieden von Versailles« bei beiden. Diese Wunden, das zeigte sich jetzt, waren in den Jahren der republikanischen und demokratischen Konsolidierung und des wirtschaftlichen Wiederaufbaus nur oberflächlich geschlossen, nicht wirklich verheilt, die »guten Zeiten« waren zu kurz gewesen; nachträglich sah alles wie Schwindel aus. Die schrumpfenden republikanischen Parteien, untereinander zerstritten, resignierten oder suchten einen Ausweg in Bündnissen mit den neuen revolutionären und totalitären Massenparteien: die Sozialdemokraten riefen vergebens nach einer »proletarischen Einheitsfront« mit den Kommunisten, wo sie auf eisige Ablehnung stießen; das katholische Zentrum und die rechtsgerichteten Deutschnationalen, in unwürdigem Wettlauf, biederten sich bei den Nazis an. Die Deutschnationalen gewannen diesen Wettlauf schließlich: Am 30. Januar 1933 bildeten sie eine Koalition mit den Nationalsozialisten, und Hitler wurde »legal« Reichskanzler. Ein halbes Jahr später existierten die Deutschnationalen nicht mehr, ebensowenig wie alle anderen Parteien, und ein weiteres Jahr später, nach blutigen Auseinandersetzungen mit seiner eigenen Gefolgschaft, war Hitler nicht mehr ein gewöhnlicher »legaler« Reichskanzler, der abgesetzt oder abgewählt werden konnte, sondern absoluter Machthaber und allmächtiger Diktator, »der Führer« schlechthin.

Diese anderthalb Jahre, vom Frühjahr 1933 bis zum Herbst 1934, bilden eine Epoche für sich, die Epoche der »Machtergreifung« Hitlers. Seine Machtergreifung war ja mit der Ernennung zum Reichskanzler am 30. Januar 1933 keineswegs vollständig. Am Anfang war Hitler nur der Kanzler eines Präsidialkabinetts, den seine konservativen Bundesgenossen »eingerahmt« oder »engagiert« zu haben glaubten, und der Führer einer Partei, die im Reichstag immer noch keine Mehrheit hatte, sie auch in den »Hitlerwahlen« vom März 1933 noch nicht bekam. Am Ende war er zugleich Staatsoberhaupt und Reichskanzler, Oberbefehlshaber der Wehrmacht, Oberster Führer der SS und SA, Führer der einzigen noch zugelassenen Partei, die den Reichstag hundertprozentig besetzte, übrigens ermächtigt, auch ohne Reichstag zu regieren und Gesetze zu machen – kurz, »der Führer« schlechthin, der er dann bis zu seinem Selbstmord am 30. April 1945 blieb. Die Verwandlung spielte sich ab in einem lang hingezogenen, virtuos gehandhabten Verwirrspiel von halber Legalität und halber Revolution, dem Hitlers konservative Bundesgenossen ebensowenig gewachsen waren wie seine schon im voraus entmutigten Gegner und in dem niemand von einem Tag auf den anderen sicher sein konnte, was Hitler als nächstes einfallen würde. Hitlers entscheidende Waffe in diesem Prozeß aber war etwas, das Deutschland bis dahin nicht gekannt hatte: Terror.

Einen Monat nach seiner Ernennung zum Reichskanzler nahm Hitler den Reichstagsbrand (von dem bis heute umstritten ist, ob er ihn selber inszeniert hatte oder ob er das Werk des holländischen Anarchisten van der Lubbe war) zum Anlaß, dem Reichspräsidenten und seinen konservativen Ministerkollegen eine Notverordnung abzugewinnen, die sämtliche bürgerlichen Grundrechte außer Kraft setzte, und sofort setzte eine wohlvorbereitete massive Verhaftungswelle ein, der zunächst hauptsächlich kommunistische und sozialdemokratische, bald auch andere nichtnationalsozialistische Prominente – Politiker, Journalisten und Schriftsteller – zum Opfer fielen. Die Verhafteten wurden in Konzentrationslager gebracht, wo sie brutalen Mißhandlungen ausgesetzt und ihres Lebens nicht sicher waren. Der Einschüchterungseffekt war vollkommen. Fortan schwebte die Drohung des Konzentrationslagers über jedem Politiker und Publizisten, der Schwierigkeiten machte, und übrigens auch über jeder Privatperson, die unliebsam auffiel. Das erklärt zum Teil, warum die Mehrheit, die noch im März 1933 andere als nationalsozialistische Parteien wählte, sich in den folgenden Monaten vollkommen passiv verhielt und warum diese Parteien sich im Sommer des Jahres 1933 widerstandslos auflösen ließen oder selbst auflösten.

Einschüchterung aber erklärt nicht alles. Die »schweigende Immer-noch-Mehrheit«, die sich Hitlers Terror, die Abschaffung von Demokratie und Rechtsstaat und die unverkennbare rasante Errichtung einer Einmanndiktatur in den Jahren 1933 und 1934 ohne Aufmucken gefallen ließ, war auch führungslos, konzeptionslos und ratlos. Republik und Demokratie schienen diskreditiert, ihre immer noch zahlreichen Anhänger wußten und hatten nichts, was sie dem Nationalsozialismus entgegensetzen konnten. Die Nation war in diesen Jahren tief gespalten. Die Hitlerwähler waren zunächst im-

mer noch die Minderheit, immerhin im März 1933 schon eine siebzehn Millionen starke Minderheit. Aber während ihre Gegner verzweifelnde und verzagende Verlierer waren, fühlten die Nazis sich jetzt als Sieger, und ihr Schwung und ihre Begeisterung wirkten ansteckend. So verschoben sich 1933 und 1934 vielfach schon die Mehrheitsverhältnisse im Volk. Es ist eine menschliche Schwäche, lieber zum Lager der Sieger als zu dem der Besiegten gehören zu wollen; mancher machte auch mit, »um Schlimmeres zu verhüten«; und dazu kam, daß die Hitlerregierung von Anfang an energische Schritte zur Wirtschaftsankurbelung und Arbeitsbeschaffung unternahm. Das materielle Elend wurde schon 1934 deutlich milder, die Arbeitslosen wurden weniger, und in der Arbeiterschaft, die noch bis tief ins Jahr 1933 die große Masse der Nazigegner gestellt hatte, bahnte sich ein allmählicher Umschwung zugunsten Hitlers an. Noch ein paar Jahre, und die allgemeine Rede in den Kreisen ehemaliger SPD- und KPD-Wähler lautete: »Der Mann mag seine Fehler haben, aber er hat uns wieder Arbeit und Brot gegeben.«
Damit sind wir schon bei der nächsten Periode, den »guten Nazijahren« 1935 bis 1937 – einer Zeit, von der heute niemand mehr etwas wissen will, die es aber gegeben hat. In diesen Jahren schaffte Hitler zweierlei, das ihm niemand, weder Freund noch Feind, ernstlich zugetraut hatte: Er beendete die Wirtschaftskrise, und er machte Deutschland wieder zur stärksten Macht Europas. Beides erschien den Mitlebenden wie ein Wunder, und der Mann, der es zustande gebracht hatte, wie ein Wundertäter. In unglaublich kurzer Zeit wurde aus dem wirtschaftlichen Massenelend der Jahre 1930 bis 1932 wieder ein an die »goldenen zwanziger Jahre« erinnernder bescheiden-behaglicher Wohlstand; die sechs Millionen Arbeitslosen des Winters 1932/33 waren vier Jahre später alle wieder in Lohn und Brot. Und in denselben vier

Jahren führte Hitler die allgemeine Wehrpflicht wieder ein, baute eine imponierende Wehrmacht auf und führte sie in das entmilitarisierte Rheinland, schaffte auch alle verbleibenden Diskriminierungen des Friedensvertrages von 1919 wieder ab, ohne daß sich bei den Siegermächten Widerstand rührte. Diese atemberaubende Folge von unerwarteten wirtschaftspolitischen und außenpolitischen Erfolgen brach in diesen Jahren fast alle inneren Vorbehalte, denen Hitlers Machtergreifung bei der Mehrheit zunächst noch begegnet war. Die meisten demokratischen, sozialdemokratischen und kommunistischen Wähler von 1933 – damals noch die Mehrheit – wurden in den mittleren dreißiger Jahren, wenn nicht Nazis, so doch Hitleranhänger, Führergläubige.

Man hat das den Deutschen der damaligen Generation sehr übelgenommen. Gab es nicht immer noch Konzentrationslager, waren die Juden nicht schon 1935 zu Bürgern minderen Rechts gemacht worden, blieben Demokratie und Pressefreiheit nicht abgeschafft, war nicht der beste Teil der deutschen Literatur ausgewandert, wurde nicht die moderne Kunst als »entartete Kunst« diffamiert, wurden die Kirchen nicht schikaniert und bedrängt? Wie konnten die Deutschen in ihrer übergroßen Mehrheit das alles hinnehmen? Es ist leicht, heute so zu fragen. Damals fanden nicht nur die meisten Deutschen, sondern auch viele Ausländer, daß all diese »Schönheitsfehler« gegen die unbezweifelbaren, Staunen und Dankbarkeit erregenden Leistungen des Regimes nicht ins Gewicht fielen. Die immer noch nicht ganz verschwindende Minderheit von Deutschen, die standhafte Antinazis blieben, hatte es ihren ausländischen Freunden und Besuchern gegenüber damals oft schwer, sich verständlich zu machen. »Was wollt ihr denn eigentlich?« wurde ihnen gesagt. »Geht es euch nicht gut? Ist Deutschland nicht wieder groß und angesehen? Seht doch die vielen glücklichen jungen Menschen auf ihren Wanderungen und in ihren Zeltlagern, die zufriedenen jungen Familien, deren Väter vor ein paar Jahren noch auf der Straße bettelten! Euch kann man nichts recht machen!« Die ganz außerordentlich verständnisvolle Haltung des westlichen Auslandes – besonders England und Frankreich, die der demokratischen Republik erst in herrischer Siegerhaltung, später immer noch mit mißtrauischer Reserve begegnet waren, waren Hitler gegenüber wie ausgewechselt – hat viel dazu beigetragen, daß die große Mehrheit der Deutschen in den mittleren dreißiger Jahren innerlich vor Hitler kapitulierte und alle Vorbehalte fallenließ.

Das änderte sich dann noch einmal in den 18 Monaten, die dem Kriegsausbruch im September 1939 vorausgingen. Diese letzte der sechs kurzen Perioden, die die Deutschen in den beiden Zwischenkriegsjahrzehnten durchlebten, war plötzlich wieder eine Zeit der Verdüsterung und Beklommenheit. Man merkte plötzlich, daß man sich auf etwas Unberechenbares eingelassen hatte, daß die »guten Zeiten« schon wieder zu Ende gingen, daß eine Rechnung präsentiert wurde. Der nationale Stolz war durch die außenpolitischen Erfolge der mittleren dreißiger Jahre gesättigt, Eroberungen brauchte man nicht mehr, und ein neuer Krieg – so hatte man nicht gewettet.

Als Hitler in der Sudetenkrise von 1938 eine Panzerdivision durch das Zentrum von Berlin marschieren ließ, um Kriegsbegeisterung anzufachen, rührte sich an den Straßenrändern keine Hand. Als diese Krise dann mit dem Münchener Abkommen noch einmal ohne Krieg vorüberging, galt der Jubel der Münchner Bevölkerung mehr dem Friedensmacher Chamberlain als dem immer noch einmal wieder triumphierenden Hitler. Und als der Krieg, nach wiederholten Wochen der Krise und der Beängstigung, im September 1939 dann wirklich ausbrach, war die Stimmung eine gründlich andere als im August 1914: keine patriotische Begeisterung und Aufbruchstimmung, sondern tiefe Niedergeschlagenheit. »Zitternd zogen sie aus, um die Welt vor sich zittern zu machen«, sagte einst Benjamin Constant von den Franzosen Napoleons.

Man hätte von den Deutschen Hitlers etwas Ähnliches sagen können. Um so mehr als in den letzten anderthalb Jahren vor dem Kriege auch der innere Terror, der in den »guten Nazijahren« eher gemäßigt – wenn auch nie ganz verschwunden – war, wieder in voller Schärfe in Gang kam. Die Konzentrationslager, die sich zwischen 1934 und 1938 eher geleert hatten, füllten sich wieder. Und was erst jetzt richtig begann, war die schändliche Judenverfolgung. Schon in den ersten Hitlerjahren waren die Juden »legal« diskriminiert und zu Bürgern minderen Rechts gemacht worden, aber danach hatten sie, auf der Grundlage dieses minderen Rechts, ein paar Jahre Schonfrist gehabt. Jetzt setzten, beginnend im eroberten Wien des Frühjahrs 1938 und sich schnell im Reich ausbreitend, wahre Judenjagden ein, mit dem vorläufigen Höhepunkt der »Reichskristallnacht« vom November 1938, in der überall in Deutschland Synagogen in Brand gesetzt, jüdische Geschäfte zerstört und harmlose jüdische Bürger zu Dutzenden erschlagen, zu Hunderten mißhandelt, zu Tausenden verhaftet und in Konzentrationslager verbracht wurden. Die Täter waren SA- und SS-Männer. Das deutsche Publikum stand dabei, oft verschämt, oft angeekelt, oft entsetzt, aber tatenlos. Das Äußerste, was die »Reichskristallnacht« bewirkte, war, die Zahl der Führergläubigen wenigstens vorübergehend zu vermindern und die Hitlerfeinde in ihrem Haß und ihrer Verzweiflung zu bestärken. Unter diesen Hitlerfeinden waren übrigens im September 1939 die einzigen Deutschen, die sich über den Kriegsausbruch freuten. Denn nun, so glaubten sie, war Hitler endlich an einen Stärkeren geraten, und nun würde dem Alptraum ein Ende bereitet werden. Sie sollten lange warten müssen und einen schrecklichen Preis zu bezahlen haben. Aber das ist eine andere Geschichte.

Der spanische Bürgerkrieg

Das Weltgewissen erwacht

Wer am 8. November 1936 in seinem Radioapparat Madrid einstellte, hörte folgendes: »Hier ist Madrid! Hier in Madrid verläuft an diesem Tag die Grenze zwischen Freiheit und Sklaverei. Hier sind heute zwei unversöhnliche Welten zum Endkampf angetreten. Hier ist Madrid! Es kämpft für Spanien. Mit seinem Blut verteidigt es die ganze Menschheit. Madrid! Madrid!«
Den Nachgeborenen ist es schwer verständlich zu machen, wie diese Worte damals der Welt in den Ohren klangen. Die Verteidigung des republikanischen Madrid gegen die Divisionen Francos ist heute eine halbvergessene heroische Episode. Den Bürgerkrieg, zu dem sie gehört, hat die Republik schließlich verloren, Franco regiert heute noch in Spanien, und die Freiheit ist trotzdem nicht aus der Welt verschwunden. Aber damals, 1936, schien es wirklich einen Augenblick, als stehe in Spanien die Freiheit mindestens ganz Europas auf dem Spiel, und Millionen bangten um das Schicksal Madrids wie um ihr eigenes Schicksal.
Wer das verstehen will, muß sich zurückversetzen. Für Antifaschisten aller Art, ob liberale Demokraten, ob Sozialdemokraten, ob Kommunisten, waren die späten dreißiger Jahre eine finstere Zeit. In Europa wurde ein Land nach dem anderen faschistisch. Hitler und Mussolini schritten von Erfolg zu Erfolg. Gerade erst war, in der Abessinienkrise, das alte stolze England vor dem faschistischen Italien ruhmlos zurückgewichen. Und nirgends ein Hoffnungszeichen, nirgends Widerstand. Amerika, weit weg, rang mit seiner Wirtschaftskrise. Aus Moskau kamen die Schreckensnachrichten

von der Stalinschen Säuberung. Als in Spanien Mitte Juli eine Generalsjunta gegen die fünf Jahre alte demokratische Republik und die fünf Monate alte demokratische Regierung losschlug, gab fast jeder auch Spanien von vornherein verloren. »Legt's zu dem übrigen.«

Und dann das Unerwartete, kaum mehr Erhoffte, Elektrisierende: Spanien wehrte sich. Die Regierung bewaffnete die Arbeiter, und in den Großstädten wurde der Militärputsch niedergeschlagen. Sie schafften es nicht, sie kamen nicht durch! Madrid, Barcelona, Bilbao – plötzlich eine Kette von Siegesnachrichten! In England schrieb George Orwell: »Als am 18. Juli die Kämpfe begannen, spürte wohl jeder Antifaschist in Europa eine erregende Hoffnung, denn hier stand anscheinend endlich die Demokratie auf gegen den Faschismus ... Gezeitenwende? Plötzlich schien sie möglich, ja, wirklich!«

Tage der Hoffnung – schnell wieder abgelöst von Wochen der Beklemmung und des verzweifelten Bangens. Denn wenn in Spanien das Unerwartete geschehen war – die europäischen Mächte benahmen sich formgemäß, wie gewohnt: Frankreich unentschlossen und ängstlich; England unbeteiligt und nur auf Lokalisierung des spanischen Brandherds bedacht; die faschistischen Mächte aber selbstbewußt auftrumpfend und mit Hilfe für die angeschlagenen spanischen Militärs prompt zur Stelle.

Hitler schickte sein Ju-52-Staffeln, so daß Franco in einer ersten großen »Luftbrücke« (auch wenn es das Wort damals noch nicht gab) seine Kolonialtruppen und Fremdenlegionäre von Marokko nach Spanien befördern konnte. »Franco sollte diesen Flugzeugen ein Denkmal setzen«, sagte Hitler später in seiner Tischrunde, »ihnen verdankt er seinen Sieg.« Und alsbald begannen Francos Truppen ihren langsamen, allen Widerstand blutig niederwalzenden Marsch auf Madrid.

Langsam ging es, denn jede Stadt, jedes Städtchen, jedes Dorf wehrte sich verzweifelt. Man las herzzerreißende, monotone Berichte von immer neuen ungleichen Kämpfen irregulärer, schlecht bewaffneter Milizen gegen Francos gutgedrillte Kolonialtruppen, von vergeblichen Massenopfern und furchtbaren Strafgerichten. Wochen und Monate gingen darüber hin. Aber Ende Oktober stand Franco endlich vor Madrid. Am 7. November trat seine Armee zum Sturm an. Die Regierung hatte die Stadt schon verlassen. Sie schien verloren.
Und dann das zweite Wunder: Madrid hielt. »Die Schlacht, die am Westrand von Madrid am 7. November begann«, schreibt der englische Historiker des spanischen Bürgerkrieges, Hugh Thomas, »war eine der seltsamsten der modernen Kriegsgeschichte. Auf der einen Seite eine reguläre Armee, glänzend ausgerüstet, aber nur einige 20 000 Mann stark, hauptsächlich Marokkaner und Fremdenlegionäre; auf der anderen eine Stadtbevölkerung, schlecht ausgebildet, kaum ausgerüstet, aber eine enorme Masse.«
Sie hielten ihre Stadt zwei Tage lang. Dann kam Hilfe. Hugh Thomas: »Während General Varelas Artillerie König Alfons' Renommierbauten in der Universitätsstadt in Trümmer schoß und Radio Madrid alle zwei Minuten Mobilisationsbefehle funkte, erschienen plötzlich reguläre Truppen auf der Szene. In perfekter Ordnung marschierten sie die Gran Via entlang zur Front: die ersten Einheiten der Internationalen Brigade. Voran ein deutsches Bataillon, dann Franzosen und Belgier unter Oberst Dumont – zwanzig Jahre zuvor hatten er und der deutsche Bataillonskommandeur sich an der Westfront gegenüber gelegen. Dann ein polnisches Bataillon. Am Abend war die Brigade in Stellung. Die Afrika-Armee traf jetzt auf ein Maschinengewehrfeuer, so gut wie ihr eigenes.« Die Schlacht dauerte bis zum 23. No-

vember. Dann waren die Kräfte der Angreifer erschöpft. Die Front erstarrte am Westrand von Madrid, wo sie am 8. November gewesen war, und änderte sich an dieser Stelle zweieinhalb Jahre nicht mehr, bis zum Kriegsende. Madrid war gerettet und mit ihm, fürs erste, die spanische Republik. Sie konnte sich in der ihr verbliebenen Landeshälfte konsolidieren wie Franco in der seinen. Der Krieg wurde zum Zermürbungskrieg.

Durchweg behielt dieser Krieg drei Dimensionen: eine spanische; eine europäisch-machtpolitische und eine dritte, weltweite, deren Front in den Herzen und Hirnen vieler Millionen einzelner Menschen verlief. Spanien war das Vietnam der dreißiger Jahre: an Ort und Stelle ein Bürgerkrieg, in der Staatenwelt ein Interventionskrieg, drittens aber so etwas wie ein Weltkrieg der Geister.

In Spanien erwies sich Franco bekanntlich am Ende als der Stärkere, aus drei Gründen: Er hatte die stärkeren Verbündeten; er wußte sich gegenüber diesen Verbündeten besser durchzusetzen, und ihm gelang, was der Republik nicht gelang: die sehr verschiedenartigen sozialen und politischen Kräfte, die hinter ihm standen, zusammenzuhalten und mindestens für die Dauer des Krieges zu einigen.

Auf der republikanischen Seite dagegen gab es 1937 einen zweiten, internen Bürgerkrieg: die gewaltsame Unterdrückung der Anarchisten, die unvermeidlich war, um die für einen Dauerkrieg notwendige innere Ordnung und Disziplin wiederherzustellen, mit der sich aber die Republik sozusagen das eiserne Herz aus dem Leibe riß. Denn die spanische Arbeiterschaft, die 1936 die Republik gerettet hatte, war zum allergrößten Teil nicht sozialistisch oder kommunistisch, sondern anarchistisch.

Der spanische Bürgerkrieg änderte jetzt seinen Charakter: 1936 war er ein Elementarereignis gewesen, »der kurze Sommer der Anarchie«, eine Zeit beispielloser Heldentaten und entsetzlicher Greueltaten (auf beiden Seiten). Von 1937 an wurde er ein regulärer Krieg zweier regulärer spanischer Staaten. Und von denen erwies sich die wiederhergestellte Republik mit ihren wechselnden Koalitionsregierungen auf die Dauer Francos straff geführtem Militärstaat unterlegen. Außerdem war die machtpolitisch-diplomatische Konstellation Europas, in die der spanische Bürgerkrieg eingebettet war, für die republikanische Seite von Anfang bis Ende so ungünstig wie möglich. Es waren die Jahre der englisch-französischen Politik des Appeasement gegenüber Deutschland und Italien.

Den Westmächten ging es nur um eins: den großen europäischen Krieg zu vermeiden. Das verurteilte sie im spanischen Bürgerkrieg dazu, sich selbst jeder Hilfe für die spanische Republik aufs peinlichste zu enthalten – und gegenüber der deutsch-italienischen Hilfe für Franco beide Augen zuzudrücken.

Diese Hilfe war anhaltend, offen und massiv: Truppen, Waffen und Geld. Die Republik bekam Hilfe nur vom weit entfernten Rußland, und das nur etwa zwei Jahre lang und nur spärlich: Truppen schickte Rußland überhaupt nicht; seine Waffenlieferungen ließ es sich in Gold bezahlen; und auch die Organisationshilfe der Kommunistischen Internationale bei der Aufstellung der Internationalen Brigaden kostete einen hohen, in diesem Fall politischen und zum Schluß fatalen Preis: Der ständig wachsende Einfluß der Kommunisten spaltete die Republik schließlich zum zweiten Mal in einem internen Bürgerkrieg, den sie nicht überlebte.

Stark war die spanische Republik nur in der dritten Dimension des Krieges, in der internationalen öffentlichen Meinung. Ihre Niederlage hat das nicht verhindern können.

Aber unterschätzen soll man die weltweite Sympathiewelle

für das republikanische Spanien trotzdem nicht, die in der westlichen Welt von ganz links bis weit ins liberale und sogar bis ins konservative Bürgertum reichte. Immerhin beschränkte sie sich nicht, wie dreißig Jahre später die ähnliche Sympathiewelle für Vietnam, auf Demonstrationen zu Hause. Tausende von jungen Engländern, Franzosen und Amerikanern ebenso wie Tausende von deutschen und italienischen Emigranten gingen als Freiwillige – wirklich Freiwillige! – nach Spanien, um dort im Kampf gegen den Faschismus ihr Leben einzusetzen; und diese Internationalen Brigaden, deren Vorhut 1936 Madrid noch hatte retten können, stellten noch lange der spanischen Republik einige zehntausend ihrer besten Soldaten.

Organisiert waren die Internationalen Brigaden von der Kommunistischen Internationale. Aber viele, die sich ihnen anschlossen, taten das nicht, weil, sondern obwohl die Kommunisten darin tonangebend waren. Hinter so berühmten nichtkommunistischen Spanienkämpfern wie George Orwell, André Malraux oder Pietro Nenni standen ungezählte unbekannte Soldaten des spanischen Krieges von gleichen Gesinnungen. Ja, man muß weitergehen und sagen: Gerade dadurch, daß die Hingabe an die Sache der spanischen Republik den Gegensatz zwischen Kommunisten und Nichtkommunisten untergehen ließ, machte sie Geschichte.

Wenn wir nämlich die weltweite geistige Umorientierung und neue Frontbildung, die sich im spanischen Bürgerkrieg und durch ihn vollzog, in ihrer ganzen Bedeutung erfassen wollen, dürfen wir nicht nur fragen, was die spanische Republik davon hatte. Wichtiger war, was sie damit bewirkte.

Der englische Dichter W. H. Auden schrieb 1937, als sich die Waage bereits zugunsten Francos neigte, ein Gedicht »Spanien«, das traurig und mahnend mit dem Gedanken schloß, jetzt und hier falle im Kampf gegen den Faschismus die letz-

te Entscheidung: »Für die Besiegten hat Geschichte vielleicht ein Ach; kein Anders; kein Pardon.«
Für die besiegte spanische Republik hat sich das als schrecklich wahr erwiesen. Ihr ist kein »Anders« gewährt worden; und schon gar kein Pardon. Und doch muß Geschichte, wenn sie gerecht sein will, für den Widerstand und den Kampf und das schließliche Martyrium der spanischen Republik mehr haben als nur ein Ach. Denn in Spanien fiel zwar nicht die Entscheidung im Weltkampf gegen den Faschismus; wohl aber eine weltweite Vorentscheidung der Gesinnung, die diesen Kampf erst möglich machte.
So wie heute die Welt nach Vietnam nicht mehr dieselbe ist wie die Welt vor Vietnam, so war die Welt nach Spanien, die Welt von 1939, nicht mehr dieselbe wie die Welt vor Spanien, die von 1936. Damals war für den größten Teil des westlichen Bürgertums der Kommunismus noch der Hauptfeind gewesen, der Faschismus ein möglicher, wenn auch verdächtiger Verbündeter. 1939 war es umgekehrt. Diesen inneren Frontwechsel hatte der spanische Bürgerkrieg bewirkt.
Auf der Seite der spanischen Republik formierte sich, während die Diplomatie noch ihre verschlungenen Wege ging, in der Weltmeinung bereits die Koalition von 1942 – die Koalition, die dann schließlich den Zweiten Weltkrieg gewann. Auch wenn diese Koalition später wieder zerfallen ist, und auch wenn Franco heute noch in Spanien regiert: Umsonst gekämpft hat die spanische Republik nicht. Sterbend hinterließ sie den Keim der Welt, in der wir seit 1945 leben.

Und führ' uns gleich ins Dritte Reich

Hitler und das Unterbewußtsein des Weimarer Deutschland

Bekanntlich hat Hitler bei freien Wahlen nie eine Mehrheit der Stimmen bekommen. Selbst am 5. März 1933, als er schon Reichskanzler und der Wahlkampf seiner Gegner schon terroristisch behindert war, reichte es nur zu 43,9 Prozent für die NSDAP – ein Ergebnis, das seither in der Bundesrepublik sowohl von der CDU wie von der SPD übertroffen worden ist. Man kann aber auch nicht sagen, daß Hitler die unbegrenzte Macht, die er zwölf Jahre lang über Deutschland ausübte, nur einer Intrige der reaktionären Clique verdankte, die im Winter 1932/33 den Reichspräsidenten von Hindenburg manipulierte und ihn am 30. Januar 1933 dazu bewog, Hitler zum Reichskanzler zu ernennen. Den Männern um Hindenburg schwebte ganz anderes vor – Restauration eines monarchischen Obrigkeitsstaats –, und sie »engagierten« Hitler nur, weil er schon eine Macht geworden war, an der sie nicht mehr vorbeikonnten.

Worauf beruhte diese Macht aber? Und was befähigte Hitler, nicht nur Verfassung, Parteien und Parlament, sondern auch die Macht von Reichspräsident, Reichswehr und Bürokratie, von der er sich zunächst »eingerahmt« fand, in wenigen Wochen wie Spinnweben beiseite zu fegen? Was machte die »Bewegung«, die er entfesselt hatte und die ihn trug, in den Monaten März bis Mai 1933 zu einer Kraft, vor der nichts standhielt?

Die bloßen Millionen Wählerstimmen für Hitler waren es nicht. Denen stand immer noch eine größere Millionenzahl von Stimmen gegenüber, die nicht für Hitler waren. Die bloße Organisationsmacht der NSDAP und ihrer Hilfstruppen war es auch nicht; die war mit der organisierten Staatsgewalt immer noch nicht zu vergleichen. Wäre es 1933 zu einem Kräftemessen gekommen – die SA und SS wären gegen die Reichswehr noch machtlos gewesen. Aber es kam eben zu keinem Kräftemessen. Die legale Staatsgewalt, die Hitler hatte »einrahmen« und »zähmen« sollen, war wie gelähmt, nicht minder gelähmt als die bürgerlichen und sozialistischen Parteien mit ihrer zahlenmäßig immer noch überlegenen Anhängerschaft; während die Kräfte, die Hitler in den Frühjahrsmonaten 1933 losließ, eine überwältigende angestaute Dynamik und einen rücksichtslosen, alles überrennenden Durchsetzungswillen an den Tag legten. Kein Zweifel: Hinter Hitler standen damals – zwar noch nicht die Mehrheit und auch nicht der stärkste Machtapparat in Deutschland, wohl aber der bei weitem tatbereiteste Massenwille, die fanatischsten Überzeugungen, die ungestümsten Leidenschaften. Die waren sein Kapital, mit dem er wucherte. Und wo kamen sie her?

Die Frage ist auch heute noch nicht klar beantwortet, und mit den sozial- und politikwissenschaftlichen Methoden, die heute im Schwange sind, ist sie auch kaum zu beantworten. Gewiß kann man feststellen, daß Hitlers Anhänger überwiegend Bauern, Kleinstädter, Kleinbürger, Studenten und Deklassierte waren, zu einem nur geringen Teil Arbeiter oder Arbeitslose und zu einem noch geringeren Oberschicht. Aber damit ist gar nichts erklärt. Sind Bauern und Mittelständler etwa von Hause aus politisierbarer oder dynamischer als Arbeiter oder Großbürger? Das kann keiner behaupten. Dann gibt es die marxistische Lesart, die alles damit erklären will, daß hinter Hitler das große Geld stand, weil er nämlich der Agent des mächtigen Großkapitals war. Aber ganz abgesehen davon, daß das ganz einfach nicht

stimmt: Leidenschaften, wie Hitler sie entfesselt hatte, sind mit Geld nicht zu kaufen. Um eine Bewegung in Gang zu bringen, wie Hitler sie in Gang brachte, muß man Gefühle, Wünsche, Ängste, Triebe ansprechen, die bereitliegen und darauf warten, angesprochen zu werden. Weder normale Klasseninteressen noch bloßer Reklamerummel genügen für eine solche Massenmobilisierung; wer den Lavaausbruch, den Hitler bewirkte, verstehen will, muß in das Unterbewußtsein des Weimarer Deutschland hineinhorchen. Es muß dort etwas vorhanden gewesen sein, das auf einen Hitler sozusagen wartete – ein explosives Gemisch, für das Hitler den Zünder hatte; oder: der Zünder war.
Joachim Fest, in seinem Hitlerbuch, nennt diesen Explosivstoff »die große Angst«. Sehr überzeugend legt er dar, daß mit der unerwarteten Niederlage im Ersten Weltkrieg, dem Verschwinden des Kaisers und der Landesfürsten, dem Zusammenbruch der alten Obrigkeiten, der Vernichtung des Geldwerts, der halben und dann wieder halb rückgängig gemachten Revolution, den Demütigungen des äußerlich zwar unterschriebenen, innerlich aber nie angenommenen Versailler Friedens das deutsche Bürgertum seine Orientierungsmaßstäbe verloren hatte und der Angst ausgeliefert war – Angst vor Deklassierung und Überfremdung, Angst vor der roten Revolution, Angst aber auch vor den westlichen Siegern und ihren importierten Errungenschaften Kapitalismus und Demokratie, Angst vor all dem Neuen, Ungewohnten und Ungewollten, das 1918 begonnen hatte, eine Angst der Unbehaustheit und Ausgesetztheit, die sich ins Alte, Enge, Sichere und Vertraute zurückflüchten will. Das ist vollkommen richtig gesehen, das alles war da, und richtig ist auch Fests weitere Beobachtung, daß Hitler der rechte Mann dazu war, alle diese Ängste zu mobilisieren, weil er sie selber von Haus aus mitbrachte: die Angst des österreichi-

schen Alldeutschen vor der slawischen Geburtenrate, die Angst des kleinbürgerlichen Absteigers vor der modernen Technik, die Angst des Provinzlers vor der Großstadtzivilisation, alles zusammengefaßt in der Angstvision vom blutschänderischen Weltjudentum: kein Zweifel, hier haben wir einen Zipfel der Erklärung in der Hand, sowohl für die seelische Gefährdung Deutschlands in den Weimarer Jahren wie für die Berufung gerade Hitlers zu ihrem Auslöser. Auch daß Angst angriffslustig machen kann, wissen wir ja alle.
Und doch ist Angst wohl nicht die ganze Erklärung, wie ja auch das »Zurück zum Uralten, zurück zu Blut und Boden« nicht der ganze Inhalt der Hitlerbewegung war. Neben dem angsterzeugenden Erlebnis von 1918 muß man das ebenso nachwirkende, Mut und Übermut erzeugende von 1914 sehen: den wollüstigen Einigkeitsrausch der Augusttage, für viele die begeisterndste Erinnerung ihres Lebens, und dann das ungeheure Kraftgefühl der Jahre, in denen Deutschland der ganzen Welt erfolgreich Trotz geboten und sich im Vorgefühl des Sieges über die ganze Welt gesonnt hatte. Das machte ja gerade die seelische Wunde von 1918 so unheilbar, die Niederlage so unannehmbar, daß sie schockartig gekommen war, als man sich noch mitten im Siegen glaubte. Stärker noch als die Angst vor den Folgen der Niederlage war die Wut, die sich um den Sieg betrogen fühlte und sich jederzeit zutraute, ihn nachzuholen, wenn man nur erst alles hinwegfegte, was jetzt oben war, »Novemberverbrecher« und »Erfüllungspolitiker«, Bonzen und Juden, und die herrliche Einigkeit des August 1914 wiederherstellte! Ja, ein neuer August 1914 mußte her, und diesmal durfte kein November 1918 folgen, dafür mußte gesorgt sein! Dann würde man schon sehen! Dann würde man es der Welt zeigen!
Erst dieses ungestillte, unerschöpfte Kraftgefühl machte zusammen mit der »großen Angst« die deutsche Gemütslage

der Weimarer Jahre so explosiv. Und es bedarf kaum des Hinweises, daß Hitler, der den Kriegsausbruch 1914 mit Freudentränen und die Revolution 1918 mit Tränen der Wut erlebt hatte, wiederum ganz der Mann war, den Leu zu wecken.

Aber dazu kam noch ein drittes, und es ist vielleicht das Wichtigste. Die Gefühle, an die sich Hitler wandte, teilten auch andere. Sie waren bereits die Antriebskräfte der alten Herrschaftsklassen des Kaiserreichs, und das gemeinsame Ressentiment gegen Versailles und Weimar, gegen die »rote« wie die »goldene« Internationale, machte sie ja auch 1933 zu taktischen Verbündeten Hitlers – wehrlosen Verbündeten, die Hitler fast sofort und fast spielend entmachtete.

Warum aber hatten sie nicht geschafft, was Hitler schaffte? Was machte die Propaganda eines Hugenberg (hinter der wirklich das große Geld stand) im Vergleich zu Hitlers Propaganda so wirkungslos, was machte die monarchistischen Staatsstreichpläne Papens und Schleichers (die sogar mehr politischen Gehalt hatten) gegenüber Hitlers unklarer Vision vom tausendjährigen Dritten Reich der Deutschen so untauglich? Nicht nur Hitlers größere Rednergabe, nicht nur sein stärkeres demagogisches Talent. Sondern die Tatsache, daß sie eine Sache wiederherstellen wollten, die bekannt und in Verruf gebracht worden war, während Hitler in all seiner Unerprobtheit gerade das versprach, was der heimlichste und sehnsüchtigste Wunsch vieler Deutscher der zwanziger und dreißiger Jahre war: das messianische Wunder. Der Kaiser, die alten Generale, die Grafen und Barone als Reichskanzler und Minister – das alles hatte man ja gehabt, das hatte ja gerade versagt, das war gewogen und zu leicht befunden. 1914, ja, das sollte wiederkommen, aber 1914 ohne die feinen und schlappen Regierungen von damals!

Was man wollte, worauf man gierig wartete, das war »der Mann«, der gottgesandte Wundertäter mit Schwert und Zuchtrute.

Hitler – und nur er – bot sich an, dieser ersehnte Mann zu sein. Man darf diesen Entschluß, selbst der verheißene Mann, »der Führer« zu sein, nicht wie etwas Selbstverständliches hinnehmen. Es gehörte ein wilder Mut dazu, kein anderer hat ihn gehabt, und auch Hitler hat ihn nicht sofort am Anfang seiner Laufbahn mitgebracht; zunächst fühlte er sich nur als »Trommler« für irgendeine Exzellenz, und die Schwindelfreiheit, die dazu gehörte, statt dessen in eigener Person den deutschen Messias – den Erlöser – zu verkörpern, die wollte erst gewonnen sein; aber einmal gewonnen, wurde sie zur Wunderwaffe. Denn auf den Messias warteten die deutschen Massen. Wenn einer kam, der es zu sein behauptete und so klang, als könnte er es möglicherweise wirklich sein – konnte man sich leisten, ihn vielleicht umsonst gekommen sein zu lassen? Hier lag wahrscheinlich Hitlers intimstes Erfolgsgeheimnis.

Von hier aus erklärt sich auch manches andere, zum Beispiel, warum unter Hitlers Zulauf Arbeiterschaft und Oberschicht vor 1933 so schwach vertreten waren. Die Arbeiterschaft, marxistisch erzogen, erwartete keinen Messias. Sie setzte auf Solidarität, Disziplin und Partei. Die Oberschicht erwartete auch keinen Messias; sie war zu gebildet und weltklug für derlei Aberglauben, und übrigens wollte sie selbst herrschen. Hier mag auch der Grund liegen, warum Hitlers Aufstieg in den »goldenen zwanziger Jahren« zwischen Inflation und Wirtschaftskrise aussetzte. Die Nachwirkungen von 1914 und 1918 waren auch damals nicht abgestorben, aber die Messiaserwartung ließ nach, als vorübergehend Wohlstand einkehrte und das gewöhnliche Leben wieder etwas Spaß zu machen begann. Die große Krise mußte erst kommen, damit man wieder auf die rauhe, barsche Stimme des Retters und Rächers hörte ...

Hitlers messianischer Appell überdauerte auch die Nachwirkungen des Ersten Weltkrieges, die bis 1933 so mächtig gewesen waren. Merkwürdig genug, die Rache- und Revanchebedürfnisse, von denen Hitler so lange gezehrt hatte, erschöpften sich rasch unter seiner Herrschaft, und der September 1939 wurde kein neuer August 1914 in Deutschland. Der neue August 1914 war schon verbraucht, er war im Frühjahr 1933 vorweggefeiert worden, beim Sieg über den »inneren Feind«. 1939 wollte eigentlich so recht niemand mehr einen neuen Krieg. Aber jetzt war Hitlers Wunderkraft zu oft erwiesen, seine Macht war unbegrenzt geworden. Zweifel war Sünde. Jetzt mußte man dem Führer blind folgen, wohin er auch führte.

Hitlerzeit

Der Abschied

Um 10 Uhr früh kam am 1. April 1933 ein Telegramm. »Komm bitte, wenn du kannst. Frank.« Ich verabschiedete mich von meinen Eltern, ein bißchen wie jemand, der in den Krieg zieht, setzte mich auf die Vorortbahn, fuhr nach dem Osten hinaus zu Frank Landau. Er war mein bester und ältester Freund. Wir kannten uns seit der untersten Gymnasialklasse, wir hatten zusammen im »Rennbund Altpreußen« Rennen gelaufen und später in »richtigen« Sportclubs. Wir hatten zusammen studiert und waren jetzt Referendare.
Wir hatten so ziemlich jedes knabenhafte Hobby und jede knabenhafte Schwärmerei gemeinsam gehabt. Wir hatten einander unsere ersten literarischen Versuche vorgelesen, und wir taten dies mit unseren schon ernsthafteren literarischen Bemühungen – wir fühlten uns beide »eigentlich« mehr als Literaten denn als Referendare. In manchen Jahren hatten wir uns tagtäglich gesehen, und wir waren gewohnt, alles miteinander zu teilen – einschließlich sogar unserer Liebesgeschichten, die wir voreinander ohne das Gefühl der Indiskretion auszubreiten pflegten. In den siebzehn Jahren, die wir uns kannten, hatten wir nicht einen ernsthaften Streit gehabt. Unsere Verschiedenheiten – unter denen die der Abstammung die unbedeutendste war – hatten wir in Jünglingszeiten genießerisch analysiert und hochinteressant gefunden. Sie trennten uns nicht.
Nun also fuhr ich zu ihm hinaus. Sein Vater, bei dem er wohnte, war Arzt und also zu boykottieren. Ich war neugierig, wie alles aussehen würde.
Es sah wüst, aber innerhalb der Wüstheit eher harmlos aus. Die jüdischen Geschäfte – es gab ziemlich viele in den östlichen Straßen – standen offen, vor den Ladentüren standen

breitbeinig aufgepflanzt SA-Leute. An die Schaufenster waren Unflätigkeiten geschmiert, und die Ladeninhaber hatten sich meistens unsichtbar gemacht. Neugieriges Volk lungerte herum, halb ängstlich, halb schadenfroh. Der ganze Vorgang wirkte unbeholfen, so als erwarteten alle noch irgend etwas, wußten aber im Moment nicht recht was. Nach öffentlichem Blutvergießen sah es nicht aus. Ich kam auch unbehelligt in die Wohnung der Landaus. »Sie« kamen anscheinend noch nicht in die Wohnungen, stellte ich mit Beruhigung fest. Frank war nicht da. Sein Vater empfing mich statt seiner, ein breiter, jovialer alter Herr. Er hatte sich öfter mit mir unterhalten, wenn ich da war, hatte sich großmütig nach meiner literarischen Produktion erkundigt, Preisgesänge auf Maupassant angestimmt, den er über alles verehrte, und mich mit einer gewissen Strenge genötigt, viele Spirituosen durchzuprobieren, wobei er meine Feinschmeckerschaft gewissermaßen examinierte. Heute empfing er mich beleidigt. Er war nicht verstört, nicht ängstlich. Er war beleidigt.

Viele Juden waren es damals noch, und ich beeile mich zu sagen, daß das in meinen Augen außerordentlich für sie spricht. Inzwischen haben die meisten die Kraft dazu verloren. Sie sind zu furchtbar geschlagen. Es ist derselbe Vorgang, wie er sich, auf ein paar Minuten zusammengedrängt, bei den einzelnen abspielt, die in den Konzentrationslagern, auf Blöcke geschnallt, zu Brei geprügelt werden: Der erste Schlag trifft den Stolz und erzeugt ein wildes Aufbäumen der Seele; der zehnte und zwanzigste treffen nur noch den Körper und bringen nichts mehr als ein Wimmern hervor. Die jüdische Gemeinschaft in Deutschland hat in sechs Jahren kollektiv und im großen diese Entwicklung durchgemacht. Der alte Landau war noch nicht zu Brei geschlagen damals. Er war beleidigt – und was mich ein wenig erschreckte, war

nur, daß er mich wie einen Gesandten seiner Beleidiger empfing. »Nun, was sagen Sie dazu«, begann er. »Glauben Sie wirklich, ich hätte Greuelnachrichten erfunden und ins Ausland geschickt? Glaubt es irgendeiner von Ihnen?« Mit einer gewissen Erschütterung sah ich, daß er gleichsam zu plädieren sich anschickte. »Wir Juden müßten wirklich dümmer sein, als wir sind, wenn ausgerechnet wir jetzt Greuelberichte ins Ausland schreiben sollten. Als ob wir nicht auch in den Zeitungen gelesen hätten, daß das Briefgeheimnis aufgehoben ist! Die Zeitungen dürfen wir ja sonderbarerweise noch lesen. Glaubt wirklich irgendeiner diesen dummen Schwindel, daß wir Greuelnachrichten fabriziert hätten? Und wenn es keiner glaubt, was soll es dann? Können Sie mir das sagen?«
»Selbstverständlich glaubt es kein vernünftiger Mensch«, sagte ich. »Aber was bedeutet das schon? Der Tatbestand ist doch einfach der, daß Sie in die Hände von Feinden gefallen sind. Wir alle sind es. Sie haben uns jetzt und machen mit uns, was sie wollen.« Er starrte erbittert vor sich in den Aschbecher und hörte nur halb zu. »Die Lüge ist es, was mich so aufbringt«, sagte er, »die verdammte, ekelhafte Lüge bei alldem. Sollen sie uns doch umbringen, wenn sie wollen. Ich für meine Person bin alt genug. Aber sie sollen nicht so dreckig lügen dazu. Sagen Sie mir, warum sie das tun!« Er war offenbar doch im Innersten nicht davon abzubringen, daß ich mit den Nazis irgendwie zusammensteckte und um ihre Geheimnisse wußte.

Frau Landau kam dazu, begrüßte mich traurig lächelnd und versuchte mich zu entlasten. »Was fragst du Franks Freund«, sagte sie, »er weiß es doch so wenig wie wir. Er ist doch kein Nationalsozialist.« (»Nationalsozialist« sagte sie höflich und umständlich.) Ihr Mann aber schüttelte weiter den Kopf, als wollte er alles abschütteln, was wir sagten. »Das soll mir einer sagen, warum sie lügen«, beharrte er. »Warum sie noch lügen, wo sie doch schon die Macht haben und tun können, was sie wollen. Ich will es wissen.«

»Ich glaube, du mußt nach dem Jungen sehen«, sagte sie. »Er stöhnt so.«

»Um Gottes willen«, sagte ich, »ist Ihr Sohn krank?« Frank hatte noch einen jüngeren Bruder. Von dem war offenbar die Rede.

»Es scheint so«, sagte Frau Landau. »Er hat sich so furchtbar aufgeregt, als er gestern aus der Universität herausgeworfen wurde, und heute übergibt er sich ständig und klagt über Bauchschmerzen. Es sieht ein bißchen wie Blinddarmentzündung aus, obwohl«, und sie machte einen Versuch zu lächeln, »obwohl ich noch nie gehört habe, daß man Blinddarmentzündung von Aufregung kriegt.«

»Heut passiert vieles, wovon man noch nie gehört hat«, sagte der alte Herr grimmig, indem er sich erhob. Er ging schwerschrittig zur Tür, drehte sich noch einmal um und sagte: »Sie sind doch ein guter Jurist, nicht wahr? Können Sie mir sagen: Macht sich mein Sohn eigentlich strafbar, indem er sich heute von mir untersuchen läßt, statt mich zu boykottieren?«

»Sie dürfen es ihm nicht übelnehmen«, sagte Frau Landau. »Er kommt noch nicht los davon. Frank muß gleich kommen, wir werden dann zu Mittag essen.«

Frank kam, er kam mit raschen Schritten ins Zimmer, er wirkte sehr ruhig, seine Ruhe hatte etwas überaus Angespanntes und Umsichtiges, wie die Ruhe von Generalen am Kartentisch oder auch von gewissen Geisteskranken, die mit überlegener Konsequenz ihre fixe Idee entwickeln.

»Nett, daß du gekommen bist«, sagte er, »entschuldige, daß ich mich verspätet habe. Es ging nicht anders. Ich möchte dich nachher um verschiedenes bitten. Ich fahre weg.«

»Wann und wohin?« fragte ich, mit derselben angespannten Ruhe.
»Nach Zürich«, sagte er. »Morgen früh, wenn es geht. Mein Vater will es noch nicht, aber ich werde fahren. Es hat hier keinen Zweck mehr für mich. Bei den Vorbereitungen der Abreise mußt du mir helfen.«

Dann wurde zum Essen gerufen. Frau Landau versuchte dabei vergebens, eine normale Tischunterhaltung zustande zu bringen. Ihr Mann zerstörte sie immer wieder durch Ausbrüche; wir immer wieder durch Schweigsamkeit.
»Nun, hat er's Ihnen schon gesagt, daß er weg will?« fragte Franks Vater übergangslos. »Was sagen Sie dazu?«
»Ich finde es sehr vernünftig«, sagte ich. »Er sollte fortfahren, solange er noch kann. Was soll er noch hier?«
»Dableiben«, sagte der alte Herr. »Nun gerade dableiben und sich nicht wegjagen lassen. Er hat seine Examina gemacht, er hat ein Recht darauf, Richter zu werden.«
»Ich fürchte«, sagte ich, »mit dem Recht ist es vorbei, seit gestern die Kammergerichtsräte vor der SA das Lokal geräumt haben. Wir sind jetzt alle so gut wie Gefangene, und Flucht ist die einzige Art von Tat, die uns übrigbleibt. Ich will auch fort.«
»Sie auch?« fragte Herr Landau. »Warum denn Sie?« Er war offenbar nicht mehr davon abzubringen, daß ich als »Arier« auch ein Nazi geworden war; er mußte wohl zuviel Derartiges frisch erfahren haben, um an andere Möglichkeiten zu glauben. Der alte Herr versank in Schweigen. »Ich werde wohl meine beiden Söhne an einem Tag loswerden«, sagte er nach einer Weile.
»Aber Ernst!« rief seine Frau.
»Der Kleine muß operiert werden«, sagte er. »Die schönste akute Blinddarmentzündung. Ich kann's nicht machen. Habe

keine sichere Hand heute. Und ob es ein anderer heute tun wird? Soll ich herumtelefonieren und betteln: Ach, Herr Kollege oder nicht mehr Kollege, würden Sie um Gottes willen meinen Jungen operieren – er ist aber Jude?«
»Soundso wird es tun«, sagte Frau Landau. Sie nannte einen Namen, den ich vergessen habe.
»Er sollte schon«, sagte ihr Mann. Er lachte und sagte zu mir: »Wir haben zwei Jahre lang im Feldlazarett miteinander Beine abgesäbelt. Aber weiß man heute?«
»Ich werde ihn anrufen«, sagte Frau Landau. »Er tut's bestimmt.« Sie hielt sich großartig an diesem Tag.
Nach dem Essen gingen wir ein paar Minuten zu dem kranken Jungen. Er lächelte verlegen, als hätte er etwas Dummes angestellt, und unterdrückte immer wieder ein Stöhnen.
»Also, du fährst weg?« fragte er seinen Bruder. »Ja.«
Frank sah beklommen aus, als wir aus dem Zimmer traten.
»Es ist scheußlich«, sagte ich. »Ja, das ist wirklich scheußlich«, sagte er. »Ich weiß gar nicht, was aus dem Jungen werden soll. Er hält es noch so gar nicht aus, Unrecht mit anzusehen, und er hat keine richtige Vorstellung dafür. Weißt du, was er mir gestern erzählt hat, was er sich wünscht, nach allem? Einmal Hitler das Leben zu retten; und ihm nachher zu sagen: ›So. Ich bin ein Jude. Und jetzt wollen wir uns eine Stunde über alles unterhalten …‹«
Wir gingen in Franks Zimmer. Aufgeklappte Koffer standen herum, und Anzüge waren herausgelegt. Es war 2 Uhr oder so. »Um sechs muß ich Ellen am Bahnhof Wannsee treffen«, sagte Frank. Ellen war seine Freundin, mit der er sich verloben wollte, um dann gemeinsam mit ihr zu verschwinden.
»Bis dahin müssen wir viel tun.«
»Packen?« fragte ich. »Auch«, sagte er. »In der Hauptsache etwas anderes. Ich habe da einen Haufen Zeug – alte Briefe, alte Bilder, alte Tagebücher, Gedichte, Erinnerungen, was

weiß ich. Ich möchte es nicht hierlassen. Ich kann es auch nicht mitnehmen. Ich möchte auch nicht gern alles vernichten. Würdest du es an dich nehmen?«
»Natürlich.«
»Das müssen wir jetzt durchsehen.«
Er schloß ein Schubfach auf. Ein paar große Haufen Papiere, Alben, Diarien lagen darin herum: sein vergangenes Leben. Ein guter Teil davon war zugleich das meine. Frank atmete tief ein und lächelte. »Wir müssen uns ranhalten, wir haben nicht viel Zeit.«
Und so gingen wir an die Papiere, öffneten die alten Briefe, ließen die alten Fotos durch die Finger gleiten: Das war unsere Jugend, die hier in diesem Schubfach aufbewahrt gelegen hatte. Jeder kennt dieses große Aufräumen, es ist eine Arbeit für regnerische Sonntage, und jeder kennt den tiefwehmütigen Kitzel dieser Totenbeschwörung, die unwiderstehliche Versuchung, noch einmal alles zu lesen, noch einmal alles zu leben … Auch die opiumähnliche Betäubung kennt man, die einen allmählich darüber befällt, das Nachgeben, das Weichwerden.
Wir hatten nur knapp drei Stunden Zeit, und wir hetzten durch unsere Traumländer mit der flackernden Geschwindigkeit, mit der eine Flucht in einem Trickfilm vor sich geht. Auch hatten wir streng zu sein und zu zerstören. Nur das Wertvollste hatte Platz in einer großen Kiste, der Rest mußte zum Papierkorb verurteilt werden.
Zweimal wurden wir unterbrochen. Das eine Mal kam Frau Landau und sagte, der Krankenwagen sei nun unten. Franks Bruder würde zur Operation in eine Klinik gefahren werden. Sie und ihr Mann würden mitfahren. Wenn Frank sich noch von ihm verabschieden wolle, sei es Zeit. Ein merkwürdiger Abschied; der eine Bruder fuhr auf den Operationstisch, der andere in die Verbannung.

»Entschuldige mich einen Augenblick«, sagte Frank und ging mit seiner Mutter hinaus. Er blieb fünf Minuten.

Die andere Unterbrechung erfolgte ungefähr eine Stunde später. Die Wohnung war leer, bis auf uns beide und das Dienstmädchen. Wir hörten es klingeln, und dann klopfte das Dienstmädchen bei uns und sagte, draußen ständen zwei SA-Leute.

Es waren zwei dicke und plumpe Burschen in braunen Hemden und braunen Breeches und Marschstiefeln; keine SS-Haifische, sondern Leute, die einem sonst einen Kasten Bier ins Haus bringen und nach Empfang eines Trinkgeldes rauhen Dank brummend zwei Finger an die Mütze legen. Ihre neue Stellung und Aufgabe war ihnen sichtlich noch etwas ungewohnt, und sie verdeckten Verlegenheit durch eine gewisse wilde Strammheit.

»Heil Hitler«, riefen sie überlaut im Chor. Pause. Dann fragte der eine, der offenbar ein Übergeordneter war:

»Sind Sie Doktor Landau?«

»Nein«, antwortete Frank. »Sein Sohn.«

»Und Sie?«

»Ich bin ein Freund von Herrn Landau«, sagte ich.

»Und wo ist Ihr Vater?«

»Mit meinem Bruder zur Klinik«, erwiderte Frank. Er sprach sehr gemessen und sparte die Worte.

»Was macht er'n da?«

»Mein Bruder muß operiert werden.«

»Na, denn jeht's ja«, sagte der SA-Mann gemütlich und befriedigt. »Zeigen Sie uns mal das Sprechzimmer.«

»Bitte sehr«, sagte Frank und öffnete die Tür. Die beiden polterten zwischen uns in das Sprechzimmer, das leer, weiß und ordentlich dalag, und blickten streng auf die vielen blitzenden Instrumente.

»Jemand dagewesen heute?« fragte der Wortführer.

»Nein«, sagte Frank.
»Na, denn jeht's ja«, sagte der Wortführer aufs neue. Dies schien sein Spruch zu sein. »Dann zeigen Sie uns mal die anderen Räumlichkeiten.«
Und er polterte mit seinem Kumpan durch die Wohnung, überall mißbilligende und forschende Blicke herumwerfend, ein wenig wie ein Gerichtsvollzieher, der Pfandstücke aussucht. »Also keiner da sonst?« fragte er schließlich, und nachdem Frank verneint hatte, sagte er zum dritten Mal: »Na, denn jeht's ja.«
Wir standen wieder am Ausgang, und die beiden zögerten noch etwas, als hätten sie das Gefühl, sie müßten jetzt irgend etwas unternehmen, wüßten aber nicht recht was. Dann, aus dem allgemeinen Schweigen heraus, schrien sie plötzlich wieder im Chor und mit Stentorstimme: »Heil Hitler!« – und polterten hinaus und die Treppe hinunter. Wir schlossen die Tür hinter ihnen und kehrten schweigend zurück an unser Geschäft.

Die Zeit lief uns davon, und zum Schluß gingen wir immer summarischer vor. Ganze Briefpacken wanderten unangesehen in den Papierkorb. 5 Uhr. Wir schnürten die Kiste zusammen und überblickten unser Zerstörungswerk. Dann gingen wir. Wir setzten uns auf die Stadtbahn und fuhren von Osten nach Berlin hinein und durch die ganze Stadt hindurch und nach Westen wieder hinaus. Im Zuge hatten wir zum ersten Mal Zeit zu reden. Aber ein vernünftiges Gespräch wurde es nicht. Zuviel Leute kamen und gingen und saßen um uns herum, von denen man nicht mehr wissen konnte, ob sie nicht Feinde waren. Auch waren immer wieder noch Dinge zu bedenken, mit denen wir uns selbst unterbrechen mußten – Abmachungen, Bestellungen, Aufträge, die wir uns noch zu geben hatten.

Seine Pläne? Sie waren noch unklar genug. Zunächst wollte er noch einen Schweizer Doktor machen, studieren und mit 200 Mark monatlich leben. (200 Mark monatlich konnte man damals noch hinausschicken!) Im übrigen hatte er irgendeinen Onkel in der Schweiz. Vielleicht, daß er ihm irgendwie helfen könne ... »Zunächst nur raus. Ich fürchte nämlich, lange läßt man uns nicht mehr raus.« Am Bahnhof Wannsee erwartete uns das Mädchen Ellen und präsentierte uns wortlos ein Zeitungsblatt. Es enthielt eine Notiz: »Ausreisevisum eingeführt.« Die Begründung war wieder, glaube ich, daß die Verbreitung von Greuelnachrichten im Ausland verhindert werden solle. »Das sieht verdammt so aus, als ob wir schon in der Falle sitzen«, sagte Frank.
»Vielleicht tritt es noch nicht sofort in Kraft«, sagte ich.
»Egal jedenfalls«, sagte Frank, »wir müssen uns jetzt erst recht beeilen. Vielleicht haben wir noch Glück.«
Wir gingen stumm ein paar Villenstraßen hinunter, an Gärten vorbei, es war still hier und nichts zu sehen, was den Tag verriet, nicht einmal beschmierte Ladenfenster. Ellen hatte sich in Franks Arm gehängt, und ich hatte die Kiste genommen, die seine Hinterlassenschaften barg. Es dämmerte, und ein lauwarmer feiner Regen begann zu fallen. Ich fühlte eine sanfte Betäubung im Kopf. Alle Dinge waren gemildert durch ein tiefes Gefühl von Unwirklichkeit. Darin lag auch freilich wieder etwas Bedrohliches. Wir waren zu plötzlich und zu tief ins Unmögliche geraten, als daß es noch Grenzen gab. Wenn morgen zur Strafe für irgend etwas alle Juden verhaftet wurden oder Selbstmord zu begehen hatten, würde es auch nicht mehr weiter erstaunlich sein. Die SA-Leute würden gemütlich und befriedigt »Na, denn jeht's ja« sagen, wenn man ihnen mitteilen würde, daß alle sich ordnungsgemäß umgebracht hätten. Die Straßen würden genau wie immer aussehen. »Na, denn jeht's ja.«

Ich schrak auf. Wir waren angekommen. Ellens Elternhaus war so voll, daß ich als Fremder gar nicht weiter auffiel. In den großen, schönen Empfangszimmern saßen und standen wohl an die zwanzig Gäste herum, vor allem junge Freunde des Hauses. Ellens Vater, ein runder und freundlicher Herr, zeigte ein Gastgeberlächeln und versuchte vergebens, mit Scherzen gegen die gedrückte Stimmung anzukommen. Ellens Mutter begann in einer Ecke eine Diskussion mit Frank über die Meldung von dem Ausreisevisum. »Wenn man wenigstens wüßte, wann es in Kraft tritt!« sagte einer.
»Man müßte mal im Polizeipräsidium anrufen«, schlug ich vor. »Wenn man sich damit nicht gerade ans Messer lieferte«, wandte einer ein. »Man kann ja einen falschen Namen nennen«, sagte ich. »Übrigens, wenn Sie wollen, ich bin gern bereit dazu.«
»Ach ja, wollen Sie das wirklich tun?« rief Ellens Mutter. »Aber bitte, bitte – nicht von unserem Apparat«, setzte sie dann hinzu.
Ich verschwand, um die Telefonzelle gleich um die Ecke aufzusuchen. Am Apparat nannte ich einen falschen Namen. Nach längerer Wartezeit konnte mich schließlich jemand im Polizeipräsidium aufklären. Die Verordnung trat erst am Dienstag in Kraft. »Danke sehr«, sagte ich und hängte mit großer Genugtuung ein.
Als ich zurückkam, war das Zimmer, das ich verlassen hatte, fast leer. Dann steckte die Dame des Hauses ihren Kopf zur Tür herein. »Nun?« fragte sie gespannt, und ich sagte meine gute Nachricht und empfing dafür ihren überschwenglichen Dank. »Jetzt müssen Sie aber auch noch rasch ein Glas Wein mittrinken auf das Glück des jungen Paares«, sagte sie und zog mich fort. »Sie wissen doch schon alles?«
In einem anderen Raum standen Frank und Ellen und empfingen Händedrücke. Sie sahen weder glücklich noch un-

glücklich aus. Meine Nachricht, daß man noch zwei Tage freie Flucht aus dem Lande hatte, war genau das richtige Verlobungsgeschenk.

Eine halbe Stunde später saß auch ich wieder mit Frank in der Vorortbahn. Unser Abteil war leer. Wir schwiegen. Plötzlich sagte er: »Was hältst du nun von alledem? Du hast noch gar nichts gesagt. War es richtig?«

»Auf jeden Fall ist es richtig, daß du morgen fährst. Ich wollte, ich könnte mit.« Wir schwiegen wieder vor uns hin.

Bahnhof Zoo kam näher, wo wir ausstiegen. Zum ersten Mal sah man den Straßen etwas von der Revolution an, freilich nur Negatives: Die hellen, funkelnden Vergnügungsstraßen um den Zoo lagen tot und öde da, wie man sie noch nie gesehen hatte.

»Glückliche Reise«, sagte ich zu ihm, »übersteh diese Nacht gut. Morgen hast du alles hinter dir und bist fort.« Und in diesem Augenblick, zum ersten Mal, erfaßte ich völlig, daß dies ein Abschied war.

Parteiendämmerung im Deutschen Reich

Wie jede der demokratischen Parteien für sich alleine starb

Als Hitler Reichskanzler wurde, gab es in Deutschland praktisch fünf Parteien. Neben Hitlers NSDAP hielten sich noch ungebrochen, mit Hunderttausenden von Mitgliedern und Millionen von Wählern, die Sozialdemokraten, das Zentrum, die Kommunisten und die Deutschnationalen, und bei den Reichstagswahlen vom 5. März 1933 blieben diese vier Parteien (die allerdings untereinander wenig oder nichts verband) immer noch eindeutig in der Mehrheit.

Hitlers Partei kam, trotz »Regierungsbonus« und Wahlterror, nur auf 43,9 Prozent. Trotzdem konnte vier Monate später, am 14. Juli, ohne Widerspruch oder Widerstand ein Gesetz verkündet werden, das kurz und bündig bestimmte: »In Deutschland besteht als einzige politische Partei die Nationalsozialistische Deutsche Arbeiter-Partei.« Wie war das möglich geworden?

Die bündigste Antwort lautet natürlich: durch Terror; und diese Antwort ist nicht falsch, aber sie ist unvollständig. Zu der Pauschalerklärung »Terror« muß man mindestens noch eine weitere hinzufügen: Uneinigkeit. Selbst in unmittelbarer Existenzgefahr haben die Parteien niemals zusammengefunden, nicht einmal zwei oder drei von ihnen. Jede ist für sich allein gestorben, und jede starb an einer etwas anderen Krankheit. Gemeinsam ist ihnen allen nur dies: Das parlamentarische System, das ihre gemeinsame Lebensbedingung war, hat keine von ihnen verteidigt; und um die eigene Haut wirklich gekämpft hat ebenfalls keine.

Auch nicht die Kommunisten, von denen es Freund und Feind am ehesten erwartet hatten. Sie waren damals eine Massenpartei, sie hatten eine bewaffnete Parteiarmee, den Rotfrontkämpferbund, und sie waren – so glaubte man wenigstens – auf Verbot gefaßt; auf Widerstand vorbereitet, und sei es selbst durch Bürgerkrieg. Aber als nach dem Reichstagsbrand, eine knappe Woche vor den Wahlen, im ganzen Reich das Gewitter über sie hereinbrach, zeigten sie sich überall verdutzt und wehrlos, und als der Reichstag eröffnet wurde, war von den 81 kommunistischen Abgeordneten, die am 5. März trotzdem noch gewählt worden waren, kein einziger mehr zur Stelle: Alle waren im KZ, auf der Flucht oder im Versteck. Womit übrigens das Wahlergebnis bereits verfälscht und die Minderheit der NS-Wählerstimmen in eine Mehrheit von NS-Mandaten verwandelt war, ohne daß eine der dadurch benachteiligten Parteien dagegen protestiert hätte. Die Kommunisten waren eben bei allen unbeliebt. Eins, immerhin, muß man den Kommunisten lassen: Als einzige Partei haben sie dem Verbot getrotzt. Während des ganzen Dritten Reichs gab es in Deutschland ein kommunistisches Organisationsskelett – immer wieder von der Gestapo aufgespürt und zerschlagen, immer wieder irgendwo zusammengeflickt.

Eine politisch zu Buche schlagende Rolle hat diese Untergrund-KPD freilich nicht spielen können. Nur die Liste ihrer Märtyrer ist lang.

Auch sozialdemokratische Politiker wurden schon gleich nach dem Reichstagsbrand aufgegriffen und in Konzentrationslager geschleppt, aber die Verfolgung der Sozialdemokraten war zunächst nicht, wie die der Kommunisten, systematisch und allgemein, sondern selektiv und individuell. Von 120 gewählten SPD-Abgeordneten konnten bei der Reichstagseröffnung immerhin noch 94 ihre Sitze einnehmen. Die Partei als solche war zunächst nur bedroht und belästigt, nicht geächtet; man ließ sie zappeln.

Auch die SPD hatte damals zusammen mit ihr nahestehenden Organisationen eine quasi-militärische Parteitruppe, die »Eiserne Front«, und es gab genug junge Parteimitglieder, die ungeduldig auf ein Signal zum bewaffneten Aufstand gegen den Terror warteten. Aber daran dachte in der Parteiführung niemand. Die SPD war keine Bürgerkriegspartei; auch politischer Streik hatte längst aufgehört, zu ihren Waffen zu gehören. Außerdem hatte die damalige Spaltung der Arbeiterschaft zwischen den beiden bitter verfeindeten Parteien SPD und KPD diese Waffe stumpf gemacht. Die Alternative für die SPD war nur stilles Ausharren in betont legaler und korrekter Opposition in der Hoffnung auf Duldung – oder Ausweichen ins Ausland, um bessere Zeiten abzuwarten.

Zwischen diesen beiden Möglichkeiten spaltete sich die Partei; ein paar Monate lang hatte sie noch zwei Zentralen, eine immer noch in Berlin, die andere in Prag, und zwischen beiden flogen die Argumente mit zunehmender Gereiztheit hin und her. Die Berliner hofften, Hitler werde bald abwirtschaften; inzwischen müsse man eben, so gut oder schlecht es ging, überwintern. Die Prager konterten: »Ihr täuscht euch; Hitler wird lange dauern; und er wird euch nicht überwintern lassen.«

Der Streit wurde zum Bruch nach dem 17. Mai, als die Rumpf-SPD im Reichstag einer Resolution, die Hitlers »Friedenspolitik« billigte, ratlos zustimmte (am 23. März, bei der Abstimmung über das Ermächtigungsgesetz, hatte sie noch mannhaft mit Nein gestimmt). Jetzt hielt es die Prager SPD nicht länger aus: Sie veröffentlichte ein Manifest, das zum Sturz Hitlers aufrief. Natürlich machte man die Berliner SPD dafür verantwortlich, der Terror wurde schärfer, eben-

so die entrüsteten Unschuldsbeteuerungen, mit denen die Berliner von den Pragern abrückten, und wer weiß, wie weit das interne Trauerspiel der SPD noch gegangen wäre, wenn Hitlers Regierung ihm nicht ein Ende gemacht hätte: Am 22. Juni verbot sie die SPD.
Von diesem Datum an gab es die SPD nur noch als Auslandsorganisation. Wer von ihren Parlamentariern und Funktionären nicht spätestens jetzt emigrierte – und von KZ und Zuchthaus verschont blieb –, zog sich still aus der Politik zurück und beschränkte sich auf Gesinnungsopposition. Einige jüngere SPD-Politiker, wie Carlo Mierendorff, Theodor Haubach und Julius Leber, haben sich später an den Militärverschwörungen beteiligt, die im 20. Juli gipfelten, aber das war keine Parteitätigkeit mehr. Das Martyrium einer ständig erneuerten illegalen Kaderbildung mutete die SPD, anders als die KPD, ihren in Deutschland verbliebenen Mitgliedern und Anhängern nicht zu. Sie beschränkten sich lediglich auf ein konspiratives Informations- und Kuriersystem. Bemerkenswert, wie viele von ihnen sich trotzdem sofort wieder um die alte Fahne scharten, als sie 1945 nach Deutschland zurückgetragen wurde.
Die beiden Arbeiterparteien wurden 1933 verboten – und waren 1945 sofort wieder da. Die beiden übriggebliebenen bürgerlichen Parteien lösten sich 1933 selber auf – und sind in ihrer alten Gestalt niemals wiedergekommen. Das Zentrum war schon im Kaiserreich und noch mehr in der Weimarer Zeit für jede Regierungsmehrheit unentbehrlich gewesen; es war die ewige Regierungspartei und kam von der Vorstellung nicht los, das müsse auch im Hitlerreich so bleiben. Diese Vorstellung wurde sein Verderben. Sein Parteivorsitzender, Prälat Kaas, eine zwielichtige Figur, hatte schon 1932 mit Hitler über eine Koalitionsregierung verhandelt und im Januar 1933 wiederum – vergeblich – versucht,

in dem damals geschlossenen Bunde der Nationalsozialisten mit den Deutschnationalen der Dritte zu sein.

Als es zwei Monate später, nach der Reichstagswahl, um das Ermächtigungsgesetz ging, das der Regierung diktatorische Vollmachten erteilen sollte, glaubte er, jetzt sei seine Stunde gekommen. Für das Ermächtigungsgesetz brauchte Hitler nämlich eine Zweidrittelmehrheit; und die war ohne das Zentrum nicht herzustellen. Kaas setzte in seiner Fraktion – gegen den Widerstand einer starken Minderheit unter dem ehemaligen Reichskanzler Brüning – die Zustimmung zum Ermächtigungsgesetz durch, weil er offenbar hoffte, dadurch endlich mit Hitler ins Geschäft zu kommen. Er handelte auch mit Hitler allerlei mündliche Zusagen aus, die allerdings niemals schriftlich bestätigt – und selbstverständlich niemals eingehalten – wurden. (Als Kaas kurz vor der Abstimmung auf die versprochene schriftliche Bestätigung drängte, hieß es, der Brief sei unterwegs. Er kam nie an.) Was Kaas verblendeterweise nie sah, war, daß er gerade mit dem Ermächtigungsgesetz seinen einzigen Trumpf aus der Hand gab: Nachdem er seine Diktaturvollmacht einmal in der Tasche hatte, brauchte Hitler keine parlamentarischen Mehrheiten mehr.

Endgültig aber war die Rolle des Zentrums ausgespielt, als Hitler im Frühsommer mit dem Vatikan ein Konkordat aushandelte, das eine katholische Parlamentspartei wie das Zentrum selbst in den Augen der kirchlichen Hierarchie überflüssig machte. Auch dabei leistete der undurchsichtige Prälat, immer beflissen, sich den jeweiligen Machthabern nützlich zu machen, Vermittlerdienste. Als Anfang Juli das Konkordat unter Dach und Fach war und gleichzeitig zu Hause der Druck auf das Zentrum bedrohlich zunahm, telefonierte Kaas aus Rom mit seinem Stellvertreter. »Habt ihr euch immer noch nicht aufgelöst?« Er selbst blieb in Rom.

Seine Partei ging am 5. Juli durch eigenen Beschluß in Liquidation. Maßgebend dafür war letzten Endes die resignierte Überzeugung, daß jetzt mit parlamentarischen Mitteln für die katholischen Interessen in Deutschland nichts mehr auszurichten war.

Denn das Zentrum war immer eine rein parlamentarische Partei gewesen, die nur in einem funktionierenden Parlament selber funktionieren konnte; eine Straßenkampfarmee, wie sie sich in der Endphase der Weimarer Republik alle anderen großen Parteien zugelegt hatten, hatte es nie besessen. Auch die Deutschnationalen freilich, Hitlers betrogene Regierungspartei, hatten im strengsten Sinne keine »besessen«. Sie hatten nur ein loses Bündnis mit einem eigenständigen Wehrverband, dem »Stahlhelm«; und den nahm Hitler ihnen jetzt aus der Hand, indem er ihn zwangsweise in seine SA eingliederte.

Nun versuchten die Deutschnationalen, in zwölfter Stunde das Fehlende nachzuholen durch die Gründung »Deutschnationaler Kampfstaffeln« (DKS). Aber damit kamen sie bei Hitler schlecht an. Vielleicht stimmte sogar etwas an den sofort erhobenen Vorwürfen, daß die im Frühsommer 1933 neu gebildeten DKS zum Sammelbecken heimlicher Regimegegner wurden; der Gedanke lag nahe. Jedenfalls löste Hitlers Staatspolizei den »verbündeten« neuen Kampfverband sofort mit harter Hand auf. Es gab erste Verhaftungen auch unter Deutschnationalen, und als der deutschnationale Parteiführer und Minister, Dr. Alfred Hugenberg, dagegen empört protestierte und die Kabinettsfrage stellen wollte, zeigte sich, daß er weder seine deutschnationalen Kabinettskollegen noch seine Partei weiter hinter sich hatte.

Die entschiedeneren Nazigegner hatte er selbst schon früher aus der Partei vertrieben oder vergrault. Von den anderen sahen jetzt viele nicht mehr ein, wozu eine separate deutschnationale Partei nach dem offensichtlichen Untergang des parlamentarischen Systems und dem Ende aller anderen Parteien überhaupt noch gut sein sollte. Warum nicht lieber gleich zu den Nationalsozialisten übertreten? Innerhalb der Nationalsozialistischen Deutschen Arbeiter-Partei, die nun anfing, »die« Partei zu werden, konnte man die Interessen der deutschnationalen Wähler – also der großagrarischen und großbürgerlichen Schichten – vielleicht noch eher mit Erfolg wahrnehmen als von außerhalb: so ihre Rechnung. Hugenberg resignierte sang- und klanglos. Seine Partei beschloß die Selbstauflösung, nachdem sie noch vereinbart hatte, daß ihre Abgeordneten als Hospitanten in die NS-Fraktion des Reichstags eintreten durften.

Davon hatten sie allerdings nicht mehr viel, denn der im März gewählte Reichstag trat nach dem 17. Mai nie wieder zusammen und wurde im November durch einen neuen ersetzt, in dem nunmehr die Nazis ganz unter sich waren. Aber auch dieser Reichstag spielte niemals mehr eine politische Rolle. Die Ein-Partei-Reichstage des Dritten Reiches wurden, wie es der politische Witz damals ausdrückte, zum »höchstbezahlten deutschen Männergesangsverein«: Ihre Aufgabe bestand nur noch darin, bei ihren seltenen Sitzungen nach Anhörung einer Hitlerrede und einstimmiger Annahme einer vorformulierten Entschließung das Deutschland- und Horst-Wessel-Lied abzusingen.

Ja, sogar aus der NSDAP als Partei ging die Luft heraus, nachdem alle anderen Parteien ausgeschaltet waren: Das ist eine verborgene Pointe der Parteiendämmerung von 1933, die damals niemand bemerkte und die auch heute noch oft übersehen wird. Das Dritte Reich wurde nie ein Parteistaat in dem Sinne, wie die Sowjetunion und die ihr nachgebildeten Staaten Parteistaaten sind. Das Wort »Die Partei befiehlt dem Staat« wurde in Deutschland so nie Wirklichkeit. Hitler befahl dem Staat – er ganz allein. Und er befahl nicht nur dem Staat. Er befahl auch der Partei und noch vielen anderen Gebilden.

Die Partei hatte ihm nur dazu gedient, in dem parlamentarischen System von Weimar »legal« die Macht zu erobern. Nachdem das getan war, hatte sie keine rechte Aufgabe mehr. Sie war jetzt nur noch eine von vielen NS-Organisationen – SA, SS, Hitlerjugend, Deutsche Arbeitsfront, Reichsnährstand usw. –, lauter Staaten im Staate, alle eifersüchtig einander Prestige neidend und Kompetenzen abjagend und alle von Hitler absichtlich gegeneinander ausgespielt, nach dem Grundsatz des »Teile und herrsche«.

Für diesen Dschungelkrieg ungleichartiger und unkoordinierter Apparaturen war aber die Partei weit weniger geeignet als vorher für den Kampf um Stimmen und Mehrheiten mit anderen Parteien. Sie geriet dabei ins Hintertreffen. Besonders die SS lief ihr sehr bald den Rang ab, und wenn das Dritte Reich Hitlers Tod überdauert hätte, dann eher als SS-Staat denn als Parteistaat. Fast könnte man sagen: Das Ende der Parteien war schon der Anfang vom Ende »der Partei«.

Rückblick auf München

Die bittere Logik der Appeasementpolitik

Morgen werden zwanzig Jahre seit »München« vergangen sein. Im Laufe dieser zwei Jahrzehnte ist der Name der gemütlichen, bierliebenden Hauptstadt Bayerns zum mindesten für die englischsprachigen Länder zu einem politischen Begriff bzw. einem bösen Omen geworden. Er ist gleichbedeutend mit »Appeasement«*, das seit der Zeit von München ein Tabuwort ist. Es darf nie wieder eine Appeasementpolitik, nie wieder ein weiteres »München« geben.
Präsident Eisenhower sorgte für einen Schock, als er vor kurzem diese furchterregenden Worte in der Debatte über die Insel Quemoy gebrauchte.
Abgesehen vom Jahrestag des Ereignisses scheint der Zeitpunkt geeignet, an die Geschichte von München zu erinnern und erneut auf sie einzugehen. Sie ist hochaktuell, obwohl sie einer versunkenen Welt angehört, einer abgeschlossenen alten europäischen Welt, die von Großbritannien, Frankreich, Deutschland und Italien gemanagt wurde, ohne daß Amerika und Rußland, geschweige denn Indien und China, ein Wörtchen mitzureden hatten. Soweit es den Rahmen und die handelnden Personen jener Welt betrifft, ist »München« heute Geschichte, und das, was dort geschah, könnte sich nicht nur vor zwanzig, sondern auch vor zweihundert Jahren zugetragen haben.
Die Elemente des Komplotts überschatten unsere heutige dunkle posteuropäische Zeit. Wir schlagen uns mit einem

---

* Beschwichtigungspolitik; Politik des Nachgebens gegenüber expansiver Machtpolitik [A. d. Ü.]

Problem herum, das sich inzwischen als die zentrale Frage unserer Zeit erwiesen hat: mit dem Problem, wie internationale Politik betrieben werden soll und lebenswichtige Interessen verteidigt werden können, wenn der Krieg nicht länger mit gutem Gewissen als ein Mittel der Politik angesehen werden kann.

Man könnte sagen, das Problem habe zur Zeit der Münchner Konferenz eigentlich noch nicht existiert. Die Wasserstoffbombe war noch nicht erfunden, und als der Zweite Weltkrieg ausbrach, schien er noch nicht das Ende aller Dinge zu sein. Was aber begriffen werden muß, ist, daß der Horror der Bombenflugzeuge, der Brandbomben und des Giftgases im Jahre 1938 genau so neu und unkalkulierbar war wie der der Raketen und Kernwaffen im Jahre 1958. Damals wie heute schien es vernünftig, aufgrund der besten verfügbaren Informationen über die Wirkung der nicht erprobten neuen Waffen anzunehmen, daß kein Krieg wie der vorherige sein würde. Damals wie heute sehen sich diejenigen, die die Vorbereitung und, wenn nötig, Führung eines Krieges zur Verteidigung bedrohter Verbündeter unbedenklich befürworten oder in traditioneller Manier strategische Fragen erörtern, dem Vorwurf ausgesetzt, daß sie nicht wissen, wovon sie reden. Damals wie heute zerbrechen sich verantwortliche Politiker den Kopf, um eine Antwort auf die quälende Frage zu finden, wie sie in der neuen Welt der massenvernichtenden Wissenschaft und Technik die Geschicke ihres Landes lenken können, ohne den Krieg zu sanktionieren.

Heute werden wir vielleicht wieder zuversichtlich argumentieren, Mao sei nicht Hitler. Was man verstehen muß, ist, daß 1937 und 1938 viele Leute ebenso gehofft haben, daß Hitler nicht Hitler sei. Damals hatten sich die entsetzlichen Dinge, die heute für immer mit seinem Namen verbunden

sind, noch nicht zugetragen. Er war ein Diktator, er war niederträchtig und abstoßend, er hielt hysterische Reden vor hysterischen Mobs (obwohl er in der privaten Unterhaltung durchaus vernünftig reden konnte).
Im Zuchthaus hatte er ein wildes Buch geschrieben und war mit seinen politischen Gegnern im Lande scharf ins Gericht gegangen. Aber zu keiner Zeit äußerte er, er wolle irgendwen »auslöschen«. Er verkündete überzeugend begrenzte, insgesamt nicht unvernünftig klingende Ziele: die Vereinigung aller Deutschen in einem Reich, was praktisch die Annexion Österreichs, des Sudetenlandes in der Tschechoslowakei, Danzigs und Memels bedeutete (das Elsaß klammerte er ausdrücklich aus). Lohnte sich unter diesen Prämissen denn ein Krieg mit unkalkulierbaren neuen Schrecken und Gefahren?
Wir wissen heute, daß München den Krieg nicht verhinderte, sondern ihn heraufbeschwor. Doch München war der Wendepunkt in der Geschichte der Appeasementpolitik. Um zu verstehen, was in München geschah und warum der dort erzielte scheinbare Sieg der Appeasementpolitik in Wirklichkeit den Anfang ihres Endes bedeutete, müssen wir uns weiter zurück in die Mitte des Jahres 1937 versetzen. Damals wurde Chamberlain Premierminister, und sein allgemeiner Plan zur Beschwichtigung Hitlerdeutschlands nahm Gestalt an. 1937 – ein relativ ruhiges, stabiles Jahr in der europäischen Politik – war ein Jahr der allgemeinen Bestandsaufnahme. Während dieser Zeit legten die europäischen Regierungen ihren Kurs neu fest. Sie waren mit der Tatsache konfrontiert, daß sich das europäische Kräftegleichgewicht während der letzten vier oder fünf Jahre zugunsten Deutschlands verschoben hatte.

Die Wende war überhaupt nicht überraschend gekommen. Die europäische Friedensregelung von 1919, von der sich Amerika alsbald distanzierte und an der Rußland nicht beteiligt war, hatte dazu geführt, daß Deutschland trotz seiner Niederlage im Ersten Weltkrieg und trotz der Demütigungen, die ihm im Friedensvertrag zugefügt worden waren, eigentlich die stärkste Macht auf dem Kontinent geblieben war. Während der zurückliegenden achtzehn Jahre wurde sein Übergewicht an Bevölkerungszahl und Industrie nur durch eines ausgeglichen: durch die Tatsache, daß es entwaffnet war, während Frankreich weiter eine große Armee besaß.

Nun hatte Deutschland, ohne auf ernsthaften Widerstand zu stoßen, wieder aufgerüstet und stellte territoriale Forderungen. Man konnte auf sie nicht mehr damit reagieren, daß man sagte, Hitler bluffe. Die Frage war jetzt, ob man sich den deutschen Forderungen selbst auf die Gefahr eines weiteren Krieges hin widersetzte oder ob man das neue Kräfteverhältnis akzeptierte und die europäischen Grenzen und Bündnisse zugunsten Deutschlands und in Übereinstimmung mit ihnen entsprechend ordnete.

Chamberlain, der neue britische Premierminister, faßte das Problem klar ins Auge und entschied sich für die zweite Variante. Für das Verständnis dieser Politik ist es wichtig zu wissen, daß er sie im Sommer und im Herbst 1937 selbständig und sehenden Auges konzipierte und initiierte und nicht etwa überstürzt und unter Druck im September 1938. Tatsächlich bestand ein wesentlicher Teil seiner Politik darin, öffentlichen deutschen Forderungen durch private Angebote zuvorzukommen und bei der Realisierung seines allgemeinen Befriedungsplanes die Initiative zu behalten. Wie wir sehen werden, wurden seine Bemühungen fast von Anfang an durchkreuzt.

Dieser Plan sah praktisch Verhandlungen der vier Großmächte über ein neues europäisches Friedensabkommen vor, ohne daß es vorher wieder zu einem Krieg kommen sollte. Das neue Abkommen sollte das vorhandene wirkliche Kräfteverhältnis berücksichtigen, was eine Revision der im Jahre 1919 geschlossenen Verträge zugunsten Deutschlands und, in einem geringeren Maße, zugunsten Italiens bedeutete. Deutschland und Italien sollten durch territoriale Zugeständnisse und eine Erweiterung ihrer Einflußsphären zufriedengestellt werden.

Das neue Abkommen sollte von allen vier Mächten unterzeichnet und garantiert, danach durch eine neue europäische Allianz der vier Mächte, durch ständige gegenseitige Konsultationen, durch den erneuten Beitritt Deutschlands und Italiens zum Völkerbund und durch Abrüstung gekrönt werden. Wenn dieser Plan – übrigens der letzte Versuch Englands, die erste Geige in der Weltpolitik zu spielen – Erfolg gehabt hätte, hätte er bedeutet, daß mindestens eine Generation lang Frieden geherrscht hätte, daß Europas globale Vorherrschaft erhalten geblieben und die Weltrevolution, die der Zweite Weltkrieg auslöste, weiter hinausgeschoben worden wäre.

Es mußte damit gerechnet werden, daß drei Seiten sich dem großen Plan widersetzen. Nicht die britische Öffentlichkeit zu Hause, die trotz der tiefen Abneigung gegen Diktatoren und eines gewissen Mißtrauens gegenüber Deutschland unbedingt für Frieden war, und auch nicht die nichtbeteiligten Großmächte. Amerika war tief in seinen Isolationismus versunken. Rußland gefiel es sicherlich nicht, daß es erneut von der Befriedung Europas ausgeschlossen war und es zusehen mußte, wie an seinen Grenzen der Einfluß Nazideutschlands wuchs, doch noch weniger gefiel ihm die Aussicht, vielleicht in einen europäischen Krieg verwickelt zu werden.

Schwierigkeiten und Ablehnung wurden nicht nur von Frankreich erwartet, sondern auch von den kleinen Ländern Mittel- und Osteuropas, die durch territoriale Opfer und unwillkommene politische Neuorientierungen den Hauptpreis für das neue Arrangement zu zahlen hätten, und möglicherweise auch von Deutschland.

Frankreich sollte nicht nur gebeten werden, sich aus seinen osteuropäischen Bündnissen zurückzuziehen. Das war eine heikle und unangenehme Sache. Mehr noch, Frankreich sollte auf die Vormachtstellung verzichten, die es durch den Friedensvertrag von 1919 auf dem Kontinent erhalten hatte. Praktisch bedeutete dies, daß Frankreich vom ersten auf den dritten Platz herabsteigen sollte. Zwar ließ sich leicht beweisen, daß die mit seiner Hegemonie in Europa verbundene Last Frankreich überstrapazierte und daß der Verzicht auf seine Vormachtstellung in seinem eigenen Interesse lag. Aus Stolz konnte es jedoch noch immer dagegen rebellieren.

Diese Befürchtungen erwiesen sich als grundlos. Denn es stellte sich heraus, daß Frankreich seine Position insgeheim bereits aufgegeben hatte und sich nichts sehnlicher wünschte, als von seinem Image befreit zu werden. Während der Krise, die in München ihren Gipfelpunkt erreichte, gab Frankreich deutlich zu erkennen, daß es bereit war, einen Krieg praktisch um jeden Preis zu vermeiden; es folgte willig dem Beispiel Großbritanniens, das Frankreich versprach, ihm alle Unannehmlichkeiten zu ersparen. Ganz unerwartet zeigte sich, daß Frankreich überhaupt kein ernst zu nehmender, unabhängiger Faktor mehr war.

Anders die Tschechoslowakei, die dazu ausersehen war, die Hauptlast der Appeasementpolitik zu tragen. Der tschechoslowakische Staatspräsident Benesch versuchte, Chamberlains Plan zu durchkreuzen. Er war davon überzeugt, daß sein Land sinnlos geopfert würde. Während der Krise machte er sich dadurch bemerkbar, daß er privat Einwände erhob, sich der öffentlichen Propaganda bediente und ein- oder zweimal taktisch geschickte militärische oder politische Maßnahmen ergriff. Mit seinem Widerstand hatte man gerechnet, und Chamberlain war entschlossen, ihn zu negieren. Seine Hintergedanken brachte einer seiner führenden Vertrauten, der britische Botschafter in Berlin, Sir Neville Henderson, gut zum Ausdruck: »Eine britisch-deutsche Verständigung bedeutet mindestens eine Generation lang Weltfrieden. Sollen wir diese Möglichkeit aus Mitleid mit einer Tschechoslowakei, die konstitutionell von Anfang an ein Fehler war, von vornherein ausschließen?«

Dieser Gedanke ist weder dumm noch unehrenhaft, aber die überflüssige Schärfe des Nebensatzes verdient es, beachtet zu werden. Es war jedoch nicht Benesch, der während des Dramas von München seinen Willen gegen Chamberlain durchsetzte, sondern Hitler.

Das klingt erstaunlich, ja sogar unglaublich. Chamberlain war fest entschlossen, Hitler alles zu geben, was dieser forderte, und vielleicht sogar noch etwas mehr. Wie konnte Hitler sich einem solchen Plan widersetzen und gewillt sein, ihn zu vereiteln?

Die Antwort darauf lautet, daß Hitler in der Position eines Gangsterbosses war, dem eine gutbezahlte Stellung in einer Stadtverwaltung angeboten wird. Das Angebot mag verlockend klingen (und ruft bei den Leuten, die ihm unterstellt sind, schlimme Befürchtungen hervor), aber für ihn bedeutet es nichts. Es ist überhaupt nicht das, worauf er aus ist. Er spielt das Spiel eine Weile mit, um sich vielleicht etwas Zaster zu verschaffen und um einige angesehene Bürger erpressen zu können. Aber der Deal darf eigentlich nie zustande kommen. Er darf nie gezwungen werden, seßhaft zu werden, um ein geruhsames, respektables Dasein zu führen. Allein der Gedanke macht ihn wütend.

Kurz bevor die britische Regierung ihre ersten Versuche unternahm, mit Deutschland ins Gespräch zu kommen, hatte Hitler Anfang November 1937 vor seinen führenden Ministern und Generälen seine Zukunftsvision umrissen. Es waren noch unklare Vorstellungen, aber die Richtung der Überlegungen Hitlers war klar. Hitler wollte den Krieg. Was er im Augenblick erstrebte, war tatsächlich nicht mehr als die Kontrolle über Österreich und die Tschechoslowakei, und er war nicht einmal abgeneigt, dieses Ziel, wenn möglich, durch Drohungen statt durch die Anwendung von Gewalt zu erreichen. Aber das war nicht das Ende (wie Chamberlain glaubte), es sollte der Anfang einer Kette von Eroberungen mit unbestimmten, nur vage angedeuteten Grenzen sein.

Deutschland benötigte »Lebensraum«, es hatte nichts von einer langen Friedensperiode zu gewinnen. Seine neuen Waffen würden nach ein paar Jahren veralten; die gegenwärtige nationale Begeisterung konnte sich verflüchtigen, und was noch schlimmer war – Hitler würde älter werden und eines Tages sterben. Der Krieg mußte kommen, solange er selbst in seinen besten Jahren war.

Natürlich war nichts davon in Großbritannien oder außerhalb eines sehr kleinen Kreises in Berlin bekannt. Trotzdem wäre es falsch, anzunehmen, daß Chamberlain völlig nichtsahnend, kindlich naiv und vertrauensselig zu seinen Verhandlungen mit Hitler fuhr.

Trotz seiner sanften Art war Chamberlain ein hartnäckiger, realistisch denkender Mann. Zwar überstieg schiere Bosheit wahrscheinlich sein Begriffsvermögen, aber ihm waren politische Tricks und Gaunerstücke durchaus vertraut, und er war alles andere als gewillt, sich übers Ohr hauen zu lassen. Er rechnete durchaus damit, daß Hitler ein zäher Brocken war. Er wußte auch, daß er Hitler beim beabsichtigten Deal konkrete Gebiete anbot und dafür etwas nicht Greifbares haben wollte: Vertrauen und *goodwill,* eine gütliche Einigung und das Verhalten einer zufriedenen, freundlich gesinnten Macht. Wie sollte er es anstellen, daß dieses unerläßliche *quid pro quo* zustande kam?

Schöne Worte und Versprechungen allein wären selbstverständlich nichts wert. Chamberlain war am Anfang vielleicht so optimistisch, daß er hoffte, er würde Hitler allein schon durch den Umfang und die Generosität seiner unerwarteten Angebote verblüffen und in Kooperationslaune versetzen. Um diesen Effekt zu erzielen, schien Chamberlain immer ein Extraangebot in der Hinterhand zu haben. Die Alternative, Hitler mit Krieg zu drohen, war das letzte Mittel, auf das er sich verließ (und zwar zögernd immer stärker, als sich die Münchner Krise zuspitzte) – obgleich schwer zu sagen ist, inwieweit er hierbei bloß bluffte.

Worauf er jedoch am meisten bestand und was er als ein Erfolgskriterium ansah, war eine ordentliche Verhandlungsführung. Bei den Verhandlungen würde sich nach seiner im ganzen nicht unvernünftigen Meinung automatisch zeigen, was Hitler wirklich im Sinn hatte. Sie würden auch einen erzieherischen Effekt haben. »Appeasement« bedeutete, daß Deutschland gleichzeitig zufriedengestellt und erzogen werden sollte; es sollte »friedlich gestimmt« werden, indem sowohl Steine des Anstoßes beseitigt als auch Wünsche befriedigt würden, und dadurch, daß es in lange, zivilisiert verlaufende Verhandlungen verwickelt würde, sollte es sozusagen mit diplomatischen Mitteln gezähmt – an den Nutzen des Kompromisses und des Gebens und Nehmens gewöhnt werden. Aus diesem Grund sollte die scheinbar untergeordnete

Verfahrensfrage in der Endphase der Krise eine so entscheidende Rolle spielen. Daher maß Chamberlain den direkten Kontakten mit Hitler von Anfang an eine so große Bedeutung bei. Dies erklärt auch seinen Wunsch, zu verhandeln, bevor eine Krise entstanden war, und Angebote zu machen, bevor Forderungen gestellt würden.
Das Spiel wurde eröffnet, als Lord Halifax im November 1937 Hitler besuchte und die britischen Karten, wie geplant, auf den Tisch legte. Lord Halifax hatte ein königliches Angebot zu machen. Großbritannien würde keine Einwände gegen eine Änderung des *status quo* in Europa zugunsten Deutschlands erheben, vorausgesetzt, sie kämen durch »vernünftige Vereinbarungen und nicht durch Gewalt« zustande. Österreich, die Tschechoslowakei und Danzig wurden in diesem Zusammenhang erwähnt. Großbritannien war auch unaufgefordert dazu bereit, im Kontext einer allgemeinen Verständigung über deutsche koloniale Besitzansprüche zu reden. Dafür wünschte es, daß Deutschland in den Völkerbund zurückkehrte und Abrüstungsverhandlungen geführt würden.

Die Antwort war enttäuschend. Hitler gab nicht zu erkennen, daß er sprachlos war. Er war höflich und unverbindlich. Es gab kein Nachstoßen von deutscher Seite. Und als der britische Botschafter ein wenig später versuchte, Gespräche zu führen, erhielt er vom deutschen Außenminister von Neurath grobe Antworten: Kolonien seien kein Gegenstand von Verhandlungen. Österreich sei »eine ausschließlich deutschösterreichische Frage, und wir werden jede Einmischung zurückweisen«. Die Tschechoslowakei? Er wisse, was wir an der Tschechoslowakei auszusetzen hätten. Erneuter Beitritt zu einem reformierten Völkerbund? Diese Frage wolle er überhaupt nicht diskutieren.

Zu dieser Zeit, im Winter 1938, hatte Deutschland seine territorialen Forderungen noch nicht erhoben und noch nicht angefangen, mit Krieg zu drohen, doch auf private britische Vorstöße reagierte es bewußt schroff ablehnend, und in den gegenseitigen Beziehungen verhielt es sich absichtlich möglichst kühl und distanziert. Die Schlußfolgerung lautete, daß es seine Forderungen, die vielleicht noch begrenzt waren, auf seine Weise durchsetzen wollte; es wollte freie Hand haben.

Und dann, am 11. März, kam der Donnerschlag. Deutsche Truppen überquerten nach einem zweistündigen Ultimatum die österreichische Grenze und besetzten Österreich. Hitler hatte sich gewaltsam die erste jener Prämien geschnappt, die er auf geordnetem Wege und nach Verhandlungen als Gegenleistung für Frieden erhalten sollte.

Was hätte die Reaktion auf den Schock sein müssen? Die ehrenhafte traditionelle Reaktion hätte, fast wie ein bedingter Reflex, sein müssen, das zu tun, was in den vergangenen drei Jahrhunderten stets getan worden war: bewaffnete Truppen gegen den Friedensstörer aufmarschieren zu lassen. Aber inzwischen lebten wir im zwanzigsten Jahrhundert, in dem ein Krieg zur totalen Vernichtung der menschlichen Zivilisation führen konnte, und Chamberlain entschied sich anders.

Es bestand kein Zweifel daran, daß nach Österreich die Tschechoslowakei als nächster Punkt auf Hitlers Liste stand. Zwischen der Tschechoslowakei und Frankreich existierte ein eindeutiges militärisches Bündnis, und auch mit Rußland war sie durch einen Beistandspakt verbunden (der wirksam werden sollte, falls Frankreich einem Hilfeersuchen der Tschechoslowakei nachkäme). Wenn Großbritannien dazugestoßen wäre, wäre es damals vielleicht möglich gewesen, eine überlegene militärische Koalition zu bilden, die in der

Lage gewesen wäre, entweder Deutschland von einer weiteren Aggression abzuhalten oder in einem allgemeinen Krieg zu besiegen.
Welche Gründe bewogen Chamberlain, diesen Kurs nicht einzuschlagen? Er hegte politische Zweifel hinsichtlich eines Bündnisses mit Rußland (lohnte es sich, einen allgemeinen Krieg zu führen, um die deutsche Vorherrschaft in Mittel- und Osteuropa durch eine russische zu ersetzen?) und militärische Zweifel daran, ob Frankreich und Großbritannien genügend vorbereitet seien. Sicherlich hatte er den Gedanken im Hinterkopf, daß es besser wäre, wenn der Krieg ein oder zwei Jahre später käme, weil Großbritannien dann der Gefahr aus der Luft nicht mehr völlig schutzlos ausgeliefert wäre. Aber das war nicht das Hauptmotiv. Was ihn bewegte, war der Gedanke, daß ein Krieg – ein Krieg des zwanzigsten Jahrhunderts, der das Ende der menschlichen Zivilisation bedeuten konnte – unter allen Umständen vermieden werden mußte.
Seine Appeasementpolitik war in der ersten Runde eindeutig gescheitert. Das bedeutete für Chamberlain jedoch nicht, daß sie aufgegeben werden sollte oder konnte. Hitler hatte sich als zäher erwiesen, als man anfangs angenommen hatte; nun mußte eine härtere Gangart gewählt werden, um ihn zu zwingen, den Frieden zu akzeptieren. Er hatte sich gewaltsam einen Teil von dem genommen, was er sowieso als Gegenleistung für Frieden erhalten sollte; nun gut, beim nächsten Mal mußte er dazu gebracht werden, das Gewünschte entgegenzunehmen, statt es sich zu schnappen, und dafür den Frieden zu gewährleisten.
Und deshalb startete Chamberlain im März 1938 das abenteuerliche, beispiellose Unternehmen, einen Gegner, der Krieg wollte, zum Frieden zu zwingen.
Nach seinem Scheitern ist Chamberlain wegen seines Unter-

fangens, das Unmögliche zu versuchen, oft verspottet und für sein unehrenhaftes Verhalten oft gescholten worden. Hätte er Erfolg gehabt, wäre er als der erste Staatsmann, der das rettende Wunder vollbrachte, in den Himmel gehoben worden – jenes Wunder, das damals die ganze zivilisierte Welt herbeisehnte und heute, zwanzig Jahre später, sogar noch heftiger herbeisehnt.

Jedenfalls bestand das Ziel der britischen Politik unter Chamberlain im Sommer 1938 darin, einen Gegner, der den Krieg wollte, zum Frieden zu zwingen. Ziel war es nicht, die Tschechoslowakei zu retten. Während der langen Krise, die schließlich in München kulminierte, bemühte sich nur ein Land verzweifelt darum, die Tschechoslowakei zu retten: sie selbst. Bei der diplomatischen Schlacht zwischen Großbritannien und Deutschland ging es um etwas anderes: darum, ob Deutschland als Gegenleistung für die Erfüllung seiner Forderungen gegenüber der Tschechoslowakei veranlaßt werden konnte, ein Friedensabkommen zu schließen. In dieser außerordentlichen, neuen, futuristischen Frage errang Großbritannien in München einen trügerischen Sieg, hinter dem sich eine bittere Niederlage verbarg. Wie und warum das so kam, soll im folgenden behandelt werden.

Der Geschichte über die Münchner Krise wird gewöhnlich ein Kapitel über die internen Verhandlungen vorangestellt, die im Sommer 1938 in Prag über die Autonomie der in der Tschechoslowakei lebenden Sudetendeutschen stattfanden. Diese Verhandlungen waren völlig bedeutungslos. Keine Seite wollte je, daß sie erfolgreich verliefen; sie waren eine Heuchelei. Die Sudetendeutschen waren an einer Autonomie in Wirklichkeit gar nicht interessiert, sondern wollten die Abtrennung ihrer Gebiete von der Tschechoslowakei. Außerdem handelten sie nie aus freien Stücken, sondern agierten nach den Anweisungen Hitlers, der seinerseits nur daran interessiert war, das Scheitern der Verhandlungen als Vorwand für die Zerstörung und schließlich Annexion der ganzen Tschechoslowakei zu benutzen.

Auch Präsident Benesch hatte nie die Absicht, zuzulassen, daß unter dem Deckmantel der Autonomiebestrebungen ein deutscher Nazistaat in seinem Staat entstand. Bei den Verhandlungen verfolgte er das Ziel, sie in einer Weise scheitern zu lassen, daß seine Gegner dafür verantwortlich gemacht wurden und seine Verbündeten keinen Vorwand hatten, sich ihren Verpflichtungen zu entziehen, falls Deutschland die Tschechoslowakei angriffe. In dieser Hinsicht hatte er Erfolg. Die Verhandlungen erwiesen sich als ein Schlag ins Wasser.

Wie das bei genau kalkulierten Schritten häufig der Fall ist, wurde ein entscheidender Faktor übersehen. Dadurch, daß Präsident Benesch die Frage der Autonomie der Sudetendeutschen als Heuchelei entlarvte und das Problem der Machtpolitik offen zur Sprache brachte, hatte er es ermöglicht, daß ihm die Kontrolle über die Dinge entglitt. Das Ganze war nicht länger eine Frage von Verfassungsänderungen, sondern von Krieg oder Frieden. Und das war eine Angelegenheit, die die Großmächte zu entscheiden hatten. Präsident Benesch hatte Hitler und Chamberlain, die beide ihre eigenen Pläne verfolgten, einen Anhaltspunkt gegeben.

Den ersten Zug mußte Hitler machen. Wegen Beneschs geschickter Führung der Verhandlungen mit den Sudetendeutschen kam für Hitler die Krise zu einem unpassenden Zeitpunkt, da seine militärischen Vorbereitungen zwar im Gange, aber noch nicht abgeschlossen waren. Der frühestmögliche »D-day« war der 1. Oktober, und nun war es erst Anfang September. Die Zeit vor dem Losschlagen konnte jedoch für einen Versuch genutzt werden, die Tschechoslowakei zu isolieren. Hitler war entschlossen, »die Tschechoslowakei durch eine militärische Aktion zu zerschmettern«, und er war dazu bereit, notfalls einen allgemeinen Krieg zu akzeptieren, den Frankreich, Großbritannien und Rußland, wie er wußte, im Anfangsstadium kaum offensiv führen konnten. Zu dieser Zeit war er aber nicht auf einen allgemeinen Krieg aus; er zog es, falls sich dies bewerkstelligen ließ, vor, einen ungleichen Krieg gegen die Tschechoslowakei allein zu führen. Die Pause gab ihm Zeit, den Versuch zur Isolation der Tschechoslowakei zu unternehmen.

Am 12. September ließ er in seiner Schlußrede auf dem Parteitag der NSDAP in Nürnberg keinen Zweifel an seinen Kriegsabsichten, doch erteilte er keine militärischen Befehle. Fast prahlerisch ließ er die Tür offen und wartete, ob jemand eintreten wollte.

Er brauchte nicht lange zu warten. Am 13. September erbot sich Chamberlain in einer persönlichen Botschaft an Hitler, mit dem Flugzeug zu ihm zu kommen, »um zu versuchen, eine friedliche Lösung zu finden«. Hitler lud ihn für Donnerstag, den 15. September, nach Berchtesgaden ein. Damit war die Bühne für das wirkliche Drama vorbereitet. Chamberlain, der Hitlers militärischen Zeitplan nicht kannte, hatte sich geirrt, als er Hitlers offensichtliches Zögern in Nürnberg als Zeichen ernster Besorgnis deutete. Aber selbst ohne diese Fehleinschätzung hätte er die Situation für reif zum Handeln gehalten. Aus den oben dargelegten Gründen war er noch immer fest entschlossen, Deutschland zu befrieden, doch hatte er seit dem letzten Winter erfahren müssen, daß Deutschland nicht befriedet werden wollte und daß ihm der Frieden aufgezwungen werden mußte.

Noch immer betrachtete er Angebote und nicht Drohungen als seine wirkliche Geheimwaffe bei den Verhandlungen –

Angebote, die den Forderungen vorgriffen und sie übertrafen. Er war dazu bereit, Hitler nicht nur die Autonomie oder Selbstbestimmung der Sudetendeutschen anzubieten, sondern auch die direkte Abtrennung der sudetendeutschen Gebiete und deren Angliederung an Deutschland. Aber er wußte jetzt, daß er Hitler sogar mit einem so überwältigenden Angebot nicht das gewünschte *quid pro quo* – den Verzicht auf eine Gewaltpolitik und die Bereitschaft zu einer allgemeinen Friedensregelung und zur Zusammenarbeit – abringen konnte, wenn Hitler nicht zugleich unter einem gewissen Druck stand. Dieser Druck konnte nicht mit britischen Drohungen erzeugt werden, hinter denen nur eine ungenügend vorbereitete militärische Macht stand und die überdies die Tschechen unnötig ermuntern würden. Er mußte durch die Situation entstehen – eine Krisensituation, in der ein unsicherer und schwankender Hitler vielleicht dazu gebracht werden konnte, sich vernünftig zu verhalten. Eine solche Situation schien jetzt dazusein.

Die Berchtesgadener Begegnung, in der Hitler fast die ganze Zeit redete und Chamberlain fast allein zur Sache sprach, endete anscheinend mit einer vorläufigen Übereinkunft und einem gründlichen Mißverständnis. Jede Seite dachte am Schluß irrtümlicherweise, sie habe die andere Seite gezwungen, einen Rückzieher zu machen.

Hitler war über die Tatsache des Besuchs, die Sanftmut seines Besuchers und den ausbleibenden Widerspruch verblüfft: Denn Chamberlain akzeptierte bereitwillig das Recht der Sudetendeutschen auf Selbstbestimmung (die völlige Abtrennung des Sudetenlandes von der Tschechoslowakei wurde von Hitler noch nicht verlangt und war von Chamberlain für die nächste Etappe reserviert). Großbritannien, und folglich auch Frankreich, wollte Frieden um jeden Preis und suchte nur nach einer Möglichkeit, sein Gesicht zu wahren und seine Hände in Unschuld zu waschen. Hitler brauchte auf der Grundlage des zugebilligten Rechts auf Selbstbestimmung der Sudetendeutschen seine Forderungen an die Tschechoslowakei nur noch so zu formulieren, daß die Tschechen sie nicht akzeptieren konnten, und er hatte den gewünschten Krieg gegen eine isolierte Tschechoslowakei.

Chamberlain hatte wie Hitler fast ohne Diskussion oder Widerrede erreicht, was für ihn das wichtigste war: Hitlers Zusage, sich eine Woche lang zurückzuhalten, sowie sein Versprechen, in Verhandlungen über die praktischen Methoden der Realisierung des Rechts auf Selbstbestimmung einzutreten, sobald dieses allgemein akzeptiert war – in Verhandlungen, die, wie er Hitler ausdrücklich erklärt hatte, »die Lösung einer ganzen Reihe von organisatorischen und administrativen Problemen einschlossen«. Noch eine Zusammenkunft, und alles würde beginnen, endlich den gewünschten Verlauf zu nehmen.

Das nächste Treffen, das eine Woche später in Bad Godesberg stattfand, brachte die Ernüchterung. Beide Seiten waren in der Zwischenzeit tätig gewesen. Chamberlain hatte sich bemüht, sein Kabinett, die Franzosen und die Tschechen von der Notwendigkeit zu überzeugen, die Abtrennung der sudetendeutschen Gebiete zu akzeptieren. Hitler hatte sich bemüht, die Polen und die Ungarn dazu zu bringen, mit ihm gemeinsame Sache zu machen. Chamberlain, der voller Hoffnung angereist war, um seinen großen Trumpf der Abtrennung des Sudetenlandes auszuspielen und dann ein Programm für eingehende Verhandlungen zu umreißen, war sehr geschockt, als Hitler ihm ruhig antwortete: »Es tut mir leid, aber dies alles kommt zu spät.«

Danach erklärte er, es gehe nicht bloß um die Sudetendeutschen, sondern um die Liquidierung der Tschechoslowakei, eines ganz und gar künstlichen Gebildes, das weder Geschichte noch Tradition noch natürliche Existenzbedingungen besitze. Die polnischen, ungarischen und sogar slowakischen Gebiete müßten ebenfalls abgetrennt werden. Vor allem müßten deutsche Truppen sofort einmarschieren und die Randgebiete Böhmens und Mährens besetzen. Befestigungen, Liegenschaften und Anlagen jeder Art müßten intakt und entschädigungslos übergeben werden. Es war, wie Chamberlain bemerkte, kein Verhandlungsvorschlag, sondern das »Diktat« eines Eroberers in Form eines Ultimatums. Der Termin, der festgelegt wurde, war der 28. September. Später machte Hitler viel Aufhebens darum, daß er den Termin umänderte. Das Ultimatum sollte am 1. Oktober – dem lange festgelegten Termin für den Abschluß der militärischen Vorbereitungen – abgelaufen sein.

In Bad Godesberg schlug die Stunde der Wahrheit. In der Geschichte des Appeasements war es tatsächlich der Anfang vom Ende. Obwohl in München eine Woche später der Krieg vorübergehend abgewendet schien, wurde in Bad Godesberg das eigentliche Ziel des Appeasements, die Schaffung einer Atmosphäre für Friedensverhandlungen – für Verhandlungen über eine neue europäische Friedensregelung und die Herbeiführung wirklich friedlicher Verhältnisse –, aus den Augen verloren und nie wieder ernsthaft verfolgt.

Chamberlain konnte einen Blick in den Abgrund werfen; er erkannte, daß er es mit einem Mann zu tun hatte, der gewillt war, »mit Hilfe der Furcht vor Gewalt die Welt zu beherrschen«, und daß nichts anderes übrigblieb, als »Widerstand zu leisten«. Es zeigte sich, daß Hitler sich durch Nachgeben nicht gnädig stimmen ließ. Chamberlain machte keine weiteren Konzessionen und reiste deprimiert und desillusioniert ab.

Denn offensichtlich stand jetzt das Schlimmste unmittelbar bevor, und Chamberlains Intervention, die nicht den gewünschten Durchbruch für das Appeasement gebracht hatte, schien Klarheit darüber geschaffen zu haben, daß Großbritannien von Anfang an in einen Krieg verwickelt würde, den es nicht gewollt hatte und für den es völlig unvorbereitet war. Nach Bad Godesberg schien der Krieg unausweichlich zu sein, und jedermann stellte sich darauf ein. Aber in Großbritannien und zum mindesten in Frankreich taten es die Leute mit einem Gefühl, als ob sie nicht in den Krieg zögen, sondern zu ihrer Hinrichtung gingen. Sie dachten nicht daran, wie sie den Feind schlagen, sondern daran, was er ihnen zufügen könnte. Es gab keine Gasmasken in Frankreich und kaum Flugabwehrkanonen in Paris oder London. Die Leute begannen, im Hyde Park Gräben auszuheben.

Es zeugt von Chamberlains moralischer Stärke, daß er in diesem Moment und in dieser Stimmung Hitler das einzige Mal eindeutig mit Krieg drohte. Er hatte das viele Monate lang vermieden und nicht einmal in Bad Godesberg getan. Aber jetzt, nachdem einige weitere Botschaften an Hitler nichts gefruchtet hatten, tat er diesen Schritt. Am Dienstag, dem 27. September, erklärte Sir Horace Wilson im Auftrag von Chamberlain Hitler von Angesicht zu Angesicht, daß »Großbritannien sich verpflichtet fühle, Frankreich zu unterstützen«, wenn Deutschland die Tschechoslowakei und Frankreich angriffe.

Es war die letzte Karte, die Chamberlain ausspielen konnte, und das letzte Mittel, zu dem er nie hatte greifen wollen. Dies hatte nichts mehr mit seiner ursprünglichen Absicht zu tun. Er war sich darüber im klaren, daß er hiermit seine ganze politische Philosophie, seinen ganzen Befriedungsplan aufgab und den ersten Schritt in die schauerliche Welt des Krieges tat, den er unter allen Umständen hatte verhindern wollen. Seine Rundfunkansprache am selben Abend (»schrecklich, phantastisch, unglaublich«) zeugte von tiefer Niedergeschlagenheit. In seiner Verzweiflung gab er noch etwas auf, nämlich seinen Standpunkt zum friedlichen Vorgehen, der den Kern seiner Politik gebildet hatte. Er sagte, es scheine »unmöglich zu sein, daß ein Streit, der im Grunde genommen bereits beigelegt war, der Anlaß für einen Krieg sein soll«, und in der Nachricht, die er an Hitler sandte, wiederholte er sogar noch deutlicher, daß die Meinungsverschiedenheiten über eine Vorgehensweise nicht tragische Folgen nach sich ziehen dürften.

Das war der Wendepunkt, an dem Chamberlain sich nach und nach aus seiner gut vorbereiteten Stellung zurückzog. Er schlitterte auf einen Krieg und seine Kapitulation zu. Er hatte sich vorgenommen, einen Gegner, der Krieg wollte, zum Frieden zu zwingen. Jetzt blieb ihm nichts anderes übrig, als selbst mit Krieg zu drohen. Er hatte Land für wirkliche Verhandlungen angeboten. Er war jetzt gezwungen, Land für nichts anzubieten. Für ihn war der Unterschied zwischen Gewalt und friedlichem Vorgehen wesentlich und die Überlassung von Territorien im Vergleich dazu unwichtig. Er bagatellisierte jetzt diesen Unterschied, indem er ihn lediglich als einen Unterschied in der Vorgehensweise bezeichnete, der einen Krieg nicht rechtfertige. Er redete nicht mehr in seiner politischen Sprache. Zum ersten Mal akzeptierte er die Sprache des Gegners.
Kein Wunder, diese Sprache verstand Hitler sofort. Wahrscheinlich hatte er nie begriffen, was Chamberlain in Berchtesgaden und in Bad Godesberg im Sinn gehabt hatte. Er war nur verblüfft und dann irritiert gewesen. Nun wußte er, woran er war. Es handelte sich um eine wirkliche – wenn auch zögerliche – Drohung, und zugleich witterte er den un-

verwechselbaren Geruch von Kapitulation. Er brauchte jetzt nichts weiter zu tun, als die Kapitulation gnädig zu akzeptieren. Er würde genug Entgegenkommen zeigen, wenn er bereit wäre, die Tschechoslowakei zu seinen Gunsten aufzuteilen, statt sie auszulöschen. Er brauchte nicht länger auf Gewalt zu verzichten, sondern nur die Legalisierung der Gewalt zu akzeptieren. Zwei Tage später sagte er in seiner Eröffnungsrede in München: »Ich hatte erklärt, daß ich auf jeden Fall am 1. Oktober einmarschieren würde. Ich hatte die Antwort erhalten, daß diese Aktion den Charakter eines Gewaltaktes haben würde. Daraus erwuchs die Aufgabe, dieser Aktion diesen Charakter zu nehmen. Es muß jedoch sofort gehandelt werden.«
Danach lud Hitler am 28. September zu einer weiteren Zusammenkunft nach München ein. Die Bereitwilligkeit, mit der diese Einladung angenommen und insbesondere der Tumult und der Jubel, mit dem sie im Unterhaus aufgenommen wurde, konnten als Zeichen dafür gedeutet werden, daß der Widerstand gebrochen war.
Diesmal wurde Chamberlain nicht allein eingeladen. Zum ersten Mal war auch der französische Ministerpräsident Daladier mit von der Partie, und Mussolini, der vierte Teilnehmer, erhielt sogar Gelegenheit, eine anscheinend selbständige Rolle zu spielen. Der Vertragsentwurf, der hastig im deutschen Außenministerium ausgearbeitet worden war, wurde rasch ins Italienische übersetzt und als italienischer Kompromißvorschlag präsentiert. Er sah vor allem vor, daß die Besetzung des Sudetenlandes durch die deutsche Wehrmacht am 1. Oktober – Hitlers ursprünglicher Termin – beginnen und am 10. Oktober abgeschlossen sein sollte.

Über das, was in München ablief, liegt uns ein kurzer, aber anschaulicher Bericht des Verfassers jenes Entwurfs vor, der

fast unverändert zum Münchner Abkommen wurde. Dieser Mann war der Staatssekretär im Ministerium für Auswärtige Angelegenheiten, Ernst von Weizsäcker, der in seinen Memoiren schrieb:
»Von den Verhandlungen gibt es kein Protokoll. Es wäre auch schwer gewesen, ein solches aufzustellen. Man saß nicht an einem Tisch, sondern zwanglos auf bequemen Sesseln in einem großen Kreis. Niemand führte den Vorsitz, eine Tagesordnung gab es nicht, die Unterhaltung war ungeregelt, sie sprang von einem Gegenstand zum anderen. Nur Chamberlain versuchte, etwas Ordnung in das Gespräch zu bringen. Er produzierte eine eigene Kompromißformel und verhandelte bei der Nachmittagssitzung ziemlich zäh und nicht sehr wohlgelaunt. Die Stimmung von Daladier war weniger leicht zu erkennen. Für mich repräsentierte er den gesunden Menschenverstand ... Ich fand es darum sehr vernünftig, daß Daladier nach langer, regelloser Debatte gegen Abend sich im Nebenzimmer auf ein Sofa niederließ und nach Münchener Bier verlangte.«*
Nach zwölf Stunden, die in dieser ungeordneten Art und Weise vergingen, wurde das Münchner Abkommen mehr oder weniger so, wie es entworfen worden war, unterzeichnet. Die Krise war vorüber. Die Tschechoslowakei, in den letzten Stadien nicht einmal konsultiert, war natürlich verloren. Der Krieg war vorübergehend vermieden worden. Aber was passierte mit Chamberlains allgemeinem Befriedungsplan?
Nach außen hin sah das Ganze wie ein Erfolg aus. Es hatte eine Konferenz der vier Mächte stattgefunden, die nach Chamberlains Plan eine neue Allianz Europas bilden sollten. Offensichtlich fand dank dieses Plans der angedrohte Krieg

* zitiert nach: Ernst von Weizsäcker: Erinnerungen, München 1950

nicht statt, und ein Streit über territoriale Forderungen war – wenn auch einseitig – beigelegt. Chamberlain war so charakterschwach, daß er Hitler bewog, eine bedeutungslose Erklärung über deutsch-britische Freundschaft zu unterschreiben. Dieses Papier war für die britische Öffentlichkeit gedacht und sollte den Eindruck verstärken, daß die Appeasementpolitik erfolgreich war.

Die Londoner bereiteten Chamberlain aus lauter Freude über die Rettung vor dem Krieg einen triumphalen Empfang. Von einem Member of Parliament wurde er als »der größte Staatsmann aller Zeiten« gepriesen. In Wirklichkeit hatte seine Politik eine Niederlage erlitten. Zwei der vier in München vertretenen Mächte waren bloße Nullen. Die von Großbritannien sanktionierte Friedensregelung war lediglich eine Legitimation von Gewalt. Kein *quid pro quo* war erreicht worden. Der Krieg war vorübergehend durch eine Mischung aus Drohung und Kapitulation und nicht durch den lange durchdachten Befriedungsplan abgewendet worden. Deutschland war aus der Konferenz gestärkt hervorgegangen, war aber nicht befriedet, und Chamberlain wußte das. Sofort nach München verlangte er die Verstärkung der britischen Rüstung.

Blickt man heute mit zwanzigjährigem Abstand auf München zurück, so ist die Erregung über jene Aspekte des Münchner Abkommens, die damals zu einer so heftigen Kontroverse führten, schwer zu verstehen. Die Frage, ob München den Frieden sicherte oder nicht, wurde bald beantwortet, und ob der elfmonatige Aufschub des Krieges Großbritannien mehr nützte als Deutschland, ist heute in der Hauptsache eine akademische Frage. Der Tschechoslowakei wurde sicherlich übel mitgespielt, doch heute ist das Mitgefühl, das man für sie empfindet, geringer, wenn man berücksichtigt, daß die Tschechoslowakei durch den Zweiten

Weltkrieg – abgesehen vom Nachteil der Unterwerfung unter Rußland – alles bekam, was sie durch einen Krieg erhalten konnte, der 1938 ihretwegen begann: die Wiederherstellung ihres Territoriums, Rache an den Sudetendeutschen, die Befreiung von Deutschland. Das alles kostete sie viel weniger Menschenleben und Reichtümer, als es der Fall gewesen wäre, wenn sie 1938 die Rolle hätte spielen müssen, die Polen ein Jahr später tatsächlich spielte.

Die einzige aktuelle Frage, die sich aus München ergibt und die dringender denn je nach einer Antwort verlangt, lautet: Kann einem Gegner, der Krieg will, Frieden aufgezwungen werden, und wenn ja, kann dies durch Appeasement geschehen?

Die Geschichte, wie sie hier wiedergegeben wurde, lehrt, daß das nicht möglich ist. Chamberlain, ein Mann mit nicht geringen Begabungen, mit Verstand und Mut, hat es versucht und ist gescheitert. Aber war sein Mißerfolg unvermeidlich? Diese Frage bietet heute sogar noch viel Raum für künftige Kontroversen. Er hätte mit viel mehr Macht im Rücken, mit einem größeren Abschreckungspotential, mit einer anderen Taktik oder bei einem anderen Gegner vielleicht keinen Mißerfolg erlitten.

Vielleicht ist es die ernsteste Konsequenz des Scheiterns von Chamberlain in München, daß das Wort Appeasement in den englischsprachigen Ländern negative Assoziationen hervorruft. Da die Appeasementpolitik bei Hitler versagte, dürfe sie jetzt gegen niemanden mehr angewendet werden: so lautet das Argument. Aber Verallgemeinerungen sind gefährlich, und die Umstände ändern sich. Die einzige Schlußfolgerung, die sich sicher aus München ziehen läßt, ist, daß Appeasement kein Allheilmittel ist. Es ist ein Mittel der Diplomatie, das von Nutzen sein kann, und es bleibt, zum mindesten in englischsprachigen Ländern, fast so etwas wie eine psychologische Notwendigkeit, bevor sie sich zum Krieg entschließen können. Die Briten hätten 1938 nicht als eine einheitliche und fest entschlossene Nation den Krieg gegen Deutschland begonnen. Sie taten es 1939, nachdem man es mit der Appeasementpolitik versucht und sie versagt hatte. Vom historischen Standpunkt aus ist dies eine späte Rechtfertigung für Chamberlain. Vom Standpunkt der heutigen und künftigen Politik ist diese Politik noch immer ein Präzedenzfall, über den es sich nachzudenken lohnt.

Heuschrecken

Himmlers Waffe der Fruchtbarkeit

In Heinrich Manns »Untertan«, geschrieben 1914, gibt es eine Brautnachtszene, in der der Jungvermählte seiner Frau folgende kleine Ansprache hält: »Bevor wir zur Sache selbst schreiten, gedenken wir Seiner Majestät des Kaisers. Denn die Sache hat den höheren Zweck, daß wir unserm Höchsten Kriegsherrn Soldaten machen. Und damit vorwärts für Kaiser und Reich!«
Die Szene erregte seinerzeit Anstoß. Man fand, sie gehe zu weit, selbst für eine Satire. Es gebe Lebensgebiete und Situationen, in denen auch »Untertanen« – Menschen seien.
Frommer Wahn! Die Nazi-Wirklichkeit von 1941 hat die Satire von 1914 tief in den Schatten gestellt. Heinrich Manns wildgewordener Untertan wird zu einer harmlosen, ja geradezu rührenden Figur, wenn man Himmlers neue amtliche Zeitschrift liest.
Diese Zeitschrift »Waffensieg – Kindersieg« darf den Ruhm für sich in Anspruch nehmen, ein neues Kapitel in der Sittengeschichte der Menschheit einzuleiten. Zum ersten Mal wird hier die Kinderzeugung amtlich zur Kriegsindustrie erklärt. Die »natürliche Fruchtbarkeit« wird als »Waffe im Daseinskampf des Volkes« an der Seite der »Wehrkraft« »eingesetzt«. Ein ganzes Volk wird in die Betten kommandiert, um neben der Massenproduktion von Mordwerkzeugen die Massenproduktion von Kindern aufzunehmen – zu demselben Zweck. »Lest diese Zeitschrift, die ich euch in die Hand gebe, und richtet euer Verhalten danach ein, so daß dem Sieg deutscher Waffen ein Sieg deutscher Kinder folgt.« Vier bis sechs Kinder pro Mann werden verlangt. Der Frauentyp,

den man zu wählen hat, wird in Wort und Bild beschrieben. Auch »unerwünschte« Typen Frau sind zur Warnung abgebildet. Und damit vorwärts für Führer und Volk!
Wir wissen nicht, wie es anders geht: uns jedenfalls überfiel bei der Lektüre dieses Dokuments, das jetzt in Deutschland ohne Zweifel in Hunderttausenden von Exemplaren verbreitet wird, ein Grauen, wie es nicht einmal die furchtbarsten Berichte aus den Konzentrationslagern erregten. Brutalität, Grausamkeit, Mordlust – alles das mag man in rhetorischer Sprache »unmenschlich« nennen: es bleibt leider, strikt gesprochen, menschlich genug – allzu menschlich. Hier aber ist der Punkt erreicht, wo im strengsten Wortsinn die Unmenschlichkeit beginnt, wo der Bereich des Menschlichen verlassen ist. Ein Volk, das auf Kommando »seine natürliche Fruchtbarkeit als Waffe einsetzt« und seine Kinder nach einem Vier- oder Sechs-Jahres-Plan zu Kriegszwecken massenproduziert, hört auf, ein Volk von Menschen zu sein. Es wird zu einem Insektenvolk: und seine massenproduzierten Kinder, erzeugt, um als Heuschreckenplage auf die Nachbarvölker losgelassen zu werden, werden in der Notwehr von den Überfallenden wie Heuschrecken vertilgt werden.
Werden die Deutschen es dahin mit sich kommen lassen?
Es ist trübe genug, daß auch nur der Versuch dazu in Deutschland gemacht werden kann. Himmler und die Seinen sehen offenbar eine Chance für diesen Versuch: sonst würden sie ihn nicht machen. Ihr deutsches »Menschenmaterial« scheint ihnen offenbar reif zu sein für diesen schamlosen Frontalangriff auf den heiligsten und zartesten Bezirk menschlichen Lebens und menschlicher Ehre. Die Deutschen haben in den letzten acht Jahren massenweise aus Dumpfheit oder aus Feigheit ihre Freiheit, ihre Persönlichkeit und ihr Gewissen preisgegeben; sie haben damit eine furchtbare Rechnung angehäuft. Aber noch ist es möglich,

daß die Schuldigen allein diese Rechnung bezahlen werden. Wenn die Deutschen jetzt diesen letzten infamen Tiefschlag gegen ihre Menschlichkeit einstecken – wenn sie wirklich, wie es ihnen zugemutet ist, in Scharen hingehen, eine Frau nach dem Himmlerschen Musterbuch wählen und stramm und plangemäß ihre vier bis sechs Stück Kanonenfutter und Kanonenfütterer abliefern, dann ziehen sie einen Fluch auf ungeborene Generationen herab.

Kalter Krieg

Das Ende von sieben Jahren

Auf dem Weg in eine friedliche Epoche?

Das Jahr 1952 endet mit einem Gefühl der Erleichterung. Es schien ein außerordentlich kritisches Jahr in der Weltpolitik zu werden – kritisch im Sinne der chinesischen Definition von »Krise«, die als eine Kombination von »Gefahr« und »Chance« verstanden wird. Es barg die Gefahr eines Weltkrieges in sich; der Westen hatte die Chance, einen Durchbruch zu mehr Sicherheit zu erzielen. Die Befürchtung, daß ein Weltkrieg drohe, hat sich nicht bewahrheitet. Aber auch die Chance wurde nicht genutzt. Die Krise scheint vorüber.
Vor einem Jahr schrieb ich in dieser Kolumne: »Wenn diesen Wiederaufrüstungsprogrammen der gegenwärtigen NATO-Staaten im Laufe des Jahres 1952 Priorität eingeräumt wird und wenn sie wie geplant durchgeführt werden, wenn mit der Wiederbewaffnung Deutschlands und Japans ernsthaft begonnen und diese mit der Atlantischen Führung richtig koordiniert wird und wenn supranationale militärische Kommandostrukturen wie jene, die 1951 in Westeuropa geschaffen wurden, für den atlantischen Raum, das Mittelmeergebiet, den Nahen Osten und den pazifischen Raum aufgebaut werden, kann sich die freie Welt Ende 1952 vor einer militärischen Aggression sicher fühlen.«
Zurückblickend denke ich noch immer, daß das eine richtige Einschätzung war. Auch die drei »Wenn« waren vor einem Jahr nicht weit hergeholt und keine utopischen Phantasien: Sie beschrieben, was damals die gemeinsame und erklärte Absicht der atlantischen Verbündeten war. Unter dem Eindruck der koreanischen Aggression hatte der Westen im Nu beschlossen, seine Reserven zu mobilisieren und mit einer

Kraftanstrengung, die der im Falle eines Krieges gleicht, das internationale Kräfteverhältnis zu seinen Gunsten zu verändern, um in der Lage zu sein, den Frieden zu erzwingen. Im Laufe des Jahres 1951 wurde zu diesem Zweck ein umfassendes militärisches und diplomatisches Programm – trotz vieler Hindernisse und Schwierigkeiten – in die Wege geleitet; 1952 sollte es in seine kritische Phase eintreten. Während dieser kritischen Phase begann der Westen in seinem Entschluß zu wanken. Ein Land nach dem anderen hörte auf, der Wiederaufrüstung in seiner Wirtschaftspolitik Vorrang zu geben. Die Wiederbewaffnung Deutschlands und Japans wurde nicht in Angriff genommen. Die Pläne für ihre politische Eingliederung in das atlantische System kamen nicht voran. Man ließ zu, daß sich die Position im Mittelmeer- und im pazifischen Raum verschlechterte. Sogar in Westeuropa gab man das Ziel der Gewährleistung wirklicher Sicherheit auf.

Nun, am Ende des Jahres 1952, spricht man nicht mehr über die Friedensaussichten durch westliche Einheit und Stärke. Statt dessen versucht jedes Land, sich in einer geteilten, unbefriedeten, unsicheren und inkohärenten Welt für möglichst lange Zeit so gut wie möglich einzurichten, und fast jedes Land hat angefangen zu hoffen, daß der jetzige Zustand der Welt so lange wie möglich stabil bleibt. Derzeit sehen wir bewußt oder unbewußt die internationale Anarchie als unvermeidlich an und versuchen angesichts dieses Chaos, so gut wie möglich im eigenen Land zurechtzukommen.

Das relative Stillhalten Rußlands im letzten Jahr ermutigt uns dazu. Wenn schon die Versprechungen des Jahres 1952 sich nicht erfüllten, können wir uns damit trösten, daß auch seine vermeintliche Hauptgefahr nicht heraufzog. Vor einem Jahr hatte ich geschrieben: »Durch die Tatsache, daß 1952 dieses Ziel (der militärischen Sicherheit des Westens) erreichbar wird, wird das Jahr unvermeidlich gefahrvoll werden ... Will Rußland seine Ziele mit direkter militärischer Gewalt verwirklichen, bietet sich ihm 1952 die letzte Chance, sich der Ressourcen Westeuropas zu bemächtigen.«

Rußland hat diese Chance nicht genutzt. Leider bedeutet der Rückzieher des Westens, daß das nicht, wie es hätte der Fall sein können, Rußlands »letzte« Möglichkeit war. Wie die Dinge gegenwärtig stehen, wird dem Westen 1953, 1954 und auf absehbare Zeit auch weiterhin die Gefahr einer russischen Invasion drohen.

Dem Umstand, daß Rußland 1952 seine letzte Chance absichtlich nicht genutzt hat, muß große Bedeutung beigemessen werden. Dies unterstützt die These, daß Rußland tatsächlich nicht beabsichtigt, seine Ziele mit direkter militärischer Gewalt durchzusetzen – zum mindesten im Augenblick nicht. Dies bestätigt uns in den Hoffnungen, die wir an einen »Kalten Krieg« knüpfen – an eine politische Situation, in der weite Gebiete der Welt für lange Zeit unbefriedet, »souveräne« Staaten besetzt, Völker und sogar Städte geteilt und Regierungen nicht anerkannt sind – kurzum, in der die ganze Struktur des internationalen Lebens und des internationalen Rechts zerstört ist; in der trotzdem kein allgemeiner Krieg stattfindet und in der nicht einmal mit einem Krieg gerechnet wird; in der die Tatsache, daß kein Krieg ausbricht, obwohl alle Kriegsursachen vorhanden und virulent sind, ein falsches Sicherheitsgefühl erzeugt; in der die Welt mit einem Achselzucken darangeht, ein mehr oder minder normales Leben auf einem gigantischen Pulverfaß zu führen.

Auf jeden Fall spielt sich all das gegenwärtig vor unseren Augen ab. Wenn nicht jedes große internationale Problem von Deutschland bis China weiterhin ungelöst bliebe; wenn Rußland nicht unzugänglich wäre und nicht stillschweigend seine Wiederaufrüstung betriebe; wenn es nicht ruhig und fast gelassen seine täglichen haßerfüllten, verleumderischen Routinemeldungen veröffentlichte; wenn kein solcher leiser Aasgeruch, wie er von den Prager Prozessen ausgeht, durch den Eisernen Vorhang dränge – wenn all das nicht wäre, könnte man 1952 als das Ende der Nachkriegszeit, als erstes Jahr des Friedens und der Rückkehr zur »Normalität« im Westen betrachten.

In diesem Jahr hat sich die Öffentlichkeit des Westens nach langem Zögern entschlossen, den Kalten Krieg als eine Dummheit einzustellen, die Hoffnung auf eine bessere Welt oder die Furcht vor einem dritten Weltkrieg aufzugeben, die jetzige Übergangszeit dankbar zu akzeptieren und den eigenen Garten zu bestellen. Es schien das Ende von sieben Jahren edler Absichten, kühner Pläne und großer Befürchtungen gekommen, und das Sprichwort des Jahres stammt von Arthur Koestler, der in seinen Memoiren schreibt: »Das ganze Jahrhundert ist mittelalterlich geworden.«

Die großen, symbolischen internationalen Schöpfungen von 1945, die Vereinten Nationen und ihre Spezialorganisationen, wirkten 1952 auf einmal welk und schlaff. Konservative Regierungen, die kühl und sachlich denken und wie Buchhalter genau rechnen, haben in den meisten Ländern der westlichen Welt die idealistisch denkenden, reformerischen sozialistischen Regierungen der letzten sieben Jahre ersetzt. In wirtschaftlicher Hinsicht war es eine Zeit der Deflation und der damit verbundenen Montagmorgen-Nüchternheit. In gesellschaftlicher Hinsicht war es eine Zeit der beginnenden Desillusion und der schwindenden Ideale. In diplomatischer Hinsicht war es eine Zeit des wiedererwachenden Nationalismus.

Während der letzten sieben Jahre wurden sich die separaten westlichen Nationen in zunehmendem Maße der Tatsache bewußt, daß sie unausweichlich in einer größeren, noch unvollkommen definierten Einheit – dem »Westen«, der »Atlantischen Gemeinschaft«, der »freien Welt« – aufgehen. Das Jahr 1952 brachte eine Reaktion gegen all dies: eine vorsichtige Wiederbetonung der nationalen Identität. Es war eine politisch bedeutsame Tatsache, daß die Mode in diesem Jahr sich wieder den Vorbildern der Zeit König Edwards VII. und der Königin Victoria zuwandte.

Ist man vom Sog einer solchen, alles durchdringenden Entwicklung erfaßt, ist es fast unmöglich, auszuscheren, anzuhalten und die relevanten Fragen zu stellen. Geht die Entwicklung in eine gute oder schlechte Richtung? Und handelt es sich wirklich um eine Tendenz von langer Dauer oder nur um ein Zwischenspiel? Das sind jedoch Fragen, die gestellt werden müssen.

Wir wollen einräumen, daß eine bestimmte Reaktion gegen die Periode von 1945 bis 1951 unvermeidlich war und sich als heilsam erweisen könnte. Obwohl die Ära in ihrer Kreativität, Potenz und Ehrlichkeit jeder der vorangegangenen Perioden dieses Jahrhunderts weit überlegen war, hatte sie auch ihre Mängel. Was ihre internationale Seite betrifft, so wurde der richtige und begrüßenswerte Trend zur politischen Integration des Westens durch die weitverbreitete, allzu große Bereitschaft beeinträchtigt, zuzulassen, daß diese Integration die Form einer rein amerikanischen Hegemonie annimmt und Amerika sich um jedermanns Verteidigung und Wirtschaftskrisen kümmert, sowie dadurch, daß man sich mit der Rolle eines murrenden Passagiers auf dem amerikanischen Zug zufriedengibt ... Wenn Länder wie Großbritannien, Frankreich und Deutschland sich wieder dazu entschließen, ihr eigenes Haus in Ordnung zu bringen, und feststellen, daß sie in der Lage sind, mit Amerika fast gleichberechtigt zusammenzuarbeiten, ist das gut und lobenswert.

Leider kann ich mich des Eindrucks nicht erwehren, daß die

gegenwärtige Reaktion weit über diese vernünftigen Bestrebungen hinausgeht. Es besteht eine gewisse Gefahr, daß wir die wichtigen Realitäten unserer Zeit, die sich mit unserer Stimmung und unserem politischen Stil nicht geändert haben, aus den Augen verlieren. Der Kalte Krieg ist vielleicht langweilig geworden, aber er ist noch immer im Gange. Die Einheit des Westens ist nach wie vor eine dringende Notwendigkeit. Die Verteidigung – die nur auf supranationaler Grundlage wirksam sein kann – ist noch wichtiger als Buchführung, obwohl wir laut das Gegenteil verkünden mögen. Eine Weltordnung kann nur durch die Einheit und Stärke des Westens erreicht werden. Ohne eine Weltordnung ist ein wirklicher Friede noch nicht möglich.

Bescheidenes Selbstvertrauen im größeren Rahmen der Einheit des Westens ist nicht mit Größenwahn zu verwechseln. Bei all unserer gegenwärtigen »realistischen« deflationären Nüchternheit erwachen wir heute nicht so sehr von einem Alptraum, wir verfallen vielmehr wieder in einen Tagtraum: den Traum, durch den wir auf irgendeine Weise, durch Jonglieren und Cleverneß im Ausland wie durch genaue Buchführung zu Hause, zurück zu den goldenen Tagen von 1900 gelangen können. Diese Art von Wunschdenken, diese halb zugegebene Hoffnung, daß man in der Lage ist, mit Gewichten zu jonglieren, die viel schwerer sind als unser eigenes, ist in einem Land wie Großbritannien in den fünfziger Jahren genauso gefährlich und selbstmörderisch, wie es die Großmachtillusionen in Oberst Becks Polen in den dreißiger Jahren waren.

Wenn wir unsere heutigen Launen und Beweggründe unter moralischen Gesichtspunkten prüfen, werden wir feststellen, daß sie nicht nur und vielleicht nicht hauptsächlich von einer nüchternen, stoischen Standhaftigkeit, dem starken Verlangen nach Selbstsicherheit bestimmt sind. Es ist auch eine gewisse Kraftlosigkeit, ein gewisser Eskapismus in der zynischen Leichtigkeit, mit der wir uns heute mit der unbestimmten Fortdauer der internationalen Anarchie und des Kalten Krieges abfinden, wenn wir uns einreden, eine Weltordnung sei ein unerreichbares Ideal, Unsicherheit der Normalzustand und Friede als Zustand der Welt, den wir jetzt zu akzeptieren und fast zu verteidigen beginnen, immer unvollkommen. Die Tatsache, daß Perfektion wie die Wahrheit unerreichbar ist, entbindet uns nicht von der Pflicht, nach ihr zu streben, und es scheint eine merkwürdige historische Gesetzmäßigkeit zu sein, daß diejenigen, die ihre Ideale aufgeben, um ihr Leben zu retten, am Ende mit dem Verlust ihres Lebens bestraft werden.

In den letzten sechs Jahren hat man erkannt, daß die westliche Zivilisation nur im Rahmen einer Weltordnung weiter zu existieren vermag, daß die Weltordnung nur durch die vereinten Kräfte des Westens erzwungen werden kann und daß diese westliche Integration jene politische Aufgabe ist, die die Geschichte unserer Generation gestellt hat. All das gilt wie immer. Aber im Laufe dieses Jahres haben wir – und nicht nur wir – angefangen, uns dieser Aufgabe zu entziehen. Unser letzter Grund für diese Flucht vor unserer Verantwortung ist wahrscheinlich Feigheit: die Furcht, daß irgendwo auf dem Wege zur Weltordnung die Gefahr eines dritten Weltkrieges lauert, eine Gefahr, der wir nicht ins Auge blicken können. Unser vorgebliches Motiv ist Patriotismus: das Bedauern, daß die westliche Integration die Preisgabe unserer nationalen Souveränität, die Erweiterung unserer Treuepflichten und eine tiefe, subtile Veränderung der kollektiven Identität von uns verlangt. Wir überbetonen unser ehrenwertes Zögern in dieser Hinsicht, um nicht unser weniger ehrenwertes Zurückschrecken auf einem tieferen Niveau zuzugeben. In der Zwischenzeit vernachlässigen wir unsere

Pflicht, unsere Sicherheit zu erhöhen. Und wir riskieren es, vernichtet zu werden, wenn der Scheinfrieden, an den wir uns heute klammern, nicht als die instabile Sache, die er ist, erkannt wird.

Eine zweite Frage ist noch offen: Ist der Rückfall des Westens von 1952 eine dauerhafte Umkehr der historischen Entwicklungstendenzen oder nur eine zeitweilige Episode? Ein Gedanke drängt sich einem auf. 1952 war ein unberechenbares Jahr: Amerika, die führende Macht des Westens, blieb eigentlich der internationalen Politik fern und kapselte sich in der Zeit, in der es mit seiner neuen Regierung schwanger ging*, ab.

Die neue amerikanische Regierung ist eine unbekannte Größe, und es läßt sich nicht vorhersagen, wie sie ihren Einfluß ausüben wird. Doch eines ist gewiß: Ob in einem guten oder schlechten Sinn, dieser Einfluß wird, sobald er wieder wirksam ist, mächtiger sein als jeder andere Faktor, der die Geschicke der Welt bestimmt. Solange Amerika noch nicht wieder auf die Weltbühne zurückgekehrt ist, ist es zu früh, irgendeiner der überraschenden Entwicklungen des Jahres 1952 mehr als nur eine vorübergehende Bedeutung beizumessen.

---

* Am 4. November 1952 fanden die Präsidentschaftswahlen in den USA statt; den Sieg trug Dwight D. Eisenhower davon. [A. d. Ü.]

»Kalter Frieden«

Spekulationen auf einen kleinen Fortschritt

Zum ersten Mal hörte ich den Ausdruck »Kalter Frieden« bei einer politischen Diskussion vor fünf oder sechs Wochen in Berlin. Im folgenden, bei einer Stippvisite der politischen Zentren Westeuropas, fiel mir auf, daß »Kalter Frieden« – und zwar der Sache nach – momentan das wichtigste Thema gut informierter politischer Konversation in ganz Europa darstellt: mit Sicherheit auf dieser Seite des Eisernen Vorhangs und, wenn man den Gerüchten Glauben schenken kann, auch auf der anderen.

»Kalter Krieg« ist Krieg ohne Gewalt. »Kalter Frieden« ist Frieden ohne Versöhnung. Nun könnte man meinen, daß Gewalt die Essenz des Krieges ist und eine Versöhnung die Grundvoraussetzung für Frieden und daß deswegen keiner der Begriffe viel Sinn macht. Das ist nur zu wahr. Trotzdem lebten wir in den letzten Jahren in einem Kalten Krieg und haben vielleicht eine Zeit Kalten Friedens vor uns, egal, ob diese Zustände einen Sinn ergeben oder nicht.

In einem Kalten Krieg fühlen und verhalten sich die Staaten, als ob sie miteinander im Krieg lägen, nur daß nicht geschossen wird. In einem Kalten Frieden fühlen und verhalten sie sich wie im Frieden, nur daß sie vor der offiziellen Anerkennung und gegenseitigen Bestätigung ihrer Positionen zurückschrecken. In ganz Europa drehen sich die Spekulationen nun um die Frage, warum wir nicht vom ersten in den zweiten Zustand übergehen. Richtiger Friede – eine tatsächliche Schlichtung der umstrittenen Weltfragen – liegt im Augenblick außerhalb des Möglichen. Der fruchtlose Austausch von Papieren zur deutschen Wiedervereinigung, die Weigerung der Russen, die Vertragsgespräche über Österreich wieder aufzunehmen, und erst recht das Versagen, in Korea einen formalen Waffenstillstand zu schließen, bewiesen dies zur Genüge. Jedoch ist auch die Aussicht auf Krieg – richtigen Krieg – merklich zurückgegangen. Für die Europäer war es der ruhigste, krisenfreiste Sommer seit 1945, und das, obwohl es wahrscheinlich Rußlands letzte Chance war, mit Gewalt oder Gewaltandrohung die Vervollständigung der Armeen Westeuropas zu verhindern.

Nicht einmal in Asien wurde die Angst vor neuen Aggressionen, im letzten Winter noch weit verbreitet, von der Realität bestätigt, und in Korea zeigten sich beide Parteien in dem Maße sichtlich bemüht, den Krieg absterben zu lassen, wie sie unfähig waren, diesen Wunsch in die Tat umzusetzen.

Allerorten behaupten die Europäer, daß, wenn Rußland und China 1952 Abstand von Aggressionen nahmen – das letzte Jahr, in dem sie sich eines großen Anfangserfolges hätten sicher sein können –, sie zukünftig, wenn die Wiederaufrüstung des Westens weiter vorangeschritten ist, um so nichtaggressiver sein werden. Mit dem Blick in die andere Richtung sind sie sich ziemlich sicher, daß der Westen, sogar vollständig wiederaufgerüstet, nicht angreifen wird – auch wenn einige von ihnen den Einfluß der Kreuzzugs- und Befreiungsideologie in Amerika eher überschätzen. Allerdings gewärtigen sie, daß, was das Wagnis eines Krieges betrifft, Amerika und Westeuropa nun zusammengeschweißt sind und daß keiner ohne den anderen bestehen kann; und sie wissen, daß Westeuropa – zum mindesten zu Lebzeiten dieser Generation – nicht in den Krieg ziehen wird, um die kommunistischen Regierungen Osteuropas zu stürzen, die Grenzen zu revidieren oder Visionen einer Weltherrschaft wahr werden zu lassen. Das heutige Westeuropa wird nicht zur Waffe greifen – außer zur Selbstverteidigung, und das

gleiche gilt für Westdeutschland, dessen kriegerischer Geist durch den Zweiten Weltkrieg gebrochen wurde wie der Frankreichs durch den Ersten.
Was steht unter dem Strich? Eine Aussöhnung und ein Krieg muten mehr und mehr unwahrscheinlich, wenn nicht unmöglich an. Die Grundlage des Kalten Krieges war jedoch – auf beiden Seiten – das Rechenexempel, daß eine Übereinkunft durch politischen und wirtschaftlichen Druck erreicht werden könne, unterstützt durch die latente Kriegsgefahr.
Verblaßt diese Gefahr und schwindet die Aussicht auf eine formale Aussöhnung, beginnt dem Kalten Krieg die Luft auszugehen. Die fünften Kolonnen sitzen auf dem trockenen, sobald militärischer Beistand von außen nicht mehr erwartet werden kann. Subversive Propaganda geht nach einer gewissen Zeit nach hinten los, wenn ihr keine erfolgreiche Revolution folgt, wie die französischen Kommunisten gerade feststellen. Der wechselseitige Ost-West-Handelsboykott, schon stark unterwandert, wird für die Boykottierenden selbst immer lästiger. Und die abgegriffenen gegenseitigen Verleumdungen durch die Propagandaapparate erscheinen immer mehr als vergebliche Liebesmüh.
Nun, was wird geschehen? Ein förmlicher Friedensschluß scheint im Augenblick unmöglich. Die Wiederaufrüstung muß offensichtlich weitergehen – beides eine unverzichtbare Versicherung gegen die Risiken eines Krieges und der beste Weg, diese zu reduzieren. In der Tat: Falls die Wiederaufrüstung des Westens in sich zusammenbräche, fiele die Aussicht auf Kalten Frieden zusammen mit ihr.
Allerdings breitet sich vielleicht die Überzeugung aus – und es geschieht bereits –, daß der gegenwärtige territoriale Zustand Europas und Asiens, wenngleich ungeklärt und nicht anerkannt, sich so bald nicht ändern wird, daß politische Kurswechsel sich eher langsam und evolutionär als schnell

und katastrophal vollziehen werden und daß es sich ein jeder in seiner momentanen Lage für gewisse Zeit so behaglich wie möglich wird einrichten müssen. Diese Bemühung könnte für sich alleine der Hauptmotor langsamer Veränderung werden. Denn Behaglichkeit erfordert, unter anderem, gute nachbarschaftliche Beziehungen, die heute der Eiserne Vorhang und der Kalte Krieg vielen Staaten grimmlich versagen. Zu recht oder nicht, die Europäer wissen, daß, falls und sobald der Kalte Krieg sich unmerklich in einen Kalten Frieden verändert, Europa (auf beiden Seiten des Vorhangs) an verhältnismäßiger Wichtigkeit gegenüber Rußland und Amerika gewinnt, trotz deren körperlicher Überlegenheit, und daß einzelne halbneutrale europäische Länder wie Schweden, Finnland, Österreich und Jugoslawien bedeutender werden gegenüber größeren, politisch umfassender gebundenen, weil sie zu Kontaktstellen und Orten friedlicher Anziehungskraft für Nachbarn wie Polen, die Tschechoslowakei, Ungarn und Bulgarien werden können – etwa auf der Grundlage eines stillschweigenden Einvernehmens darüber, daß keine Seite die Regierung der anderen stürzen oder ihre Beziehungen zu Drittmächten stören wird. Dies alles ist – bis jetzt – nur Spekulation. Gerade die zugrundeliegende Entwicklung vom Kalten Krieg zum Kalten Frieden könnte durch irgendeinen unvermuteten, krassen Rechenfehler in Moskau oder Peking unsanft unterbrochen werden. Man tut aber gut, sich daran zu erinnern, daß sich im Frühjahr 1950 anscheinend eine ganz ähnliche Entwicklung anbahnte, nur um dann durch den Ausbruch in Korea abrupt gekappt zu werden. Dennoch könnte es bedeutsam sein, daß zum zweiten Mal, und trotz Korea, der Kalte Krieg in Europa Symptome der Zersetzung zeigt. Und die bloße Tatsache, daß Europa sich so umfassend auf das Nahen eines bewaffneten Kalten Friedens verläßt, beeinflußt sicherlich den Lauf der Dinge.

Das Ende des Wirtschaftswunders

Die junge Bundesrepublik vor neuen Problemen

Die westdeutsche Produktion hat in diesem Jahr beispiellose Rekorde erzielt. Zum ersten Mal seit dem Krieg hat Vollbeschäftigung geherrscht. Die westdeutsche Stahlerzeugung hat die Stahlproduktion Großbritanniens und auch die des ganzen deutschen Reiches im Jahre 1938 übertroffen. Das Bruttosozialprodukt ist um etwa 15 Prozent gestiegen.

Und doch ist die Stimmung unter den Wirtschaftswissenschaftlern Westdeutschlands kurz vor Ende dieses *annus mirabilis* nicht von Jubel, sondern von Besorgnis gekennzeichnet. Trotz steigender Produktion sind die Preise ständig gestiegen. Die Arbeitskämpfe haben um ein Vielfaches zugenommen und sich verschärft. Der Exportüberschuß hat sich fast um die Hälfte verringert. Zwischen Regierung und Industrie ist ein heftiger Streit über die künftige Wirtschaftspolitik entbrannt. Die westdeutsche Börse hat mehrere schwarze Tage erlebt.

Eine nüchterne Analyse der Fakten zeigt, daß das »westdeutsche Wirtschaftswunder« seinen Höhepunkt und zugleich sein Ende erreicht hat. Dieses »Wunder« war auf zwei Faktoren zurückzuführen, die in Westdeutschland, nicht aber im übrigen Westeuropa vorhanden waren: auf die beträchtlichen Arbeitskraftreserven aufgrund der zehn Millionen Flüchtlinge aus dem Osten und auf die Tatsache, daß die Wirtschaft frei von jeglichen Rüstungslasten war.

Diese beiden Faktoren, die die vorhandene industrielle Basis, die Ankurbelung der Wirtschaft durch den Marshallplan und die ungeheure Nachfrage in der Nachkriegszeit überlagerten, ermöglichten es der westdeutschen Industrie von

1948 an, frei zu expandieren und einen nie dagewesenen Wohlstand zu schaffen. Jetzt sind jedoch die Arbeitskraftreserven erschöpft, und gleichzeitig verlangt man von der Industrie, die bleierne Last der Wiederaufrüstung auf sich zu nehmen.

In den letzten sieben Jahren ist die Zahl der Beschäftigten in der westdeutschen Industrie Jahr für Jahr gestiegen. Ein weiterer Anstieg ist nun nicht mehr möglich. Es herrscht Vollbeschäftigung, und schon hat ein »industrieller Kannibalismus« begonnen: Industriezweige werben sich gegenseitig Arbeitskräfte ab, wobei der Bergbau und die Landwirtschaft die schwersten Verluste hinnehmen müssen. 1956 beabsichtigt die Armee, 150 000 junge Männer zum Wehrdienst einzuberufen, und bis 1958 werden es 500 000 sein.

Darüber hinaus wird sich im Jahre 1956 der »normale« Neuzugang von Arbeitskräften aufgrund der herangewachsenen Jahrgänge drastisch vermindern. In den letzten sieben Jahren hat die Industrie die geburtenstarken Jahrgänge absorbiert, die in der Zeit von 1935 bis 1941 geboren wurden, als die nationalsozialistische Politik der Geburtenförderung die Geburtenrate in Deutschland in die Höhe trieb. Aber die Zahl der zwischen 1942 und 1948 geborenen Jahrgänge, die ab 1956 die Schule verlassen, ist sehr klein. Die Industrieproduktion wird daher sinken, wenn die Arbeitsproduktivität nicht durch noch größere neue Investitionen weiter erhöht werden kann.

Aus diesem Grund befürwortet die Industrie die Fortsetzung und sogar Verstärkung der gegenwärtigen expansiven Investitionspolitik. Aber das ist mit industriellen Wiederaufrüstungsbemühungen unvereinbar. Die Wiederaufrüstung beansprucht genau die gleichen Industriezweige wie die industriellen Investitionen. Einige Industrielle schlagen deshalb ernsthaft vor, die ganze Ausrüstung für die neue Wehrmacht

im Ausland zu kaufen. Aber dadurch würde Westdeutschland bald in eine Zahlungskrise geraten.
Daher muß damit gerechnet werden, daß von jetzt an neue, große und zunehmend unproduktive Anforderungen an eine Industrie gestellt werden, die nicht mehr expandieren kann, und das heißt, daß die Investitionen, die Exporte, der Konsum oder alle zusammengenommen – die bisher samt und sonders gestiegen sind – Rückgänge werden hinnehmen müssen.
Die Situation wird durch die Tatsache kompliziert, daß zwei bisher sehr geduldige Klassen, die Arbeiter und Bauern, unruhig werden. Bisher haben sich die Arbeiter mit langen Arbeitszeiten und ziemlich bescheidenen Löhnen und die Bauern mit niedrigen Preisen für landwirtschaftliche Erzeugnisse zufriedengegeben – mit Preisen, die tatsächlich dazu geführt haben, daß inmitten des allgemeinen westdeutschen Wohlstandes Notstandsgebiete auf dem Lande existieren und viele kleinere Bauern an die Wand gedrückt werden. In einem Klima scheinbar grenzenloser ökonomischer Expansion schien dies erträglich; früher oder später, so wurde angenommen, würde jeder vom wachsenden Wohlstand profitieren.
Nun ist unter Arbeitern und Bauern plötzlich eine Art Panik ausgebrochen. Ein großer Streik an der Ruhr konnte nur dadurch knapp verhindert werden, daß die meisten Lohnforderungen akzeptiert wurden. Auch die Bauern in Niedersachsen und in der Pfalz haben mit Streikaktionen gedroht und mußten mit neuen staatlichen Subventionen beschwichtigt werden. Obwohl diese Zugeständnisse sozial gerechtfertigt sind, haben sie zwangsläufig eine inflationsfördernde Wirkung.
Rein theoretisch gibt es drei Möglichkeiten, mit der neuen Situation fertig zu werden: erstens Planung in Verbindung mit effektiven Steuerungsmaßnahmen, zweitens Deflation und drittens Inflation. Planung – das heißt Zuteilung von Arbeitskräften und anderen knappen Ressourcen – kommt

in den letzten beiden Jahren, die dem Bundestag verbleiben, und bei der Wirtschaftsphilosophie der jetzigen Regierung praktisch nicht in Frage. Eine Deflation – die absichtliche Herbeiführung von Bankrotten und Arbeitslosigkeit durch Kreditbeschränkung – wäre sehr unpopulär und hätte fast sicher zur Folge, daß die Regierungsparteien bei den nächsten Wahlen verlieren. Daher stellt die Inflation zwangsläufig die einzige »Lösung« dar, die keine harten Entscheidungen der Regierung erfordert. Eine leichte Inflation hat in diesem Jahr tatsächlich schon eingesetzt; sie droht gefährliche Ausmaße anzunehmen, wenn ernsthaft mit der Aufrüstung begonnen wird.

Es gibt einen ernst zu nehmenden politischen Aspekt der neuen ökonomischen Probleme Westdeutschlands. Ganz allgemein hätten bei einer Planwirtschaft das Kapital, bei Deflation die Arbeiterschaft und bei Inflation die nicht mit der Produktion unmittelbar befaßten Bevölkerungsschichten – Geschäftsleute, Beamte, Freiberufler und Rentner – die Sache auszubaden. Die normale Aufgabe der Politik ist es, sich mit dieser Art von Klassen- und Gruppenkonflikten zu befassen. Aber bis jetzt ist sie in Westdeutschland unter der warmen Sonne des wachsenden Wohlstandes kaum wirksam geworden. Die Politik war ein harmloses parlamentarisches Spiel, das in der Senkung von Steuern und der Gewährung von Vergünstigungen bestand und nur durch Meinungsverschiedenheiten über die Außenpolitik belebt wurde. In den kommenden Jahren wird die westdeutsche Politik in wachsendem Maße gefordert werden. Die neuen, unerprobten demokratischen Institutionen der Bonner Republik werden es mit heftigen, realen Interessenkonflikten zu tun bekommen – Konflikten, die zum Zusammenbruch der Weimarer Republik führten. Wir wollen hoffen, daß Bonn den Belastungen besser standhält.

Agenda für Deutschland

Die deutsche Frage und das internationale Gleichgewicht

Drei Perioden kennzeichnen die deutsche Geschichte seit 1945. Von 1945 bis 1948 bemühten sich die westlichen Alliierten und Rußland, die deutsche Frage gemeinsam zu lösen. Sie scheiterten und gingen von 1949 bis 1952 nach einem Jahr der Krise getrennte Wege, indem sie in ihren entsprechenden Zonen separate Staaten schufen.
Von 1952 bis 1955 unternahm man erneut den Versuch, das geteilte Deutschland wiederzuvereinigen und sich über einen für ganz Deutschland geltenden Friedensvertrag zu verständigen. Dieser Versuch scheiterte, und während der folgenden drei Jahre setzten West- und Ostdeutschland, inzwischen Mitglied der NATO bzw. des Warschauer Paktes, ihre getrennten Wege weiter fort. Nun scheinen wir am Beginn eines dritten Versuchs der vier Mächte zu stehen, einen Friedensvertrag mit ganz Deutschland zu schließen. Das Scheitern der bisherigen Versuche sollte uns vor einem all zu großen Optimismus bewahren: Teilen ist leichter als vereinigen.
Natürlich haben sich die Dinge im Laufe dieser vierzehn Jahre sowohl in Deutschland als auch in der Welt der vier Mächte weiterentwickelt. Allgemein gesprochen hat sich das Gleichgewicht in Deutschland die ganze Zeit zugunsten des Westens verändert; was dagegen das Kräftegleichgewicht im Weltmaßstab betrifft, so verlief die Entwicklung genau umgekehrt.
In der ersten Nachkriegsperiode hätte Deutschland, das zugrunde gerichtet war, in Schutt und Asche lag und hungerte,

leicht dem Kommunismus anheimfallen können. Rußland wiederum war erschöpft und relativ schwach; Amerika stand in der Welt an der Spitze. Von 1952 bis 1955 konsolidierte sich Westdeutschland als Staat und gelangte erneut zu Wohlstand; Ostdeutschland war noch immer furchtbar arm und hatte einen Volksaufstand erlebt. Rußland hingegen hatte sich vom Krieg erholt; seine riesigen Armeen warfen ihre Schatten auf Europa, und es hatte Amerikas Kernwaffenmonopol gebrochen.

Heute ist Westdeutschland in jeder Hinsicht wieder eine Großmacht, nur in militärischer nicht, es ist Großbritannien und Frankreich gleichrangig. In Ostdeutschland ist es dem aufgepfropften kommunistischen Regime nicht gelungen, Wurzeln zu schlagen, und der kränkelnde ostdeutsche Staat, der von seiner Bevölkerung abgelehnt wird, wird nur von der russischen Macht künstlich am Leben gehalten. Heute ist diese Macht jedoch der von Amerika gleich – oder fast gleich, obwohl das keinen Unterschied macht. Die beiden Giganten sind in der Lage, sich gegenseitig zu vernichten, und befinden sich in einer Pattsituation. Keiner kann den anderen dazu zwingen, gegen seinen Willen in Deutschland oder sonstwo nachzugeben.

Die Folgen dieser doppelten Entwicklung sind nicht angenehm. Je stärker die Sowjetunion wurde, um so nachdrücklicher verlangte sie von Deutschland und vom Westen, ihren ostdeutschen Marionettenstaat zu akzeptieren und anzuerkennen. Von 1952 bis 1955 war sie noch dazu bereit, ihn auf dem Altar der deutschen Wiedervereinigung durch freie Wahlen zu opfern. Heute scheint sie dies absolut zu verweigern. Die ostdeutsche Regierung wiederum wurde um so zügelloser und unberechenbarer, je mehr sie die Hoffnung verlor, jemals Wurzeln im eigenen Land zu schlagen, und je mehr sie gezwungen ist, völlig von russischer Unterstützung

abzuhängen. Noch nie hat sie sich im Inland so rücksichtslos-repressiv benommen wie heute und im Ausland noch nie so herausfordernd, wie das jetzt der Fall ist. Sie verhält sich – wie das Regierungen gewöhnlich tun, die sich als verlängerter Arm einer Großmacht vorkommen – viel schlimmer als diese selbst.
Die daraus resultierende Situation ist verworren. Heute scheinen sich die Interessen des Westens in Deutschland diametral von denen vor zehn Jahren zu unterscheiden. Damals konnte eine äußerst labile und gefährliche Situation im Lande nur durch die Anwesenheit der Westmächte stabilisiert werden. Heute herrscht aufgrund ihrer Anwesenheit ein künstliches Gleichgewicht, und die Situation ist völlig festgefahren. Damals war zumindest der größere Teil Deutschlands einzig und allein dank der Anwesenheit der Westmächte in der Lage, sich vor dem Kommunismus zu retten. Heute hindert die Anwesenheit der Mächte Deutschland als Ganzes daran, den Kommunismus abzulehnen. Daraus könnte man folgern, ein beiderseitiges Disengagement in bezug auf Deutschland sei das Ziel des Westens. Überließe man – wie man plausibel behaupten könnte – Deutschland sich selbst, so wäre es jetzt stark genug, sich von allein aufzurichten und danach wieder auf eigenen Füßen zu stehen. Deutschland würde sicherlich nicht kommunistisch werden. Und ein unabhängiges, wiedervereinigtes Deutschland würde durch seine bloße Existenz Osteuropa etwas Luft und neuen Spielraum verschaffen – obwohl diese Aussicht in verschiedenen osteuropäischen Ländern mit einer Mischung aus Furcht und Hoffnung betrachtet wird. Die Russen können all das aber auch selbst sehen; man kann nicht erwarten, daß ihnen das gefällt, und sie können sicherlich nicht gezwungen werden, das zu akzeptieren. Sie bieten im Falle Deutschlands tatsächlich eine Art von Disengagement an.

Entsprechend den Bedingungen ihres Friedensvertrages würden ein Jahr nach seiner Ratifizierung alle ausländischen Streitkräfte aus Deutschland abgezogen werden. Aber bevor das geschähe, müßte erst einmal die Teilung Deutschlands festgeschrieben werden. Ostdeutschland müßte international anerkannt werden, Westdeutschland vollkommen vom Westen isoliert sein, und beide Teile Deutschlands hätten einen diskriminierenden Status, der ständig eine ausländische Einmischung in ihre inneren Angelegenheiten zuließe. Das sind keine Bedingungen, die wir guten Gewissens akzeptieren können. Und sollten wir sie in der Annahme akzeptieren, sie irgendwie umgehen zu können, sobald die ausländischen Truppen Deutschland verlassen hätten, käme das einem Spiel mit dem Feuer gleich. Nichts wäre gefährlicher, als Deutschland sich selbst zu überlassen unter Bedingungen, die zum Bürgerkrieg führen können, und zu hoffen, daß ein solcher Krieg kurz und schmerzlos wäre, daß unsere Seite siegen und daß sich niemand einmischen würde.

So verlockend ein Disengagement auch wäre, wir wären mit letzterem schlechter dran als mit ersterem, wenn nicht eine deutsche Friedensregelung vorangige, die sowohl für die vier Mächte als auch für Deutschland akzeptabel wäre. Eine solche Regelung kann nicht auf der Teilung Deutschlands oder auf seiner Diskriminierung basieren. Weder das eine noch das andere hätte lange Bestand, und Deutschland würde zu einem Pulverfaß werden. Wenn eine deutsche Friedensregelung überhaupt eine Chance haben soll, akzeptiert und eingehalten zu werden sowie einen Beitrag zum Weltfrieden zu leisten, muß es die beiden großen, paradoxen Grundwahrheiten der Situation berücksichtigen: daß zwar ein globales Kräftegleichgewicht zwischen Ost und West, doch kein lokales Kräftegleichgewicht zwischen Ost- und Westdeutschland besteht. Rußland ist Amerika gleichwertig.

Aber Ostdeutschland ist Westdeutschland nicht gleichwertig.
Offensichtlich ist es eine sehr schwierige und bestenfalls langwierige Aufgabe, diese komplizierte Gleichung in konkrete Vereinbarungen umzusetzen. Wahrscheinlich bedeutet dies, daß zwei Arten von Vereinbarungen oder Verträgen erforderlich wären: einmal zwischen den vier Mächten und zum anderen zwischen den Mächten und Deutschland. Das Ziel der ersten Art von Abkommen bestünde darin, zu gewährleisten, daß die Wiedervereinigung Deutschlands, die praktisch nur die friedliche Liquidierung oder Selbstliquidierung des ostdeutschen Regimes bedeuten kann, nicht das globale Kräftegleichgewicht der Großmächte stört. Dazu würden solche Dinge gehören wie gegenseitige Garantien gegen eine eventuelle künftige deutsche Aggression, eine mögliche Selbstbeschränkung in bezug auf künftige Militärbündnisse mit einem wiedervereinigten Deutschland sowie alles, was unter die Rubrik »europäische Sicherheit« fällt: vor allem Zonen begrenzter Rüstung, Garantien für die europäischen Grenzen und Einzelheiten des militärischen Disengagements.
Das Ziel der zweiten Art von Abkommen bestünde in der Festlegung der Grenzen Deutschlands und der Bedingungen und Etappen des Prozesses der Wiedervereinigung. Mittlerweile ist man sich darüber einig, daß man mit Rücksicht auf Rußland akzeptieren würde, daß dieser Prozeß nicht mit gesamtdeutschen freien Wahlen beginnen sollte. Ebenso müßte man sich darüber einig sein, daß an einem bestimmten Punkt dieses Prozesses solche Wahlen abgehalten werden müssen; sonst würde jede »Konföderation« oder »Annäherung« der beiden deutschen Staaten praktisch bloß darauf hinauslaufen, daß die andauernde Teilung bestätigt wird.
Diese bloße Aufzählung der Tagesordnungspunkte genügt,

um zu zeigen, wie schwierig und ungewiß der weitere Weg ist. Es gibt unzählige Streitpunkte. Bei jedem könnte es leicht zu einem Stillstand der Verhandlungen kommen. Es ist durchaus möglich, daß der erneute Versuch einer Einigung über und mit Deutschland wie bisher wieder einen Zeitraum von etwa drei Jahren beansprucht, und mit einem möglichen Scheitern dieses Versuchs muß gerechnet werden. Das braucht nicht unbedingt als tragisch angesehen zu werden. Der *status quo* in Deutschland wird, so unbefriedigend er auch sein mag, kaum zu einem Weltkrieg führen – ja diese Situation schließt es geradezu aus, daß ein Weltkrieg in Europa beginnt, wenn nicht eine der beiden Großmächte das beabsichtigt. Es besteht kein Grund zur Panik oder Ungeduld. Wir müssen uns ehrlich und ernsthaft darum bemühen, den *status quo* durch etwas Besseres zu ersetzen. Wir müssen jedoch aufpassen, daß er nicht durch etwas Schlechteres ersetzt wird.

17. Juni 1953

Am langen Arm Rußlands

Die massive Intervention des russischen Militärs hat für den Moment die Straßen Ost-Berlins und anderer Großstädte der Sowjetzone aufgeräumt. Allerdings sollte keiner glauben, daß es dadurch die Situation wiederhergestellt hat, wie sie vor dem großen Arbeiteraufstand in Ostdeutschland war. Nichts könnte das herbeiführen. Der 17. Juni 1953 ist ein historisches Datum.

Was an diesem Tag passierte – wir kommen gerade wieder zum Luftholen und begreifen seine volle Bedeutung –, ist folgendes: Eine totalitäre Regierung, die für fast vier Jahre im Vollbesitz aller Mittel einer umfassenden modernen Diktatur auf ihrem Territorium war, wurde binnen weniger als zwölf Stunden zur völligen Handlungsunfähigkeit gebracht und gezwungen, hinter den Panzern einer ausländischen Armee Schutz zu suchen. Und zu diesem Schritt wurde sie nicht durch eine innere Spaltung oder eine bewaffnete Verschwörung in der Mitte getrieben, sondern durch eine spontane Erhebung des Volkes im klassischen Revolutionsstil von 1789 oder 1848.

Das ist genau das, was – so sagten wir uns – unter den Bedingungen einer modernen, totalitären Staatsgewalt nicht geschehen könne. Wir hatten uns durch die vernünftigsten Argumente davon überzeugt, daß eine der Rede- und Versammlungsfreiheit beraubte, atomisierte, kontrollierte, systematisch indoktrinierte, behütete und reglementierte Bevölkerung, überwacht von einer allgegenwärtigen Staatspolizei und eingeschüchtert durch den Terror eines skrupellosen Konzentrationslagerregimes, niemals eine erfolgreiche

Revolution hervorbringen könnte. Wir wurden eines Besseren belehrt.

Das Erstaunlichste an dem großen Aufstand, der sich innerhalb von 24 Stunden wie ein Waldbrand in der sowjetischen Zone Deutschlands ausbreitete, ist, daß er so spontan, unorganisiert, ungeplant und führungslos war. Die revoltierenden Massen waren offensichtlich selbst ganz überrascht: Sie wußten nicht, was sie im Begriff waren zu tun, bis sie es taten; und sie wußten nichts von ihrer Menge, ihrer Homogenität und Einmütigkeit, bis sie sie spürten. Diese äußerste Spontaneität, Glanz und Glorie jeder großen Revolte, ist zugleich ihr bester Schutz. Denn diese den Millionen wieder wegzunehmen, die ihre Einheit und Kraft zum ersten Mal erlebten, ist unmöglich. Und es ist genauso unmöglich, diese Einheit und Kraft zu brechen, indem man sie ihrer Anführer beraubt, weil es gar keine gab. Vielleicht werden Sündenböcke verhaftet und erschossen: um den Preis sich steigernden Hasses wird der Terror vielleicht verdoppelt. Nichts von alledem kann jedoch einen weiteren Ausbruch dieser Art verhindern, sobald Rußland müde wird, die 18 Millionen Ostdeutschen mit einer pausenlos ausgeübten Militärgewalt niederzuhalten. Die wahre Macht im Land hat sich offenbart, und sie hat die kommunistische Regierung Ostdeutschlands ein für allemal zur elenden Staffage und falschem Schein gemacht. Was auch immer passiert, niemand wird diesen Staat zukünftig als politische Realität behandeln, ihn als Faktum respektieren oder auf ihn zählen: weder seine eigenen Diener noch die Westmächte, noch die Russen selbst, die Realisten sind.

Sobald dieser Umstand ins Bewußtsein gedrungen ist, führt er unausweichlich gravierende Änderungen in der Politik all der Mächte herbei, die die deutsche Frage anbelangt. So etwa wird er es für die Westdeutschen psychologisch gesehen unmöglich machen, das Ziel der deutschen Wiedervereinigung der Integration ins westliche Europa unterzuordnen. Die bis heute im Westen vorherrschende Angst wird aufgehoben werden, daß in einem wiedervereinigten Deutschland der »kommunistische« Osten das Ganze verseuchen könne. Die größten Auswirkungen sind aber hinsichtlich der Deutschlandpolitik Rußlands zu erwarten.

Die Russen mußten erleben, wie die Resultate achtjähriger politischer Arbeit in ihrer Zone an nur einem Tag zerschlagen wurden. Sie befinden sich nun wieder auf dem Stand von 1945 und müssen die Bevölkerung ihrer Besatzungszone mittels Truppenaufgebot und Militärgewalt wie im Kriege unterdrücken. Dieser Zustand kann nicht von Dauer sein. Während die russischen Panzer auf den leergefegten und trotzig stillen Straßen ostdeutscher Städte patrouillieren, müssen die russischen Macher der Politik noch einmal von vorne anfangen zu überlegen, und zwar schnell, wie sie sich einer Lage, die auf lange Sicht unhaltbar ist, mit dem kleinstmöglichen materiellen Risiko und Schaden und dem geringsten Gesichtsverlust entwinden können.

Teils behaupten sie nun verbittert, daß es zu dieser Situation nie gekommen wäre, hätten sie selbst ihre ostdeutsche Marionettenregierung nicht veranlaßt, von einigen extremen politischen Positionen Abstand zu nehmen. Wie so oft, kam es zu einem Volksaufstand, als der Griff der örtlichen Tyrannen sich lockerte. Aber wenn die Russen solche Reden schwingen, ist es das gleiche wie der Wunsch, Geschehenes ungeschehen zu machen. Was auch immer vor dem 17. Juni möglich oder unmöglich war, nun, da die Ulbrichts und Grotewohls vor den Augen der ganzen Welt gezwungen wurden, sich entweder dem empörten Volk oder der unmittelbaren russischen Herrschaft durch Gewalt zu ergeben, kann nichts mehr ihre Autorität wiederherstellen. Seit jeher waren die

Gerüchte nicht zu überhören, daß die Russen die ostdeutsche Marionettenregierung ab einem gewissen Preis als potentiell veräußerbar betrachteten. Nun sind sie vielleicht soweit, sie sogar zu einem Sonderpreis abzustoßen, bevor das ostdeutsche Beispiel bei anderen, kaum stabileren kommunistischen Regierungen Osteuropas Schule macht. Schon konnte man die Erschütterung des ostdeutschen Erdbebens in der Tschechoslowakei spüren.

Die Langzeitwirkung der Ereignisse vom 17. Juni auf die russische Politik könnte sich denn auch als so stark herausstellen wie die der Tito-Revolte. Tito bewies den Russen, daß eine kommunistische Regierung, die über wahren Rückhalt im Volk verfügt, zur Emanzipation vom Vormund Rußland tendiert. In Ostdeutschland hat ihnen der 17. Juni nun gezeigt, daß die kommunistischen Regierungen ohne Rückhalt im Volk, Bedienstete Rußlands, sich nur unter Zuhilfenahme russischer Bajonette behaupten können. Zusammengenommen sollten diese beiden Ereignisse bei den Russen Zweifel an ihrer Politik des ideologischen Imperialismus aufkommen lassen, auf welche sich Stalin und Shdanow 1945 einließen. Nicht nur, daß diese Politik den Westen in Alarmbereitschaft gegenüber Rußland versetzte, auch im russischen Lager selbst verursacht sie zunehmend Krisen und Streit. Schon jetzt hat die russische Regierung den Wunsch geäußert, wieder mehr normale internationale Beziehungen aufzunehmen. Der 17. Juni, aus der richtigen Perspektive betrachtet, sollte diesen Wunsch verstärken.

Für Rußland ist es noch nicht zu spät, zu einem ehrenvollen Frieden mit dem Westen, mit Westdeutschland und seinen Nachbarn zurückzufinden, wenn es aus diesem historischen Tag seine Lehren zieht.

Ein Staat der Partei

Ein Interview mit Sebastian Haffner*

Ist Ostdeutschland ein Staat oder nicht? Könnte er auf eigenen Füßen stehen?

Ostdeutschland ist ein Scheinstaat. Er hat eine liberale Verfassung, zu der er sich verhält, als ob sie nicht existiert, eine Regierung, die nicht regiert, sondern Befehle ausführt, ein Parlament von Jasagern, wie es der Reichstag der Nationalsozialisten war, ein halbes Dutzend nichtkommunistischer Parteien, die immer wieder Säuberungen unterzogen wurden, bis sie zu Zweigstellen der herrschenden Sozialistischen (kommunistischen) Einheitspartei geworden sind; in einem Fall wurde dieser Prozeß dadurch vereinfacht, daß ein prominenter Kommunist unterstützt wurde, eine scheinbar nichtkommunistische rechte Partei zu gründen und zu führen.

Der »Staatsapparat« in Ostdeutschland (wie er offiziell genannt wird) hat abgesehen davon, daß er als Propagandafassade fungiert, nur administrative Funktionen. Die politische Macht in Ostdeutschland liegt in den Händen der zentralen Parteiorgane, die wiederum vom Vertrauen und von der Unterstützung der sowjetischen Partei in Moskau abhängen.

Die Macht über Ostdeutschland wird daher genauso wie zur Zeit des Besatzungsregimes von Moskau ausgeübt. Der einzige Unterschied besteht darin, daß diese Macht heute durch

---

*In seiner Funktion als Berliner Korrespondent des »Observer« stellte sich Sebastian Haffner am 1. Mai 1960 den Fragen seiner Londoner Kollegen.

Parteikanäle – und nicht mehr durch militärische Stellen – fließt.

Das geltende Statut der ostdeutschen Partei sieht eine Ein-Mann-Herrschaft Stalinscher Prägung vor. Die höchste Macht im Lande verkörpert Walter Ulbricht, der erste Sekretär der Partei, der das Sekretariat des Zentralkomitees als sein persönliches Kabinett benutzt, das Zentralkomitee mit zuverlässigen Gefolgsleuten vollgepackt hat und nun auch das Politbüro beherrscht (in dem Rivalen und Kritiker Ulbrichts in der Vergangenheit bisweilen eine Rolle spielten und das nach wiederholten Parteisäuberungen an Bedeutung verloren hat).

Ulbricht, der von 1924 bis 1927 und von 1934 bis 1945 in Moskau lebte und am 29. April 1945 von der russischen Armee mit einem Flugzeug nach Berlin gebracht wurde, hat seine Wurzeln im Moskauer Parteiapparat, von dem er gestützt wird und von dem allein er gestürzt werden könnte. Er ist nicht in Ostdeutschland, ja nicht einmal in der Masse der einfachen ostdeutschen Parteimitglieder verwurzelt, und in dieser Hinsicht ist es richtig, ihn als den von Moskau ernannten Agenten in Deutschland zu bezeichnen.

Er ist jedoch ein recht ranghoher und zunehmend eigensinniger Statthalter, der zwar letzten Endes von Moskau abhängig ist, aber trotzdem einen gewissen Spielraum und Einfluß hat (den er konstant in stalinistischem, antiliberalem, extremem und übrigens antideutschem Sinne nutzt).

In den letzten beiden Jahren hat er versucht, sich bei den Chinesen rückzuversichern, falls er in Moskau in Ungnade fallen sollte. Seine derzeitige Innenpolitik richtet sich sowohl in ihrer allgemeinen Tendenz als auch in einigen charakteristischen Details nach dem Vorbild der »harten«, revolutionären Linie Pekings statt nach dem »weichen«, vorsichtig-liberalen Kurs Moskaus, und in seiner Außenpolitik laviert er zwischen der Moskauer Entspannungspolitik und Pekings unverminderter Feindschaft gegen den Westen.

Findet das ostdeutsche Regime beim Volk irgendwelche Unterstützung? Wird das jemals der Fall sein?
Es findet keine Unterstützung. Und wie es derzeit aussieht, wird das wahrscheinlich nie der Fall sein.
Ob es nach Rückhalt beim Volk streben und versuchen soll, echte nationale Wurzeln zu schlagen (schließlich gab es in den zwanziger und Anfang der dreißiger Jahre eine wirkliche kommunistische Massenbewegung), oder ob es sich ganz auf die russische Macht und die Furcht vor Deutschland einerseits und den deutschen Untertanengeist und Respekt vor einer strengen Obrigkeit andererseits verlassen soll, das ist eine Frage, die seit mehr als zehn Jahren von den deutschen Kommunisten – und auch von den Russen – diskutiert wird; die unterschiedlichen, zögerlichen Antworten bestimmen die Geschichte Ostdeutschlands. Ulbricht hat stets die zweite (gegenwärtig vorherrschende) politische Linie befürwortet, verschiedene seiner deutschen kommunistischen Gegner mit wechselnder russischer Unterstützung bisweilen die erste.
Es sei eingeräumt, daß die ungeschickten Versuche des kommunistischen Regimes, sich durch eine weichere Politik und durch Zugeständnisse an das Volksempfinden beliebt zu machen, nicht von Erfolg gekrönt waren. Das Regime ist nie akzeptiert worden, egal, ob es Milde walten ließ oder Härte zeigte. Ulbrichts Argument, daß eine Bevölkerung, die man nicht für sich gewinnen kann, besser mit eiserner Faust regiert werden sollte und daß eine von außen aufgezwungene Revolution sowieso nicht erfolgreich sein kann, wenn sie nur halb durchgeführt wird, hat einiges für sich. Es ist jedoch genau das gleiche Argument, mit dem Rakosi in Ungarn den

Aufstand vom Oktober 1956 heraufbeschwor und mit dem auch Ulbricht schon einmal 1952/53 den Boden für den ostdeutschen Aufstand vom Juni 1953 vorbereitete.

Steigt der Lebensstandard? Hat es irgendwelche Verbesserungen in bezug auf Konsumgüter, Luxuswaren, Freiheiten gegeben? Sind die Lebensbedingungen besser oder schlechter als in Polen oder der Tschechoslowakei?
Der Lebensstandard ist von 1954 bis 1957 beträchtlich gestiegen, seitdem die Reparationen eingestellt wurden und die Versorgung mit Nahrungsmitteln und Konsumgütern durch den »Neuen Kurs« eine höhere Priorität erlangt hat. Seit 1958 hat der Lebensstandard bestensfalls stagniert, und die gegenwärtige Versorgung mit Nahrungsmitteln ist eindeutig schlechter als vor ein oder zwei Jahren. Sporadische Besucher Ostdeutschlands berichten oft über ihre aktuellen Eindrücke. Diese sind falsch und wahrscheinlich auf bewußte oder unbewußte politische Vorurteile zurückzuführen: Die Mentalität des Kalten Krieges hatte verhindert, daß die zwischen 1954 und 1957 eingetretenen wirklichen Verbesserungen zugegeben wurden, und die Entspannungsmentalität führt jetzt dazu, daß sie verspätet entdeckt und irrtümlich auf die Gegenwart zurückgeführt werden.
Obwohl der ostdeutsche Lebensstandard höher ist als vor sieben Jahren, führt die Bevölkerung weiterhin ein einfaches bis armes Leben. Die große Propagandakampagne, die versprach, daß bis Ende 1960 der westdeutsche Lebensstandard erreicht würde, ist seit Ende letzten Jahres völlig eingestellt worden – ein sicheres Zeichen dafür, daß zur Zeit keine Verbesserungen zu erwarten sind. Es gibt keinen Hunger, aber es gibt einen wirklich lang anhaltenden Mangel an Grundnahrungsmitteln. Kleidung ist ausreichend vorhanden, aber ihre Qualität läßt meist zu wünschen übrig. Die Wohnver-

hältnisse sind völlig unzureichend: Der Wohnungsmangel bleibt nur aufgrund der Massenabwanderung einigermaßen erträglich.

Trotzdem beklagt sich die Bevölkerung heute nicht in erster Linie über den Lebensstandard: er ist niedrig, aber in einem geringeren Maße als vorher, und mit dem der Tschechoslowakei vergleichbar, doch höher als in Polen.

Was dagegen die persönliche Freiheit betrifft, so hat sich die Lage in den letzten beiden Jahren deutlich verschlechtert und wird erschreckenderweise immer schlimmer. In Ostdeutschland gibt es nichts, was mit der relativen Freiheit der Religionsausübung, der Kultur und der Meinungsfreiheit in Polen vergleichbar wäre. Sogar im Vergleich zur Tschechoslowakei besteht der entscheidende Unterschied darin, daß die tschechischen Kommunisten protschechisch sind, während die ostdeutschen Kommunisten antideutsch sind.

Die Methoden, die bei der gegenwärtigen Kollektivierung der Bauern und der Handwerker angewendet werden, zeichnen sich durch bewußte Grausamkeit und den Wunsch aus, das Leben der Menschen nicht nur total zu kontrollieren, sondern auch den Willen der einzelnen Opfer zu brechen und sie zu erniedrigen. Offen bleibt, ob dieser Krieg gegen die eigene Bevölkerung die Leute zur passiven oder aktiven Verzweiflung treiben wird.

Inwieweit ist Ostdeutschland mit dem Ostblock verbunden?
Sehr eng und in den letzten drei Jahren in wachsendem Maße. Der Hauptanteil des ostdeutschen Außenhandels entfällt auf den Ostblock, obwohl der sogenannte Interzonenhandel mit Westdeutschland nach wie vor ziemlich bedeutend ist. Die ostdeutschen Handelsbeziehungen mit Entwicklungsländern dienen hauptsächlich dem Prestige und Propagandazwecken; der Handel mit dem Westen ist gleich

Null. Die Bedingungen des ostdeutschen Handels mit dem Ostblock, die gewöhnlich in Moskau festgelegt werden, werden oft als ungünstig für Deutschland bezeichnet.
Man nimmt an, daß Ostdeutschland im Rahmen der zunehmenden Arbeitsteilung in den nächsten fünf Jahren der Hauptlieferant für bestimmte Chemikalien und Kunststoffe für den Ostblock werden wird, aber das ist noch Zukunftsmusik. Bis jetzt befinden sich die großen neuen Chemiewerke, die diesem Zweck dienen sollen, noch in der Planung und konkurrieren mit anderen Schwerpunkten der geplanten Entwicklung (Braunkohlenverwertung, der Rostocker Hafen, eine neue Binnenwasserstraße, mehr Stahlwerke). Einige Experten betrachten das Planungsprogramm als zu anspruchsvoll.

Wie viele Flüchtlinge verlassen monatlich Ostdeutschland, und wie viele Leute gehen von Westdeutschland nach Ostdeutschland?
Die Zahl der Flüchtlinge ist zur Zeit wieder im Steigen begriffen, nachdem sie Ende 1959 und im Januar und Februar 1960 ziemlich konstant rund 10 000 monatlich betrug. Im März waren es 13 400 und im April rund 20 000 Flüchtlinge. Es ist eine strittige Frage, ob es in letzter Zeit einen Anstieg der Migration von West nach Ost oder eine Rückwanderungsbewegung gegeben hat. Ostdeutsche behaupten daß es 1959 61 000 Zuwanderungen (gegenüber 144 000 Abwanderungen) gegeben hat. Westdeutschen Quellen zufolge gingen 50 000 Personen nach Ostdeutschland; von diesen kehrten 35 000 wieder zurück. Es gibt keine ostdeutschen Zahlen über Ostdeutsche, die aus dem Westen zurückgekehrt sind.
Während ein Umzug von West nach Ost völlig frei ist, ist es seit Dezember 1957 ein strafbares Delikt, Ostdeutschland zu

verlassen. Die Zahl der Flüchtlinge aus Ostdeutschland ist seither um ein Drittel bis zur Hälfte zurückgegangen; trotzdem verhält sich die Zahl der Menschen, die von West nach Ost ziehen, zur Zahl derer, die nach dem Westen gehen, laut westlichen Angaben noch immer wie 8 oder 9:1 und laut östlichen Angaben wie 2 oder 3:1.

Hierbei ist zu berücksichtigen, daß ein bestimmter Prozentsatz der Bewegung in beiden Richtungen natürlich auf private Gründe zurückzuführen ist. Es ist der ständige massenhafte Überschuß an »Zugvögeln«, der den Exodus aus Ostdeutschland (2 500 000 in zehn Jahren) politisch und ökonomisch signifikant macht. Die Flüchtlinge repräsentieren beruflich einen Querschnitt durch die Bevölkerung. Manchmal ist eine Bevölkerungsgruppe, die zeitweilig einer besonderen Verfolgung ausgesetzt ist, sehr stark vertreten – z. B. 1959, während der »sozialistischen Umgestaltung der Universitäten und Hochschulen«, Professoren, Dozenten und Studenten der höheren Semester; heute sind es Bauern und Handwerker mit ihren Familien. Was die Altersgruppen betrifft, so waren 1959 48,3 Prozent der Flüchtlinge unter 25 und weitere 21,7 Prozent zwischen 25 und 45 Jahre alt.

Bewundern die Ostdeutschen den Erfolg Westdeutschlands, oder beneiden sie die Westdeutschen um ihren Wohlstand?
Verallgemeinerungen über die Gefühle von Millionen von Menschen sind riskant. Bei vielen Gesprächen, die ich im Laufe der Jahre mit Ostdeutschen führte, habe ich den Eindruck gewonnen, daß die »Normalität« des Lebens in Westdeutschland und die Tatsache, daß die Menschen in Ruhe gelassen werden und ein ungestörtes Privatleben führen können, das ist, was die Ostdeutschen am meisten beeindruckt. Hochgeschätzt wird auch, daß die Westdeutschen von ständiger, aufdringlicher Propaganda verschont bleiben.

Der Wohlstand und im Fall der Intellektuellen die Meinungs- und Gedankenfreiheit spielen natürlich auch eine Rolle. Politische Gründe – wie z. B. Bewunderung für parlamentarische Institutionen – werden selten erwähnt. Dagegen scheinen viele Ostdeutsche eine kritische oder ungeduldige Einstellung zur westdeutschen Politik zu haben; sie werfen dieser Kleinkariertheit und Wirklichkeitsferne vor und haben das Gefühl, daß sie von ihren glücklicheren Landsleuten vergessen und im Stich gelassen werden. Oft hört man die Bemerkung: »Haben wir allein den Krieg verloren?«
Häufig wird gesagt, daß sich die Ost- und die Westdeutschen »auseinanderentwickeln« und schon aufgrund ihrer unterschiedlichen Erfahrungen in den letzten fünfzehn Jahren zu verschiedenen Nationen werden. Mein eigener Eindruck ist, daß das nur sehr oberflächlich so ist. Es gibt gewisse Unterschiede im Wortschatz und Jargon und einen deutlichen Unterschied in der Stimmung. Im Grunde genommen bleiben die Ost- und die Westdeutschen die gleichen Menschen, und die Flüchtlinge sind von den Westdeutschen bald nicht mehr zu unterscheiden. Was die »vollendeten Tatsachen« wie die Kollektivierung der Landwirtschaft betrifft, so würden sie sehr rasch rückgängig gemacht werden, wenn die Ostdeutschen wieder Herren im eigenen Hause wären.

Gibt es etwas in Ostdeutschland, was Westdeutsche bewundern oder worum sie die Ostdeutschen beneiden? Wie steht es um die Kunst, das Bildungswesen, das Theater?
Das Brecht-Theater und die Oper Felsensteins haben sowohl in Westdeutschland – und besonders in West-Berlin – als auch in Ostdeutschland ihre Bewunderer, aber selten wird der ostdeutschen Regierung für diese herausragenden künstlerischen Leistungen Anerkennung gezollt, und das vielleicht zu Recht. Die finanzielle Förderung der Künste in

Ostdeutschland erfolgt sicherlich großzügig und wäre bewundernswert, wenn sie nicht – bis auf sehr wenige ungern gewährte Ausnahmen, von denen Brecht und Felsenstein die berühmtesten sind – mit abstumpfender politischer und künstlerischer Bevormundung gekoppelt wäre, wie sie der späte Shdanow betrieb. Außerdem könnte man das Schulsystem und das Hochschulwesen Ostdeutschlands – zumindesten bis zu den im letzten Jahr durchgeführten Reformen – als dem westdeutschen Schulsystem und Hochschulwesen überlegen ansehen, wenn nicht zwei Dinge wären: die Tatsache, daß begabte Söhne und Töchter »bürgerlicher« Eltern zum Hochschulstudium nicht zugelassen werden, und der propagandistisch verzerrte Inhalt der Lehrpläne. Die im letzten Jahr durchgeführte Reform des Bildungswesens – deren Ziel darin besteht, die Kinder dem Einfluß des Elternhauses so weit wie möglich zu entziehen und den Schulunterricht mit Kinderarbeit in der Industrie zu verbinden – ist ein Beispiel für den unheilvollen »chinesischen« Touch der jüngsten Entwicklungen in Ostdeutschland und entwertet viel von dem, was sich vorher vielleicht zugunsten des ostdeutschen Bildungswesens sagen ließ.

Natürlich wird in Ostdeutschland auf vielen Gebieten ehrlich und bescheiden große Arbeit geleistet (so ist z. B. die Wiederherstellung der Museen und Kunstgalerien in Ost-Berlin und Dresden bewundernswert), aber das geschieht oft trotz und nicht wegen des Regimes. Das trifft sogar auf die neue Klasse der Direktoren der verstaatlichten Industriebetriebe zu. Diese Leute (die oft nur dem Namen nach Kommunisten sind) können oft haarsträubende Geschichten über die nicht enden wollende laienhafte und selbstherrliche Einmischung der Parteibürokraten erzählen.

Sorgen sich die Ostdeutschen um die deutsche Wiedervereinigung? Sind sie nationalistischer als die Westdeutschen, oder ist es umgekehrt?
Nach meinen persönlichen Erfahrungen zu urteilen, sorgen sich die Ostdeutschen mehr um die deutsche Wiedervereinigung als die Westdeutschen und sind in dieser Hinsicht nationalistischer. Das ist verständlich: Die Westdeutschen leben bis zur Wiedervereinigung in ziemlich angenehmen, die Ostdeutschen dagegen in – gelinde gesagt – äußerst unangenehmen Verhältnissen. Die Wiedervereinigung ist für die Westdeutschen nur eine patriotische Pflicht, für die Ostdeutschen bedeutet sie die sehnlich herbeigewünschte Befreiung von der tagtäglich empfundenen Unterdrückung.
Es ist schwer zu sagen, ob es in Ostdeutschland mehr verborgene »Überreste« von Nationalismus gibt als in Westdeutschland. Es läßt sich durchaus vorstellen, daß die antideutschen Exzesse des Ulbricht-Regimes (das z. B. den Tag der deutschen Kapitulation als einen seiner beiden Nationalfeiertage begeht) ein Weiterleben oder gar ein Wiederaufleben entgegengesetzter politischer Gefühle bewirken können. Alles deutet jedoch eher darauf hin, daß sich weite Teile der Bevölkerung nach einem sorgenfreien Privatleben ohne Politik sehnen, das die Westdeutschen seit zehn Jahren führen und die Ostdeutschen missen. Insbesondere die ostdeutschen Jugendlichen ähneln in ihrem spontanen und privaten Verhalten (für das sie aufs schärfste kritisiert und manchmal schwer bestraft werden) sehr den Jugendlichen in Westdeutschland und Westeuropa, wenn sie Bluejeans Schaftstiefeln und den Rock 'n' Roll Marschliedern vorziehen.

Wie stark ist die Armee? Und wie regimetreu ist sie? Gibt es irgendwelche geheimen Kontakte zwischen den beiden Armeen, zwischen Ost und West?

Herr Stoph, der ostdeutsche Verteidigungsminister, hat sich gerühmt, daß Ostdeutschland eine Kriegsstärke von 1 200 000 Mann besitzt. Diese Zahl schließt 300 000 Angehörige der Arbeitermilizen* und 600 000 militärisch ausgebildete Jugendliche** ein, die allesamt einen sehr zweifelhaften militärischen Wert haben. Die aktiven regulären Streitkräfte belaufen sich auf 120 000 Mann und etwa die gleiche Anzahl voll ausgebildeter Reservisten. Dazu kommen etwa 60 000 Spezialeinheiten der Polizei mit militärischer Ausbildung und Ausrüstung. Diese Streitmacht von 300 000 Mann ist zahlenmäßig der Westdeutschlands geringfügig überlegen und befand sich auch einige Jahre länger in der Ausbildung. (Die ostdeutsche Wiederbewaffnung begann 1949, die westdeutsche 1955.)
Über die Regimetreue und Verläßlichkeit der Streitkräfte lassen sich nur Vermutungen anstellen. Ich selbst schätze, daß die ostdeutsche Armee in einem allgemeinen Krieg gegen einen ausländischen Gegner ziemlich zuverlässig wäre, in einem deutschen Bürgerkrieg aber wäre ihre Verläßlichkeit zweifelhaft. Viel würde natürlich von der Augenblicksstimmung abhängen, und ein oder zwei Offiziere könnten – wie das in Ungarn der Fall war – ganze Divisionen mitreißen. Jede der beiden deutschen Armeen besitzt wahrscheinlich gute nachrichtendienstliche Informationen über die andere Seite, aber es ist fast sicher, daß es zwischen ihnen keine geheimen Verbindungen auf hoher Ebene gibt. Beide Armeen stehen fest unter ziviler Kontrolle. Weder in Ostdeutschland noch in Westdeutschland gibt es irgendwelche Anzeichen für eine unabhängige Militärpolitik, geschweige denn für eine militärische Verschwörung.

* die sogenannten Kampfgruppen [A. d. Ü.]
** die Mitglieder der Gesellschaft für Sport und Technik (GST) [A. d. Ü.]

Die Die während der Debatte über die deutsche Wiederbewaffnung vor sechs oder sieben Jahren diskutierte Gefahr einer Wiedervereinigung durch einen gemeinsamen Militärputsch erscheint heute abwegig.

Wie viele politische Gefangene gibt es? Wie viele wurden davon hingerichtet? Gab es Deportationen nach Rußland?
Nach westlichen Angaben, die auf ostdeutschen Veröffentlichungen beruhen, gibt es gegenwärtig über 10 000 politische Gefangene, d. h. Gefangene, die für etwas verurteilt wurden, was im Westen als normale und legale politische Betätigung betrachtet würde; mehr als die Hälfte verbüßt heute Freiheitsstrafen von über fünf Jahren. Die Zahl hat sich in den letzten drei Jahren erhöht. Dabei sind die Freiheitsstrafen nicht berücksichtigt, die für gewöhnliche kriminelle Delikte verhängt und aus politischen Gründen, wie in Ostdeutschland üblich, erhöht wurden.

Während die ostdeutsche Justiz bei der Verhängung langjähriger Freiheitsstrafen weitgehend freie Hand hat, geht sie mit Todesurteilen recht sparsam um. In den zehn Jahren von 1950 bis 1959 wurden 59 Todesurteile verhängt, von denen nicht alle vollstreckt wurden; die meisten davon fallen in die Zeit vor 1955, in der die sowjetischen Militärtribunale 198 ostdeutsche Bürger zum Tode verurteilten.

Diese sowjetischen Militärtribunale, die 1955 ihre Tätigkeit einstellten, verurteilten zahlreiche Menschen zur Deportation nach Rußland. Deutsche Schnellgerichte sind dazu nicht ermächtigt, und seit 1955 hat es keine Deportationen nach Rußland gegeben.

Noch einmal davongekommen?

Erleichterung über den Mauerbau bei den Alliierten

Es mag schockierend sein, es auszusprechen, aber in dem Kommuniqué, mit dem Washington auf die Abriegelung Ost-Berlins reagiert hat, ist ein Ton der Erleichterung unüberhörbar. Man schmecke den entscheidenden Satz durch: »Die zur Verfügung stehenden Informationen deuten darauf hin, daß die bisher getroffenen Maßnahmen gegen die Einwohner Ost-Berlins und Ostdeutschlands gerichtet sind und nicht gegen die Position der Alliierten in West-Berlin oder den Zugang dorthin.« Hört man nicht geradezu den Seufzer der Erleichterung?
Zwar geht es dann weiter, daß die »Beschränkung« des Verkehrs innerhalb Berlins eine Verletzung des Viermächtestatus und der Vereinbarungen über Freizügigkeit in Berlin vom 20. Juni 1949 darstellt. Aber: »Diese Verletzungen bestehender Vereinbarungen werden Gegenstand eines scharfen Protestes auf den geeigneten Wegen sein.« Mehr ist da nicht erforderlich.
Daß ein scharfer Protest zur Wiederherstellung des Viermächtestatus und der Bewegungsfreiheit in Berlin führen wird, glaubt man in Washington wohl selber nicht. Es ist also nicht unfair, nach diesem Kommuniqué zu unterstellen, daß Washington offenbar bereit ist, sich mit den am 13. August 1961 in Berlin vollzogenen Tatsachen abzufinden, und in diesem so überaus prompt angekündigten Sichabfinden schwingt ganz offensichtlich Erleichterung mit. Es ist auch nicht schwer, den Gedankengang nachzuvollziehen, aus dem sich diese Erleichterung erklärt.

Er beginnt damit, daß man sich, wie im Westen heutzutage üblich, mitfühlend in die Lage des Gegners versetzt hat.
Das Ulbricht-Regime war am Bankrott. Schlimm: Denn nun mußte doch Chruschtschow offensichtlich etwas zu seiner Stützung und Aufwertung tun. Eine ungeheure Massenflucht aus der Zone hatte eingesetzt. Schlimm: Denn das konnten doch Ulbricht und Chruschtschow unmöglich so weitergehen lassen.
Leider drohte hier eine unangenehme Komplikation: Da Ulbricht und Chruschtschow offenbar nicht in der Lage waren, die Flucht an der Quelle zu verstopfen, konnten sie sich gezwungen fühlen, den Fluchtweg dort zu unterbrechen, wo er mit den alliierten Zugangsrechten nach »West-Berlin« zusammenfiel, nämlich auf den Luftkorridoren zwischen Berlin und der Bundesrepublik. Dort hätte man ja dann leider, leider vielleicht doch nicht umhingekonnt, sich gegen gewaltsame Übergriffe irgendwie zur Wehr zu setzen, so ungern man derartige häßliche Gedanken ins Auge faßte.
Aber nun ist es ja wider Erwarten Ulbricht und Chruschtschow anscheinend gelungen, die Fluchtwege schon in Ost-Berlin und der Zone abzuschneiden, und nun ist ja alles gut. Ihre Maßnahmen richten sich Gott sei Dank nur gegen Einwohner Ost-Berlins und der Zone, mit denen sie ja machen dürfen, was sie wollen, und nicht gegen die Position der Alliierten in West-Berlin oder den Zugang dorthin, und daher kann man mit einem Routineprotest darüber hinweggehen. Man kann sogar heimlich hoffen, daß jetzt die drohende »Berlinkrise« entschärft wird. Denn wenn Berlin, oder »West-Berlin«, wie man jetzt wohl sagen muß, als Schlupfloch und Schaufenster nun ohnehin ausgeschaltet ist, dann haben ja Chruschtschow und Ulbricht kein so dringendes Interesse mehr daran, die Alliierten dort nun auch noch um jeden Preis hinauszudrängen.

Man ist also wieder einmal davongekommen, oder man darf es doch wenigstens jetzt wieder hoffen. Freilich auf Kosten der armen Ost-Berliner und Zonendeutschen, aber denen ist man zu nichts verpflichtet, nicht wahr? Freilich wird auch das nunmehr sorgfältig als kleines Naturschutzgebiet der Freiheit abgedichtete, für den Osten unzugänglich gemachte West-Berlin kaum mehr das großartige Ausstrahlungszentrum sein können, das es bis gestern war, aber wo steht geschrieben, daß es das sein muß? Die »Freiheit der West-Berliner« ist ja erhalten geblieben, und zu mehr war niemand verpflichtet.

Was bei diesem Gedankengang übersehen wird, ist seine Wirkung auf die Deutschen und seine Wirkung auf die Russen. Die Deutschen sind, trotz allem, was heute für das Gegenteil zu sprechen scheint, schließlich doch eine Nation. Sie sind gewiß eine schwer geschlagene, sehr bescheiden gewordene Nation, die sich daran gewöhnt hat, vieles einzustecken. Sie würden sich vielleicht sogar mit ihrer Spaltung abfinden – sie haben sich ja nun schon 16 Jahre damit abgefunden –, solange die Spaltung nicht total und endgültig ist, solange ein wenig Hoffnung bleibt und solange die Praxis der Spaltung im Alltagsleben ein wenig erleichtert und erträglich gemacht wird. (Berlin erfüllt bisher beide Funktionen.) Daß sie sich aber mit der Spaltung auch dann abfinden werden, wenn ihnen der letzte Hoffnungsschimmer auf ihre Beseitigung von den eigenen Alliierten genommen wird und wenn sie überdies von nun an Tag für Tag zuhören müssen, wie die eigenen Landsleute im versperrten Nebenzimmer ohne Hoffnung auf Entkommen gefoltert werden, das ist wahrscheinlich zuviel erwartet. Und das ist es, was ihnen jetzt zugemutet wird.

In den Jahren 1952 bis 1955 haben die Deutschen den Westen gewählt, obwohl ihnen die Russen Einheit, die Westmächte nur eine Zukunftshoffnung auf Einheit anboten. Jetzt ist der Westen im Begriff, diese Zukunftshoffnung zu streichen. Die Russen aber haben es immer noch in der Hand, wenn nicht unter Chruschtschow, dann unter seinem Nachfolger, ihr Angebot zu erneuern. Die gegenwärtige Politik Washingtons und Londons scheint dazu angetan, für solch ein Angebot den Boden in Deutschland vorzubereiten. Aber das liegt in der etwas entfernteren, immer noch hypothetischen Zukunft, und vielleicht wird es soweit gar nicht kommen. Denn nicht nur die Deutschen, auch die Russen halten ja zur Zeit ein scharfes Auge auf Washington und London gerichtet, auch sie beobachten genau jedes Zeichen der Willens- und Entschlußschwäche, des inneren Zurückweichens, der Bereitschaft zum Selbstbetrug und zum Herausschlüpfen aus lästigen Bündnispflichten und der heimlichen Erleichterung über die momentan spannungslösende Niederlage. Wer garantiert eigentlich dafür, daß Chruschtschow und Ulbricht durch ihren fast allzu leicht errungenen, fast gar zu unerwartet kampflos zugestandenen Erfolg vom 13. August nun befriedigt und gesättigt sind? Spricht nicht alle historische Erfahrung für das Gegenteil? Der Appetit kommt beim Essen, und was fällt, soll man stoßen.

Alle Großmachtpolitik beruht darauf, daß jeder seine Rechte und seinen Vorteil an jedem strittigen Punkt bis aufs äußerste wahrnimmt: So entsteht aus Druck und Gegendruck schließlich ein Gleichgewicht, und dieses Gleichgewicht, einmal erreicht und erkannt, ermöglicht Verhandlung, Fixierung, Frieden. Wenn aber eine Großmacht plötzlich hier, da und dort ihre Rechte und Interessen um des lieben Friedens willen preiszugeben beginnt, wenn sie, aus welchen Motiven auch immer, ihre Rolle im machtpolitischen Spiel nicht mehr richtig ausfüllt, dann zerstört sie die einzige Grundlage, auf der in dieser harten und unvollkommenen

Welt Frieden möglich ist. Der Gegner wird unwiderstehlich verführt, die weichende Macht weiter und weiter zu drängen, bis dorthin, wo schließlich weiterer Rückzug unmöglich und Widerstand und Krieg unvermeidlich wird.
Das ist die furchtbare Gefahr jeder Beschwichtigungs- und Rückzugspolitik, und diese Gefahr starrt uns seit dem 13. August 1961 wieder unmittelbar ins Gesicht.

Eine ganze klinische Literatur

Mehr Mut zum historischen Essay

Ich habe natürlich bei weitem nicht alle politischen Bücher gelesen, die in Deutschland seit dem Kriege (oder auch nur seit ich wieder hier lebe, also seit 1954) erschienen sind. Sicher gibt es sogar einige, von denen ich nicht einmal eine Besprechung oder Anzeige gesehen habe, deren Existenz mir also vollständig entgangen ist. Wenn ich unter diesen Umständen allzu spezialisierte Sonderwünsche äußerte, sozusagen eine Wunschliste fiktiver Buchtitel vorlegte, liefe ich Gefahr, nur meine eigene Ignoranz bloßzustellen.
Darum möchte ich ein paar Buchtypen charakterisieren, die mir nützlich, aber in Deutschland dünn gesät scheinen. Zweitens möchte ich die Frage stellen, welches eigentlich im Augenblick die wichtigsten Themenkomplexe sind, mit denen sich politische Literatur in Deutschland beschäftigen könnte, und ob diese Themen im ganzen in der vorliegenden Literatur hinlänglich behandelt scheinen.
Es sind hauptsächlich zwei politische Buchtypen, die ich in Deutschland vermisse. Den einen möchte ich den seriösen Tatsachenbericht nennen, den anderen die Geschichtskritik. Der »Tatsachenbericht« ist in Deutschland in die Hände der Illustrierten gefallen und unseriös geworden. Er ist aber eine an sich sehr notwendige und verdienstliche politische Literaturgattung, hauptsächlich als Korrektiv für die Zeitungsberichterstattung, die ja für die meisten von uns die wichtigste laufende Informationsquelle ist. Nichts gegen die Zeitungsberichterstattung, sie ist unersetzlich, und sie kann wahrscheinlich nicht viel besser gemacht werden, als sie nun einmal ist. Sie steckt aber unvermeidlich voller Fehlerquellen wie der

Hund voller Flöhe, und wer sich einbildet, er wisse über irgendeinen Gegenstand wirklich Bescheid, wenn er darüber etwas in der Zeitung gelesen hat, irrt. Andererseits ist die weißbuchartige »amtliche« Darstellung aus den Akten auch meist unzulänglich, aus anderen Gründen. Was gebraucht wird, um die politische Diskussion und Kontroverse auf eine einigermaßen gesunde Grundlage zu stellen, ist die genaue – möglichst auch unvoreingenommene, aber auf jeden Fall genaue – detaillierte, konkrete Darstellung der erfaßbaren Fakten eines politischen Komplexes, mit möglichst viel Ziffern, möglichst viel Augenschein und Augenzeugenaussage, möglichst reich dokumentiert und so erschöpfend wie nur irgend möglich (Zeitungsberichte sind immer fragmentarisch). Das fehlt in Deutschland ziemlich vollständig. Es ist eine amerikanische Spezialität. Bücher dieser Art werden am besten als Teamarbeit produziert, erstens weil vier (oder auch sechs oder acht) Augen mehr sehen als zwei, zweitens weil die Vorurteile mehrerer Beobachter einander oft korrigieren. Sie sind teuer in der Herstellung, weil drei oder vier Verfasser mehr Geld zum Leben brauchen als einer und weil das Verfasserteam, ehe es zu schreiben anfangen kann, eine Weile gründlich forschen und Notizen machen muß, also mehr Zeit braucht als, sagen wir, ein Romanautor. Ein normaler kommerzieller Verleger kann diese Art Buch daher normalerweise kaum finanzieren. Man braucht da die wohldotierte, phantasievoll arbeitende, unternehmende Stiftung, die in Amerika so viel häufiger ist als in Deutschland. Solche Tatsachenberichte würden z. B. dringend über die verschiedensten politischen, wirtschaftlichen und sozialen Entwicklungen in der Zone gebraucht, über die in Deutschland ja entsetzlich wenig wirklich genau bekannt ist, obwohl über 2 Millionen Augenzeugen in der Bundesrepublik leben und jede Woche ein paar tausend neu ankommen.

Die Geschichtskritik ist nun wieder mehr eine englische Spezialität. Ich verstehe darunter einen Buchtyp, dessen Pointe nicht in der Entdeckung und Auswertung neuen Materials, sondern in der Betrachtung bekannten Materials von einem neuen Gesichtspunkt, in der neuen Perspektive liegt. Es ist in England allgemein anerkannt, in Deutschland aber noch nicht, daß Geschichte von jeder Generation neu geschrieben werden muß – nicht weil die neue Generation nun die ganze Wahrheit wüßte, die der alten noch verborgen war, sondern weil jede historische Wahrheit eine Teilwahrheit ist und weil sich jeder Generation, auf der rollenden Plattform, auf der wir leben, ein neuer Aspekt der Wahrheit über die Vergangenheit erschließt. Wer einen solchen vorübergehend sichtbar werdenden Aspekt der geheimnisvollen historischen Wahrheit sozusagen im Fluge erhaschen will, kann es sich dabei nicht immer leisten, auch gleichzeitig die Quellen neu zu sichten: Das dauert lange, und darüber vergeht die Zeit. Was hier gebraucht wird, ist der Mut zum Essay – im vollen Bewußtsein der Unvollständigkeit und Anfechtbarkeit des neu Entdeckten. Z. B. können wir über das Bismarckreich heute, wenn wir nur hinsehen, Dinge aussagen, die sowohl seinen Bewunderern wie seinen Kritikern vor 1945 noch notwendigerweise verborgen waren – einfach, weil man klüger ist, wenn man vom Rathause kommt. Es ist ein wenig enttäuschend, daß die deutsche Bismarckkritik das nicht merkt und im ganzen immer noch zufrieden scheint, die alten Kontroversen aufzuwärmen.

Überhaupt vermisse ich in Deutschland das ehrliche Selbstgeständnis, daß Geschichtsschreibung politische Literatur ist und daß jede Art, Geschichte zu sehen, ein politisches Programm impliziert – wie gewissenhaft immer man bei der Materialerforschung zuwege geht. Die paradoxe preußische Reichsgründung von 1870 wurde von den deutschen Geschichtsschreibern seit Napoleon mehr oder weniger unvermeidlich gemacht, und auch das nächste Kapitel deutscher Geschichte wird weitgehend davon abhängen, wie eine erfolgreiche Schule deutscher Geschichtsschreibung die vorigen sieht. Es wird so ausfallen, daß es sich an die herrschenden Geschichtsvorstellungen und -darstellungen natürlich anschließt. Aber gibt es solche Vorstellungen zur Zeit?

Welche Themen verlangen eigentlich heute in Deutschland nach Behandlung? Deutschland hat die Geschichtspause, in die es 1945 eintrat, heute hinter sich. Es ist jetzt wieder eine Macht, es trägt wieder Verantwortung für sich und andere, was es tut, zählt wieder in der Welt. Es trägt aber noch drei große Handicaps, die es ihm erschweren, sich in der Welt der sechziger Jahre zurechtzufinden und zu wissen, was es tut oder was es tun soll. Eins davon teilt es mit allen, zwei sind deutsche Spezialhandicaps.
Das erste besteht darin, daß niemand in Deutschland – und niemand in der Welt – genau weiß, nach welchen Spielregeln heute internationale Politik gemacht wird. Bis 1945 war internationale Politik klare Machtpolitik: Die letztinstanzlichen Entscheidungen fielen im Krieg. Ist das noch so? Ist Krieg (begrenzter oder unbegrenzter Krieg) als Mittel der Politik noch rational anwendbar? (Ein Narr, wer zu schnell antwortet.) Wenn nicht, ist irgendein Ersatz in Sicht? Wenn auch das nicht, wie entgehen wir der totalen internationalen Anarchie?
Es gibt einige ernsthafte Literatur zu diesen Fragen; besonders die Grundfrage – nach der veränderten Natur des Krieges – hat in Amerika, England und Frankreich, auch anscheinend in China, ernsthaftes öffentliches Denken produziert. In Deutschland, soweit ich sehen kann, noch kaum. Das ist entschuldbar, denn während der zehn Jahre 1945 bis

1955 war Deutschland ja seiner strategischen Denkorgane beraubt. Es wird jetzt aber Zeit, das Pensum nachzuholen, das in diesen wichtigen zehn Jahren versäumt wurde. Die lebensgefährliche Atomtodhysterie, mit der in Deutschland immer noch Stimmen gefangen werden, kann nur durch sorgfältiges, scharfes Denken überwunden werden; wobei der einzelne bereit sein muß, seinen Beitrag zu leisten in dem Bewußtsein, daß es kaum einem einzelnen gelingen wird, im Alleingang den ganzen Problemknäuel zu entwirren, vor dem wir stehen.

Die beiden Spezialhandicaps, unter denen Deutschland steht, sind, erstens, daß es ein territorial unvollständiges Land ist, mit einer abgeschnürten Zone, die von einer fremden Macht zu antideutschen Zwecken mißbraucht wird, und zweitens, daß es eine politische und moralische Katastrophe hinter sich hat, die immer noch sowohl seinen Vertrauenskredit draußen wie seine Selbstsicherheit drinnen einschränkt. Man sollte also eine ungeheure geistige, daher auch literarische nationale Bemühung erwarten, diese beiden Handicaps abzubauen; also zuallererst einmal eine gewaltige analytische Literatur über die Zone und über die Hitlerepisode in der deutschen Geschichte. Merkwürdigerweise findet sich wenig davon. Es wird draußen mehr über diese beiden großen Themen geschrieben als drinnen. Ulbricht und Hitler, diese beiden unheimlichsten Figuren des deutschen 20. Jahrhunderts, sind beide in Deutschland immer noch fast ein literarisches Tabu. Man ist heute konventionellerweise gegen beide, gewiß, aber man nimmt sich nicht die Mühe, ihnen geistig-analytisch zu Leibe zu rücken, sich mit ihnen auseinanderzusetzen, sie zu verstehen, um sie zu bewältigen. Die unzulässig verallgemeinernde, oft gedankenlose Selbstanklage, die heute vielfach als »Bewältigung der Vergangenheit« gilt, hilft da keinen Schritt weiter, ebensowenig der bloße Rotkoller, der so oft die Stelle einer wirklich kritischen Durchdringung der Zonenwirklichkeiten einnimmt. Was hier gebraucht wird, ist nicht jeweils *ein* Buch, sondern eine ganze klinische Literatur. Sie wird gebraucht, um Deutschland seine Unbefangenheit wiederzugeben; und übrigens auch, um die politische Schundliteratur unmöglich zu machen, die heute auf dem vernachlässigten Felde hier und da ins Kraut schießt.

Berlin – Hauptstadt und sonst nichts!

Häßlich, laut, vulgär, umstritten – und geliebt

Ich gehöre nicht zu denen, die glauben, Berlin sei von Auszehrung, Austrocknung oder langsamem Absterben bedroht. Wieso denn? Berlin ist die lebenszäheste Stadt, die ich kenne. Es hat die Bomben, die letzte Schlacht, die Plünderung, den Hunger, die Blockade überlebt, und auch noch, was weniger bekannt ist, in den Jahren nach der Blockade, als in Westdeutschland schon das Wirtschaftswunder anfing, eine örtliche Wiederholung der großen Depression: 1950 bis 1953 war noch einmal, wie 1930 bis 1933, jeder dritte Berliner arbeitslos. Das alles hat Berlin überlebt. Und jetzt sollte es auf einmal ans langsame Absterben denken? Es denkt nicht daran.
Ich habe auch wenig Geduld mit den braven Leuten, die finden, man müsse Berlin mit aller Gewalt eine Aufgabe, Funktion oder Mission verschaffen, z. B. als Sitz der übelbeleumundeten Vereinten Nationen zu dienen oder sonst irgendwelchen internationalen Gschaftlhubereien die Szenerie zu stellen. Wenn irgendeine Stadt schon heute mehr Aufgabe, Funktion und Mission hat, als sie so schnell verdauen kann, dann ist es Berlin. Berlin ist nämlich die Hauptstadt Deutschlands, und nie war es das mehr als heute, seit 1945, und nie brauchte Deutschland diese seine Hauptstadt mehr als heute, seit 1946. Es ist eine mehr als ausfüllende Aufgabe, Funktion und Mission, die Hauptstadt eines zerrissenen Landes zu sein, die Stadt also, die durch ihr immer unbequemes, oft gefahrvolles Dasein und Dableiben allein noch die Existenz dieses Landes aufrechterhält, die sich immer wieder die Finger abklemmen läßt, damit die Tür hinter der Teilung

Deutschlands nicht ins Schloß fällt, die 1948 ihren Kopf hingehalten hat, damit die Bundesrepublik Deutschland überhaupt geschaffen werden konnte, und die heute ihren Kopf hinhält, damit diese Bundesrepublik wieder eine Macht werden kann.
Selbstverständlich hat Berlin zwischendurch noch manches andere getan. Es hat den Grund für die deutsche Versöhnung mit dem Westen und für das deutsche Bündnis mit dem Westen gelegt, längst ehe es eine Bundesrepublik überhaupt gab. Es hält heute noch die westlichen Verbündeten am Portepee gepackt, was Bonn einmal versuchen sollte. Es hat ein Jahrzehnt lang gutmütig als westliches Schaufenster gedient, freudig und eifrig als deutscher Treffpunkt und nüchtern-selbstverständlich als Zuflucht für ein paar Millionen Landsleute. Daß es das heute nicht mehr so wie früher tun kann, liegt an der Verschlafenheit einiger Leute, die nicht in Berlin wohnen. Was es auch heute noch in dieser Beziehung tut – spontan und schweigend tut –, darüber wird später einmal eine schöne Geschichte geschrieben werden.
Aber mißverstehen wir uns nicht: Das alles sind Arabesken. Die große, unsterbliche Geschichte ist, wie Berlin, keine alte, geliebte Hauptstadt, sondern eine neue, umstrittene, keine schöne, sondern eine eher häßliche, keine noble, sondern eine eher vulgäre Hauptstadt, wie dieses Berlin, das, als man es 1945 halb totgeschlagen hatte und 1948 noch ein paarmal mit der Keule nachschlug, sich zusammenriß zu einem »nie, nie, nie« und nirgends vorgelebten Akt wurschtigen Massenheldentums; wie es sich nicht unterkriegen ließ; wie es ganz allein für Deutschland dastand, als es schon kein Deutschland mehr gab; wie es aushielt; wie es durchhielt; wie es aus dem Unmöglichen das Normale machte; und wie es, ohne es zu wissen, einfach so, von Tag zu Tag und von Jahr zu Jahr, das größte Kapitel moderner deutscher Geschichte schrieb,

die eine große lachhaft-wunderbare Heldensage des Jahrhunderts. Es gibt Leute, die sich klug vorkommen, wenn sie ausrechnen, daß Berlin ja aber in fünfzig Jahren durch Überalterung ich weiß nicht genau wieviel Prozent seiner Bevölkerung verloren haben wird. Nun, in fünfzig Jahren wird Berlin längst wieder die Hauptstadt eines ungeteilten Deutschland sein und eine der Hauptstädte Europas und wird wahrscheinlich vor Bevölkerungszudrang bersten. Vielleicht wird es dann wieder eine eher häßliche, eher vulgäre, eher laute, mehr umstrittene als geliebte Hauptstadt sein. Berliner Manieren bleiben berüchtigt durch dick und dünn, und Glück steht Berlin nicht besonders gut. Aber mein Gott, wie hat ihm das Unglück gestanden! Die Zeit von 1945 bis jetzt und noch ein bißchen über das jetzt hinaus – das wird für immer die große Zeit Berlins gewesen sein; die Zeit, von der man noch in ein paar tausend Jahren reden wird; die Zeit, die dieser Stadt keiner wegnimmt. Und wie stolz in ein paar Jahren oder Jahrzehnten die Berliner sein werden, die diese Zeit mitgemacht haben! Sogar die Trottel unter ihnen – und machen wir uns nichts vor, es gibt sie – werden in fünfzig Jahren wie Denkmalsfiguren dastehen.

Entspannung

Die deutsche Frage

Wider die Fiktion eines
»westdeutschen Deutschlands«

Ich möchte aufrichtig zu meinen Lesern sein und deshalb eingangs bekennen, daß ich von der Richtigkeit meiner Meinung nicht völlig überzeugt bin. Nach den intensiven zehn Tagen, die ich jeweils in Stockholm und in Wien verbrachte, hatte ich zu Recht oder zu Unrecht den Eindruck, daß ich die Haltung Schwedens und Österreichs mehr oder minder verstand und mit genügender Sicherheit darüber berichten konnte. Nachdem ich mehr als doppelt so lange in Berlin und in Bonn gewesen bin, empfinde ich nicht die gleiche innere Sicherheit in bezug auf Deutschland. Das ist teils darauf zurückzuführen, daß die Situation so vielschichtig und das Bild (vor allem jenes, das ein westlicher Beobachter von Ostdeutschland gewinnen kann) so verschwommen ist.

Ich habe jedoch den Eindruck, daß dies zum Teil deswegen so ist, weil sich in Deutschland noch keine politische Meinung herausgebildet hat. Dr. Adenauer wird bestimmt wissen, was er will, und das gleiche wird auch auf Herrn Ulbricht zutreffen. Meines Erachtens ist es jedoch eine Tatsache, daß Deutschland noch nicht weiß, was es will – daß das Volk in seinem politischen Bewußtsein (trotz seiner Vitalität und seiner hektischen Betriebsamkeit) den tiefsitzenden lähmenden Schock von 1945 eigentlich noch gar nicht überwunden hat und sich über seine Zukunft, seine Rolle in der Welt und sein Schicksal noch nicht klargeworden ist. Was man in Deutschland vernimmt, sind nur die Stimmen von einzelnen und von Gruppen. Der große Chor des allgemeinen Wollens, die authentische Stimme des Volkes ist noch nicht zu vernehmen, und man kann nur raten, was es sagt, wenn sie erhoben wird.

Das bestätigte mir fast wortwörtlich ein sehr junger, sehr intelligenter Beamter eines der wichtigsten Ministerien in Bonn. (Übrigens scheint mir diese neue deutsche Generation der etwa Dreißigjährigen, die nun ins öffentliche Leben tritt, außergewöhnlich intelligent und aufgeschlossen zu sein. Diese Leute haben in einem frühen Alter viel von der Welt gesehen, sei es als Besatzer, als Kriegsgefangene oder als Reisende: Sie sind ganz bestimmt weniger provinziell und weniger romantisch, als es ihre Väter und Großväter waren.) Ich sagte zu ihm, ich hätte den Eindruck gewonnen, daß Deutschland bislang nur auf die Hungerjahre von 1945–48 reagiere, nicht auf die vorangegangene Hitlerzeit. Die Erinnerungen an diese würde man meines Erachtens eher verdrängen und unterdrücken als geistig verarbeiten und bewältigen.

Die Antwort lautete: »Das stimmt. In unserem Bestreben, die verlorene Zeit wettzumachen, sind wir tatsächlich noch nicht bei der Politik angekommen. Man kann fast auf das Jahr genau sagen, was unser Denken beschäftigte, seit wir wieder zu leben begonnen haben – das heißt seit 1948. Zuerst kam das Essen, nichts als das Essen. Dann kamen die Kleidung und die äußeren Annehmlichkeiten. Dann Wohnung und Schulbildung. Dann der Komfort – das ist das Stadium, in dem wir uns jetzt befinden. Als nächstes wird die Kultur kommen – das ist jetzt in Sicht. Erst dann wird die Politik kommen – das ist noch nicht in Sicht.«

Dies muß man meiner Meinung nach berücksichtigen, wenn man die Ergebnisse der letzten westdeutschen Wahlen einschätzt. Daß Dr. Adenauer mit überwältigender Mehrheit gewählt wurde, war im Grunde ein Dankesvotum für die erfolgreiche Hebung des Lebensstandards während der letzten vier Jahre. Das war das einzige, was die Massen der Wähler während dieser Zeit wirklich interessierte. Deutsche Meinungsumfragen haben deutlich gezeigt, daß nur eine kleine Minderheit etwas über die Bonner und Pariser Verträge, die europäische Integration und die übrigen Aspekte der Außenpolitik Dr. Adenauers weiß und sich Gedanken darüber macht.

Und diese zeitweilige Unwissenheit und Uninteressiertheit ist wahrscheinlich auch die Ursache für das Phänomen der deutschen Nachkriegsgeschichte – nämlich die Leichtigkeit, mit der Deutschland seine Teilung hingenommen hat, und sein heutiges laues, halbherziges, indifferentes Verhalten zur Frage der Wiedervereinigung. Jene Staatsmänner im Osten und im Westen, die ihre Politik auf die dauerhafte Teilung Deutschlands gründen und davon ausgehen, daß die Deutschen die Spaltung bereitwillig hinnehmen, können im Augenblick zahlreiche Beweise für die Richtigkeit ihrer Auffassung anführen. Obwohl ich meinen Standpunkt noch nicht schlüssig beweisen kann, bin ich jedoch davon überzeugt, daß sie auf Sand bauen.

Betrachtet man allein die letzten acht Jahre, so besteht zwischen Deutschland und Österreich im nationalen Zusammenhalt denn auch ein deutlicher Unterschied. Die Österreicher klammerten sich während all der Jahre, in denen der Eiserne Vorhang mitten durch ihr Land ging, verbissen an ihre nationale Einheit. Die Deutschen halfen dagegen nahezu eilfertig mit, als sie in den Jahren 1948/49 dazu ermutigt wurden, zwei separate Staaten unter russischer bzw. westlicher Vorherrschaft zu schaffen. Sie begrüßten den Kalten Krieg mit einer gewissen Erleichterung und schlossen sich mit einem gewissen Enthusiasmus der jeweiligen Seite an, ungeachtet der Tatsache, daß sie dadurch in zwei Teile gespalten und 18 Millionen Deutsche dazu verurteilt sind, auf der anderen Seite des Eisernen Vorhangs zu leben.

Natürlich gibt es dafür einen Grund. Im Unterschied zu den Österreichern wurden die Deutschen 1945 wie Aussätzige behandelt. Die siegreichen Alliierten waren ursprünglich gewillt, die nationale Einheit der Deutschen zu wahren. Heute hat man zum Teil schon vergessen, daß sich die USA, Großbritannien und Rußland im Herbst 1945 über die Etablierung einer aus »Staatssekretären« bestehenden gesamtdeutschen Verwaltung in Berlin geeinigt hatten und daß der Plan nur durch ein französisches Veto zu Fall gebracht wurde – aber das Ziel hatte hierbei darin bestanden, die vereinigten Deutschen besser bestrafen und malträtieren zu können. Der Schatten des mörderischen Morgenthauplanes lag noch immer auf dem Land.

Noch 1946 beschlossen die Alliierten, die deutsche Stahlproduktion auf jährlich 5,8 Millionen Tonnen zu beschränken und alle »überschüssigen« Kapazitäten zu demontieren – d. h. mehr als zwei Drittel der Grundstoffindustrie Deutschlands zu liquidieren. Das hätte für die 68 Millionen Deutschen ständig Hunger, Massenarbeitslosigkeit und bittere Armut bedeutet. Solange die aus den Kriegstagen stammende Einheit der Alliierten bestand, gab es für die Deutschen wenig Aussichten, dieser tödlichen Gefahr zu entrinnen.

Aber all das ist inzwischen schon Geschichte. Weder im Westen noch im Osten Deutschlands ist der Hunger heute eine Lebensfrage. Westdeutschland geht es heute blendend, es hat sich schon lange wirtschaftlich erholt, und sein Lebensstandard ist höher als in der Vorkriegszeit. Ostdeutschland hinkt hinterher, aber selbst dort gehören Hunger und Not der Zeit von 1945 bis 1948 inzwischen der Vergangenheit an, und Rußlands jüngster Verzicht auf weitere Reparationen eröffnet Aussichten auf einen wirtschaftlichen Aufschwung. Es besteht auch nicht die Gefahr, daß sich die Räder wieder zurückdrehen. Die von den vereinten Alliierten unmittelbar nach dem Kriege verfolgte Politik der Bestrafung der Deutschen läßt sich heute nicht mehr wiederbeleben, und die Deutschen brauchen von einem Friedensvertrag, den die ausgesöhnten Alliierten einem wiedervereinigten Deutschland vielleicht anbieten, keine Neuauflage der Demontagepolitik zu befürchten. Die Vorteile, die die Deutschen durch ihre Zustimmung zur Spaltung ihres Landes einst erreicht haben, sind erschöpft. Dagegen machen sich die Nachteile der Spaltung immer deutlicher bemerkbar.

Diese Nachteile wirken sich natürlich auf die 18 Millionen Ostdeutschen am schwersten aus. Diese müssen unter einem ungeliebten Herrschaftssystem leben und fühlen sich in ein ideologisches Korsett gezwängt, das die meisten verabscheuen. Die glücklichen Westdeutschen leben vergleichsweise frei und in angenehmen Verhältnissen. Aber die Ost- und Westdeutschen haben gleichermaßen darunter zu leiden, daß ihnen Orte nicht zugänglich sind, die sie als zu ihrer Heimat gehörend betrachten, daß sie von Verwandten, Freunden und Geschäftspartnern getrennt sind, daß sie in unwürdiger Weise wie Kampfhähne aufeinandergehetzt und durch ausländische Mächte gegeneinander aufgerüstet werden, weshalb sie befürchten müssen, daß die jetzigen Spannungen eines Tages in einen Krieg münden, dem sie als erste zum Opfer fielen und in dem ihr Land das erste Schlachtfeld wäre.

Außerdem droht beiden Teilen Deutschlands die Gefahr, ständig von ausländischen Verbündeten besetzt zu sein – obwohl ich erwähnen muß, daß diese Situation zum mindesten in Westdeutschland gegenwärtig nicht als sehr belastend empfunden wird; die Deutschen betrachten ihre militärischen Gäste eher als eine Bereicherung ihres Lebens – im Unterschied zu den Österreichern, die sogar der weniger unpopulären Besatzer längst überdrüssig sind und alle am liebsten loswerden möchten.

Rechnet man alle Nachteile und Gefahren, die den Deutschen aus der fortdauernden Teilung heute erwachsen, zusammen und berücksichtigt man dazu die unvermeidliche Verletzung des Nationalgefühls, so müßte man annehmen, daß die Wiedererlangung der nationalen Einheit das alleinige und vordringliche Ziel aller Deutschen sein müßte. Ich glaube, daß das in einigen Jahren der Fall sein wird, wenn ihr Nationalbewußtsein nach dem Schock von 1945 wiedererwacht ist. Aber nachdem ich drei Wochen lang zahlreiche Gespräche mit allen möglichen Leuten in Deutschland geführt habe, erkenne ich zu meiner großen Überraschung, daß die Wiedervereinigung heute nicht ihr Hauptanliegen ist.
Natürlich legen beide Regierungen Lippenbekenntnisse zum Ziel der nationalen Einheit ab. Doch in Wirklichkeit handeln sie beide politisch so, als ob sie das Ende des Kalten Krieges und eine internationale Verständigung über die Wiedervereinigung Deutschlands eher fürchteten als herbeiwünschten, und beide tun alles, um die möglichst vollständige Integration ihrer jeweiligen Teile Deutschlands in das östliche bzw. das westliche System zu fördern, obwohl diese Politik nur die Kluft zwischen den beiden Hälften Deutschlands vertiefen, die Wiedervereinigung vertagen und die Spannungen erhöhen wird, die eines Tages zu einer unkontrollierten Explosion führen können.
Was die ostdeutsche Regierung betrifft, so sind die Gründe für dieses Verhalten relativ einfach zu verstehen. Selbst wenn man von den Übertreibungen der Propaganda im Kalten Krieg absieht, ist es offensichtlich, daß die ostdeutsche Regierung gegenwärtig erfolglos und sehr unpopulär ist. Würde Deutschland heute wiedervereinigt werden, würde die ostdeutsche Regierung ohne Zweifel hinweggefegt werden, und viele ihrer Mitglieder könnten sich glücklich schätzen, vom Volkszorn verschont zu bleiben. Dies allein wäre

für die ostdeutsche Regierung Grund genug, sich schutzsuchend an Rußland zu klammern und alles für die Erhaltung des *status quo* zu tun.

Aber das ist nicht die ganze Wahrheit. Spricht man mit unparteiischen Deutschen, die die ostdeutsche Regierung und den dortigen Staat von innen kennen (insbesondere mit offiziellen Vertretern und Pastoren der deutschen evangelischen Kirche, der einzigen funktionierenden gesamtdeutschen Institution, die die Teilung des Landes in beiden Staaten erfolgreich ignoriert und Kontakte zu beiden Regierungen unterhält), so erfährt man bald, daß das ostdeutsche System alles andere als monolithisch ist. Einige seiner Führer sind fanatische Kommunisten, die die russische Staatsbürgerschaft angenommen hatten, Männer, deren russische und kommunistische Ergebenheit jedes patriotische Gefühl, das sie vielleicht einmal empfanden, völlig überschattet; sie selbst schwanken nicht, wenn die Frage lautete, ob ein Teil Deutschlands dem russischen und kommunistischen System angehören – oder ob ein wiedervereinigtes Deutschland außerhalb dieses Systems existieren solle. Andere – vielleicht sogar die Mehrheit – sind keine Quislinge (oder sollten wir Pétains sagen?), sondern Patrioten, welche glauben, daß sie unter den unglücklichen Umständen das Beste für ihre Landsleute tun und sich in den letzten vier Jahren sehr bemüht haben, Rußland zum Zugeständnis von Erleichterungen zu bewegen.

Diese Männer haben das Gefühl, daß sie in diesem Jahr zum ersten Mal einige wesentliche Erfolge erzielt haben: das Ende der Reparationen, die Restitution der beschlagnahmten Industriebetriebe, die Freilassung der Kriegsgefangenen und nicht zuletzt den Stop der totalen Bolschewisierungspolitik von 1952 sowie die Erlaubnis, mit der Kirche und den Bauern Frieden zu schließen. Selbstverständlich wollen sie ihre Bemühungen gerade dann nicht aufgeben, wenn sie zum ersten Mal den Schimmer eines Erfolgs und die Chance, Gutes zu tun, erblicken.

Ob sie diese Chance nutzen können, steht dahin. Wenn man den aufgestauten Volkszorn und die tiefen Divergenzen gerade auch innerhalb der Regierung in Betracht zieht (die bis jetzt keineswegs beseitigt sind), kann man das bezweifeln. Es wäre meines Erachtens jedoch vermessen, wollte man es als erwiesen ansehen, daß sich die Verhältnisse in der »Deutschen Demokratischen Republik« unausweichlich immer weiter verschlechtern. Durch die Nachwirkungen der Enttäuschung nach der Erhebung vom 17. Juni, die Abschwächung der Zwangskollektivierung und der Kirchenverfolgung und die vorhersehbare Verbesserung des Lebensstandards und der ökonomischen Bedingungen nach dem Ende der Reparationen kann das Land durchaus in eine Periode der relativen Stabilisierung eintreten.

Selbst wenn dies geschieht, kann von der Regierung der »Deutschen Demokratischen Republik« zur Zeit keine echte Initiative zur Wiedervereinigung erwartet werden. Das gleiche trifft auf die westdeutsche Regierung zu – und ich bin davon um so mehr überzeugt, nachdem ich zögernd, mit einer gewissen Verwunderung und Enttäuschung, zu dieser Erkenntnis gelangt bin. Im Sommer und zu Beginn des Herbstes hatte ich nach den Reden Dr. Adenauers in London den Eindruck, daß er mehr als bisher dazu bereit sei, die deutsche Einheit als ein erreichbares kurzfristiges Ziel anzusehen und dafür einen bestimmten Preis zu zahlen.

Nachdem ich mit zahlreichen Beamten und Abgeordneten in Bonn gesprochen habe (mit dem Kanzler bin ich nicht zusammengekommen), bin ich zu dem Schluß gelangt, daß dieser Eindruck falsch war und daß die Regierung Adenauer, welche die deutsche Wiedervereinigung als ein fernes Ziel

proklamiert, weiterhin einzig und allein auf die totale Eingliederung Westdeutschlands ins Atlantische System hinarbeitet. Diese schließt in absehbarer Zeit die deutsche Wiedervereinigung aus, es sei denn, Rußland erleidet einen vollständigen Zusammenbruch und kapituliert bedingungslos.
Die Gründe für diese Politik sind vielfältig, und ich möchte nicht so tun, als ob ich sie alle bis ins letzte verstünde. Ich kann nur bestimmte Beweggründe erwähnen, die in Gesprächen mit führenden Bonner Beamten und Abgeordneten wiederholt erkennbar wurden. Zum einen war ein bestimmtes Unbehagen darüber vorhanden, daß Deutschland im Falle von Verhandlungen der vier Großmächte über den Frieden und die deutsche Wiedervereinigung auf die Position von 1945 zurückgeworfen werden könnte – daß Deutschland wieder zu einem Spielball der Sieger werden könnte, statt ein Partner politischer Entscheidungen zu sein, und daß eine Einigung auf seinem Rücken und auf seine Kosten herbeigeführt würde. Ein weiterer Beweggrund war ein geheimes Mißtrauen der eigenen Landsleute (welches verständlich ist, wenn man die Erinnerungen an die Nazizeit bedenkt) – eine gewisse Furcht vor dem, was ein wiedervereinigtes Deutschland, das keinem größeren internationalen System angehören würde und auf sich selbst angewiesen wäre, im Schilde führen könnte.
Ein wichtiger Politiker sagte zu mir in fast flehendem Ton: »Geben Sie uns eine Chance – geben Sie uns die Zeit, zuerst ein richtiges westliches Land zu werden, zur Ruhe zu kommen und unseren Platz in der westlichen Welt zu finden. Werfen Sie uns nicht zurück auf die Position der Bismarckschen Tradition – sie war weder für uns noch für sonst jemanden gut!« Als ich die 18 Millionen Ostdeutschen erwähnte, welche die Rechnung für diese westdeutsche Idylle zu zahlen haben, blickte er mich wie jemand, der im Radio

von einer Flutkatastrophe am anderen Ende der Welt hört, verlegen, mitleidig und zugleich etwas ungehalten an. (Als ich über dieses Gespräch nachdachte, kam mir unwillkürlich jener seltsame Konflikt in den Sinn, der zwischen dem rheinischen und dem deutschen Patriotismus in Dr. Adenauers Denken existiert und haargenau dem Konflikt zwischen dem Preußen und dem Deutschen in Bismarck entspricht.)
Schließlich ist die besondere Position zu erwähnen, die Westdeutschland in jüngster Zeit durch die Gunst der USA erlangt hat – eine Position, die den Westdeutschen schmeichelt und die westdeutsche Politiker nicht geringschätzen können. Genauso wie Stalin vor einigen Jahren Präsident Pieck ein berühmtes Telegramm sandte, in dem er ihm im Grunde mitteilte, die Deutschen und die Russen seien die einzigen Völker, die in Europa etwas zählen, vermitteln die Amerikaner den Westdeutschen das Gefühl, sie seien die einzigen wirklich zuverlässigen Verbündeten. Verwunderlich ist, daß eine so billige Schmeichelei einen solchen Einfluß sowohl auf ost- als auch auf westdeutsche Politiker ausübt.
Bei meiner Zusammenfassung der Motive und Gedankengänge der Bonner Regierung konnte ich nicht ganz verhehlen, daß ich von ihnen nicht hundertprozentig überzeugt bin. Ich muß jedoch betonen, daß ich keinerlei disreputable oder gefährliche Ideen entdeckt habe, die vom Palais Schaumburg ausgingen. Mir scheint, daß Dr. Adenauer und seine Leute einfach auf Nummer Sicher gehen wollen: sowohl mit Blick auf die Gefahren eines russischen Angriffs und einer kommunistischen Infiltration als auch auf die Möglichkeiten nationalistischen Abenteurertums, die vielleicht noch in der deutschen Gesellschaft schlummern. Ob es ihnen wirklich gelingen wird, zum mindesten in diesem zweiten Punkt auf Nummer Sicher zu gehen, ist eine andere Frage.

Denn es gibt in Deutschland zur Zeit zwei verschiedene Interpretationen der westeuropäischen Integrationspolitik, zum einen die statische der Regierung, die bestrebt ist, Zeit zu gewinnen, in der westlichen Welt Fuß zu fassen und die Vorteile zu genießen, die daraus erwachsen, daß das Land sich an der vordersten Front dieser Welt befindet; und zum anderen eine dynamische und ziemlich gefährliche, die von den Abgeordneten der Rechten und von allerlei Amateurpolitikern stammt. Diese Leute sehen den eigentlichen Zweck der westlichen Integration in einer Allianz des westdeutschen Revisionismus mit den extremeren Tendenzen der amerikanischen Politik. Sie hoffen, daß eine kombinierte westdeutsche und amerikanische Macht – mit Großbritannien, Frankreich und den übrigen Staaten Westeuropas im Schlepptau – die Russen eines Tages mit einem Ultimatum zum Rückzug zwingen wird. Diese Leute werden, wenn ihnen diese Frage direkt gestellt wird, gewöhnlich leugnen, daß sie einen Krieg wollen. Sie möchten – wie Churchill es 1946 in Fulton von den Russen behauptete – die Früchte des Krieges ernten.

Kein Besucher Deutschlands, der seine Ohren aufsperrt, kann diese Tendenz ignorieren. Sie macht bedauerlicherweise einen Großteil der von der ersten Adenauerregierung geleisteten vertrauensbildenden Arbeit zunichte und führt dazu, daß Deutschland in Europa, das auf alle Anzeichen für kriegerische Ambitionen speziell in diesem Land noch immer sehr empfindlich reagiert, wieder als suspekt erscheint. Und es entbehrt nicht einer gewissen Ironie, daß diese gefährliche Tendenz sich ausgerechnet am Rande einer Regierungspolitik entwickelt, die von offensichtlicher Mäßigung, Verzicht, Vorsicht und einer prowestlichen Orientierung gekennzeichnet ist.

Nicht alles ist heute in Deutschland so, wie es bei oberflächlicher Betrachtung der Dinge zu sein scheint. Die westliche Öffentlichkeit hat sich daran gewöhnt, die Politik der westlichen Integration mit der Bereitschaft der »guten« Deutschen zur friedlichen Kooperation und die Forderung nach nationaler Einheit mit dem unverbesserlichen Nationalismus der »schlechten« Deutschen gleichzusetzen. Das ist eine gefährliche Vereinfachung. Genauso wie nicht nur prowestliche und antipreußische Liberale zu den Befürwortern der westlichen Integration gehören, sondern auch Kriegshetzer, die nur den günstigsten Zeitpunkt abwarten wollen, zählen nicht nur Nationalisten Bismarckscher Prägung zu den Befürwortern der deutschen Einheit, sondern auch aufrichtige Pazifisten, wie zum Beispiel die von Pastor Niemoeller und dem früheren Minister Heinemann geleitete Gruppe von Protestanten, die ein stabilisiertes Deutschland anstreben, das ungeteilt und nicht den mit Rüstung und Allianz verbundenen Versuchungen ausgesetzt ist.

Ein liberales Mitglied des Bundestages in Bonn machte eine Bemerkung zu mir, die mich beeindruckte. Er sagte: »Deutschland hat zweimal gelitten. Einmal durch eigene Schuld, aufgrund seines verlorenen Krieges, durch den es die östlichen Provinzen, das Saarland und die Hegemonie in Europa verlor. Dann ein zweites Mal ohne eigene Schuld, durch den Kalten Krieg zwischen den Siegermächten, den es nicht selbst herbeigeführt, aber durch den es vor allem seine nationale Einheit verloren hat. Meiner Meinung nach liegt es im deutschen Interesse, mitzuhelfen, den Kalten Krieg zu beenden, um die Teilung zu überwinden, die Deutschland nicht durch eigene Schuld erlitten hat, und die Konsequenzen seines verlorenen Krieges zu tragen. Andere vertreten die Ansicht, daß es im deutschen Interesse liege, auf die Wiedervereinigung zu verzichten und statt dessen den Kalten Krieg anzuheizen, um schließlich die Konsequenzen des eigenen, verlorenen Krieges zu annullieren. Der große politische Kampf in Deutschland wird in den nächsten vier Jahren zwischen diesen beiden Lagern stattfinden.« Das ist eine Frage, über die man nachdenken sollte.

Angestrengt überlege ich, ob ich in dieser verkürzten Darstellung nicht etwas vergessen habe, was sich später vielleicht als sehr wichtig erweisen könnte. In Deutschland ist es heute sehr schwierig, die Tendenzen und politischen Kräfte in den richtigen Proportionen zu zeigen, da die große Orgel der *volonté générale,* die – wie ich eingangs erwähnte – so klar und deutlich in Schweden und Österreich erklingt, in Deutschland nicht spielt. Die breite Masse, die schwer arbeitet, den dreijährigen Hunger gestillt und sich mehr oder minder neu eingekleidet und eingerichtet hat, hat jetzt das Stadium des wiedererwachten Interesses für Komfort und Kultur erreicht; sie ist noch nicht an der Politik interessiert.

Sie ist offensichtlich tolerant, friedfertig und dazu bereit, sich unvoreingenommen jede Meinung anzuhören. Sie überläßt es gern einigen wenigen Leuten, nach Lösungen für die furchtbar komplizierten Probleme ihrer künftigen nationalen Existenz zu suchen. Eines Tages, in den nächsten zwei, drei oder vier Jahren, wird sie sich wahrscheinlich wieder mit diesem Problem befassen wollen. Solange sie das nicht tut, ist es schwierig, die Stärke der in Deutschland vorhandenen Gruppen und Ideen einzuschätzen.

Aber trotz aller Ungewißheit bin ich mir über eines im klaren. Nichts könnte gefährlicher und trügerischer sein, als die diplomatische Fiktion, die Westdeutschland »Deutschland« nennt, wörtlich zu nehmen, die Existenz Ostdeutschlands und seine 18 Millionen zu vergessen und zu glauben, daß die deutsche Frage durch die erfolgreiche Integration Westdeutschlands ins Atlantische System gelöst würde. Die deutsche Frage wird so lange existieren, wie die Deutschen nicht auf die eine oder andere Weise wiedervereinigt sind, und die ganze Zeit über wird sie den Frieden in Europa gefährden, wie es von 1848 bis 1871 der Fall war. Wenn die Großmächte nicht in der Lage sind, sie zu lösen, werden das die Deutschen eines Tages selbst tun, und die Welt hat nur wenige Aufgaben, die dringender sind, als dafür zu sorgen, daß sie nicht noch einmal mit Blut und Eisen gelöst wird.

Deutschland, Rußland und der Westen

Berlin im Zentrum des Ost-West-Konflikts

Die Geschichte der sogenannten Berlinkrise bis heute – die in Wirklichkeit eine Krise der Allianz zwischen Deutschland und dem Westen ist – läßt sich in dem folgenden Comicstrip-Dialog zusammenfassen:

Chruschtschow (plötzlich): Gebt mir Berlin!
Die westlichen Alliierten: Nein, nein! Niemals.
Chruschtschow: In Ordnung, dann gebt mir Deutschland.
Die Alliierten (verblüfft, zögernd, ein wenig stotternd): Hm, hmm ... in Ordnung.

Wir hören heutzutage viel über die Freiheit der West-Berliner, die wir, wenn es sein muß, auch unter Einsatz unseres Lebens verteidigen. Allerdings ist die Freiheit der West-Berliner genau die Sache, die zur Zeit gar nicht zur Debatte steht. Man verlangt nicht von uns, West-Berlin aufzugeben. Was man von uns verlangt, ist, daß wir uns den Russen anschließen, um eine dauerhafte Teilung Deutschlands zu erzwingen, oder zum mindesten ein Pfand geben, daß wir die bestehende Teilung als legitim anerkennen und aufhören, ihr ablehnend gegenüberzustehen. Dieses Pfand könnte darin bestehen, unsere Anwesenheit in West-Berlin Ost-Berliner Bedingungen zu unterwerfen und unsere Kommunikation mit West-Berlin den Kontrollen Ost-Berlins zu unterstellen. Für die Russen ist nicht eine bestimmte Art und Weise unserer Zustimmung zur deutschen Teilung wichtig. Was für sie zählt, ist die Zustimmung selbst.
Darüber, über die wirkliche Streitfrage, hören wir nichts von

Widerstand, kein »Nein, nein! Niemals«, noch nicht einmal ein einfaches, klares »Nein«. Von seiten der westlichen Regierungen hören wir eine Menge verlegenes Stottern und Schwanken; von seiten der westlichen öffentlichen Meinung gar eine wachsende Anzahl von Stimmen, die ein bedingungsloses und befreiendes Nachgeben fordern. In England haben diese Stimmen bereits die Dimension eines lauthals grölenden und fröhlichen Chors erreicht.

Da einige der Advokaten einer nachgiebigen Politik sich in diesem – deutschen – Streitfall auf die schlaue Annahme berufen, daß der Verzicht auf Deutschland die eleganteste Form der Verteidigung West-Berlins sei, lassen Sie mich gleich in Klammern sagen, daß dies selbstverständlich überhaupt nicht der Fall ist. Berlin – »West-Berlin« – ist ein Nebenschauplatz der momentanen Auseinandersetzung, niemand verlangt seine unmittelbare Übergabe, und die Angriffe sind zum jetzigen Zeitpunkt auf indirekte Mittel beschränkt. Aber natürlich kann Berlin – »West-Berlin« – nicht bestehen, wenn Deutschland fällt. Die große Kapitulation beinhaltet früher oder später auch die kleine. Dies ist zu offensichtlich, als daß man es beweisen müßte.

Außerdem, nachdem wir schon bei dem lokalen Berliner Streitfall sind, wurden all die Pfänder und Anzahlungen für eine Preisgabe, die nun verlangt werden, bereits gegeben oder angeboten, so daß die heldenhafte Verteidigung »der Freiheit der West-Berliner« bereits jetzt den Klang eines schalen Witzes hat. Was bis jetzt in Berlin verlangt wurde, sind drei Dinge:

1. Die Beendigung der Einheit und Integrität von Berlin und seinem speziellen Viermächtestatus, ferner der freien Bewegungsmöglichkeit innerhalb der Stadt und dazu die Hinnahme der Annektierung des sowjetischen Sektors – »Ost-Berlin« – durch Ostdeutschland. All das wurde Wirklichkeit

durch den Handstreich des 13. August, und die Westmächte akzeptierten es ganz genau so, wie Hitlers Wochenend-Coups vor einem Vierteljahrhundert akzeptiert wurden.

2. Berlin der drei Funktionen zu berauben, die bis jetzt seine politische *raison d'être* waren: das Unterpfand zu sein für die Viermächte-Verpflichtung, Deutschland wiederzuvereinen, wie auch eine Zufluchtsstätte und ein Schaufenster. Das geteilte und eingemauerte »West-Berlin« hat aufgehört, dies zu sein. Statt dessen wurde es, in Willy Brandts lebendigem Wort, zu einem Ghetto der Freiheit. Dies geschah unter voller westlicher Zustimmung.

3. Diese Freiheit sogar innerhalb des Ghettos Stück für Stück zu beschneiden durch allerlei Einschränkungen und Begrenzungen, besonders durch das Verbot der freien Rede, sollte sie das sensible kommunistische Regime in Ostdeutschland beleidigen oder drohen, es zu stürzen. Auch dieses wurde bereits prinzipiell zugestanden, sowohl 1959 in Genf als auch vor kurzem, als Präsident Kennedy den Russen die Unterdrückung der »wirklichen Ärgernisse« in West-Berlin anbot. Auf diese Weise könnten die westlichen Alliierten übrigens sehr schnell zu den Gefängniswärtern »West-Berlins« werden anstatt zu seinen Beschützern – oder, vielleicht besser noch, zu den Helfershelfern der wirklichen Aufseher. Aber lassen wir das.

Wie ich bereits sagte, ist Berlin zur Zeit nicht das zentrale Thema. Für die Russen ist es die Handhabe, mit der die Westmächte Stück für Stück aus ihrem Bündnis mit Deutschland gelöst werden sollen; für die Westmächte der Deckmantel, unter dem der hastige Rückzug aus dem tatsächlichen, nämlich dem deutschen Streitfall bewirkt werden kann.

Die britische Öffentlichkeit stimmt nun praktisch darin überein, daß Chruschtschow seinen Willen bekommen und die deutsche Teilung auf irgendeine Art und Weise international besiegelt werden sollte und daß insbesondere der ostdeutsche Staat, der gerade darauf zurückgreifen mußte, seine Bürger im sprichwörtlichen Sinn einzumauern, um sie von einer Flucht abzuhalten, von den Westmächten als legitim, ewig und unantastbar akzeptiert werden sollte. Manche befürworten dies im Tonfall des Bedauerns, manche im Tonfall eines fröhlichen Realismus, andere mit entlarvender Schadensfreude. Aber ich höre keine deutlich abweichenden Stimmen. Die englische Regierung hat sich in der Zeit, als dies niedergeschrieben wird (Ende August 1961), noch nicht geäußert, aber sie stellt sich selten gegen eine einhellige öffentliche Meinung.

Die anderen westlichen Regierungen halten sich ebenfalls noch bedeckt. Niemand scheint geneigt (mit der möglichen Ausnahme von Präsident de Gaulle), sich diesem Thema zu stellen und es klar zu formulieren, geschweige denn, einen festen Standpunkt zu beziehen. Man erhält den Eindruck einer absichtlichen Verwischung und Verdunkelung. Die öffentliche Meinung in Amerika, Frankreich und den anderen NATO-Staaten scheint ohne offizielle Führung und tendiert dazu, wenn auch bisher unsicher und in einer etwas beschämten Weise, der britischen Führung zu folgen.

Der Gesamteindruck ist deshalb der eines in der Entstehung begriffenen »München«. Die Bedingungen nehmen bereits klare Formen an: Anerkennung der deutschen Teilung und Anerkennung Ostdeutschlands (vielleicht noch ohne sofortige *de jure*-Anerkennung), internationale Gesetzgebung zur Nötigung von Ost-Berlin, eine russische Garantie über ungestörte Präsenz und Zugang zu den westlichen Garnisonen in und nach West-Berlin für eine gewisse Zeit, und zwar im Ge-

genzug zu westlichen Garantien für die Entfernung von »Ärgernissen« in West-Berlin. Einige besonders eifrige Kommentatoren würden dieser Liste gerne noch eine Obergrenze für die deutsche Wiederaufrüstung und die Anerkennung der Oder-Neiße-Linie hinzufügen, aber dies sind unentgeltliche Offerten zu Angelegenheiten, nach denen die Russen bisher nicht gefragt haben und die sie vielleicht auch verschmähen werden. (Ob die Russen tatsächlich Interesse an der westlichen Anerkennung der Oder-Neiße-Grenze haben, sei dahingestellt.)
Sollte dieses Abkommen zustande kommen, dann wird es auf jeden Fall, wie auch ursprünglich München 1938, als Triumph westlicher staatsmännischer Fähigkeiten gepriesen werden, als eine erfolgreiche Verteidigung von Berlin und, falls nötig, auch als Rettung des Friedens – eines Friedens in Ehren, eines Friedens für unsere Zeit. Wiederum wie das originäre Münchner, wird das Abkommen in England überwältigend populär sein, obwohl ich vermute, daß sich einige Leute ein bißchen schämen werden. In Amerika und in Frankreich wird das Unbehagen etwas weiter verbreitet sein, aber es wird vorübergehen. Was die Deutschen anbetrifft, so wird man von ihnen erwarten, wie von den Tschechen 1938, daß sie gebührend dankbar sind, und viele Leute werden ehrlich überrascht und entrüstet sein, wenn sie es nicht sind.

Was ich nirgendwo in der Presse lese, ist das Eingeständnis, daß ein derartiges Abkommen eine grobe Verletzung von Buchstaben und Geist des Bündnisses mit Deutschland darstellt, das der Westen 1954 einging – zufällig auf britische Initiative hin –, und daß es einem Bruch dieses Bündnisses gleichkommt. Auch habe ich niemanden gefunden, der sich fragt, was die Konsequenzen dieses Vertragsbruches sein könnten, nicht so sehr für Deutschland (wen kümmern schon die Deutschen?), sondern für den Westen im allgemeinen und für England im besonderen. Aber Konsequenzen wird es geben. Ein Ereignis dieser Größenordnung wird die internationale Landschaft kaum so belassen, wie sie ist.

Das Bündnis zwischen Deutschland und dem Westen ist in den Pariser Verträgen vom Oktober 1954 dargelegt. Die Pariser Verträge setzen sich zusammen aus einer etwas unordentlichen Ansammlung von Protokollen und Briefen, die von unterschiedlichen Themen handeln – dem Aufbau der WEU, Deutschlands Beitritt zur NATO, die Wiedereinführung seiner Souveränität und diesbezügliche Bestimmungen, Militär- und Rüstungsfragen, Garantien für Berlin (die im übrigen weit über die »Freiheit der West-Berliner« hinausgehen) etc. Der zentrale Teil des Abkommens ist jedoch ein Briefwechsel, in dem die westlichen Regierungen und die deutsche Regierung ihre gegenseitigen Verpflichtungen in der Frage der deutschen Einheit darstellen. Diese Verpflichtungen sind sehr präzise. Deutschland verzichtet auf Gewalt als Mittel zur Wiedervereinigung. Im Gegenzug verpflichten sich die drei Westmächte, die Sache der deutschen Wiedervereinigung zu ihrer eigenen zu machen und sie mit allen diplomatischen Mitteln zu verfolgen; und sie verpflichten sich besonders, die deutsche Teilung nicht anzuerkennen, solange die Wiedervereinigung noch aussteht, sondern die Bonner Regierung als die einzig legitime in Deutschland zu betrachten.

Kurz und gut, die drei Westmächte legen sich in den Pariser Verträgen ausdrücklich, eindeutig und feierlich in schriftlicher Form fest, das nicht geschehen zu lassen, was sie jetzt anscheinend vorhaben. Natürlich haben sie die Freiheit, diese Verpflichtungen wie ein Stück Papier zu behandeln und sie zu zerreißen, vielleicht mit der Ausrede, daß dies ausgleichende Gerechtigkeit sei, da gewisse frühere deutsche Regierungen Verträge ebenfalls wie Papierschnipsel zerrissen hätten (obwohl man gut daran tut, darüber nachzudenken, daß diese früheren deutschen Regierungen genau wegen dieser Angewohnheit ein böses Ende nahmen). Aber sie sollten sich zum mindesten darüber im klaren sein, was sie tun. Sie würden sich nicht einfach nur aus einigen unbequemen Klauseln davonschleichen, mehr oder weniger unbemerkt von ihrem Vertragspartner, sondern sie würden das Herz der Pariser Verträge tödlich treffen und somit das Bündnis mit Deutschland beenden.

Denn vom deutschen Standpunkt aus sind genau diese Bestimmungen Grund und Rechtfertigung für das Bündnis mit dem Westen. Ohne sie wäre dieses Bündnis, von einem nationalen deutschen Gesichtspunkt aus, sinnlos und sogar selbstmörderisch. Eine Nation kann unmöglich ihrer eigenen, permanenten Teilung zustimmen oder mit Partnern verbündet bleiben, die über ihren Kopf hinweg einer solchen Teilung gegenüber einer dritten, feindlichen Partei zustimmen. Dies von den Deutschen zu erwarten ist ebenso wenig realistisch, wie es von irgend jemand anderem zu erwarten. Auch dies ist so selbstverständlich, daß es weder Beweise noch weiterer Argumente bedarf.

Um so mehr erstaunt es, daß dieser offensichtlichen und zwangsläufigen Schlußfolgerung nicht offen ins Auge geblickt wird. Die Diskussion über diese Politik endet da, wo sie eigentlich beginnen sollte. Soweit ich weiß, hat keiner der Journalisten, die die Anerkennung der deutschen Teilung befürworten, die Fairness und Ehrlichkeit seinen Lesern gegenüber besessen, deutlich zu sagen: »Was ich hier propagiere, wird (oder sogar: würde) das deutsche Bündnis über den Haufen werfen. Laßt uns das klar erkennen und es sehenden Auges tun.«

Vielleicht würden sich dann einige Leser fragen, ob dies

wirklich der Gipfel der Weisheit angesichts der momentanen Weltlage ist.

Besonders wenn dieser imaginäre Journalist mutig und wahrheitsliebend genug wäre, folgenden Tatbestand hinzuzufügen: »Laßt uns auch klar sehen, daß die Deutschen, wenn wir so handeln, wie ich das vorschlage, sich wahrscheinlich verraten und tödlich beleidigt fühlen werden, was ihnen den brennenden Wunsch nach Vergeltung einflößen und sie jedem russischen Angebot gegenüber öffnen wird, das diesem Wunsch entgegenkommt. Laßt uns auch dies klar erkennen und die Tat immer noch sehenden Auges ausführen.« Diese Behauptung bleibt ebenfalls immer noch im Bereich der Tatsachen. Sollte sie jemand bezweifeln, so muß er nur seinen Blick zurück richten, auf die Vorgeschichte der Pariser Verträge in Deutschland.

Die Pariser Verträge und das darin dargelegte westliche Bündnis wurden in Deutschland erst nach der größten nationalen Debatte und Bewußtseinskrise, der das Land seit den Jahren 1930–33 unterworfen war, angenommen. Die Deutschen mußten wählen zwischen dem russischen Angebot sofortiger nationaler Einheit zum Preis von Neutralität und Isolation und dem Angebot aus dem Westen über Partnerschaft und Bündnis, aber mit einer aufgeschobenen Einheit. Es ist immer noch fast ein Wunder, daß sie das erstere zurückwiesen und das zweite annahmen.

Das russische Angebot war in der berühmten Stalin-Note vom 10. März 1952 enthalten und wurde für drei Jahre aufrechterhalten, sogar verbessert und den Deutschen nachgerade aufgedrängt. Die Deutschen lehnten es schließlich ab, nach viel Uneinigkeit und bitteren Gewissensprüfungen; aus mehreren Gründen akzeptierten sie das wesentlich weniger glänzende westliche Angebot. Natürlich waren nicht all diese

Gründe uneigennützig. Die Deutschen spekulierten ganz offensichtlich darauf, daß das westliche Lager unter Hinzufügung ihres eigenen Potentials auf Dauer überaus mächtig wäre, zu ihrem eigenen Vorteil ebenso wie zum Vorteil der anderen.

Trotzdem war die deutsche Entscheidung ein überwältigender Akt der Großmut, dies macht sie so überraschend und denkwürdig. Die Deutschen wußten, daß sie dem Westen einen immensen Gefallen taten: Sie retteten die NATO, die Sicherheitsgrundlage für England, Frankreich und das restliche Westeuropa. Denn ohne den deutschen Beitrag war die NATO kaum das Papier wert, auf dem sie stand, und Amerika hätte sie bald als eine schlechte Investition fallenlassen. Sie waren sich auch darüber im klaren, daß sie ihr Entgegenkommen dem Westen gegenüber teuer zu stehen kam: Sie mußten die absehbare russische Wut hinnehmen, die nicht beneidenswerte Position eines westlichen Frontstaates und potentiellen Schlachtfeldes. Und am schlimmsten von allem: die lange Aufschiebung der nationalen Einheit, die sie in den Händen hielten, hätten sie statt dessen die russische Option angenommen. Bei dieser Vereinbarung lag die Summe der Vorteile, zum mindesten für eine lange Eingangsperiode, klar auf seiten des Westens und nicht bei den Deutschen, und die Deutschen wußten und akzeptierten es sehenden Auges. Alles, was sie wollten und tatsächlich auch bekamen, war das westliche Versprechen, wie bereits oben dargelegt: ein einfaches Gelöbnis von Partnerschaft und Loyalität. Wenn dies nun gleich bei der ersten Prüfung verworfen wird, dann wären die Deutschen wahrlich betrogen.

Bis zum heutigen Tage ist es in Deutschland eine strittige Frage, ob die Entscheidung von 1952–55 die richtige war. Die ins Unendliche verlängerten und vor kurzem grausam verstärkten Leiden der Ostdeutschen wiegen schwer; und ein

Teil der ursprünglichen patriotischen Opposition ist noch immer am Leben. Alles in allem unterstützt die Mehrheit der deutschen Öffentlichkeit immer noch die westliche Option – vielleicht mehr mit dem Kopf als mit dem Herzen –, und der Großteil der andersgesinnten Minderheit hat im Laufe der Jahre stillschweigend eingewilligt. Die westlich-deutsche Allianz hat, auf seiten der Deutschen, viel besser funktioniert, als ursprünglich erwartet werden konnte. Zweifelsohne standen die Deutschen in den letzten sechs Jahren zu ihrem Wort. Sie waren weder halbherzige Drückeberger, die über ihre Schulter Ausschau nach neuerlichen russischen Schmeicheleien hielten, wie sie es sehr wohl hätten tun können, noch waren sie die polternden, kriegerischen, aufdringlichen Neonazis, »militaristisch und revanchistisch«, wie es die kommunistische Legende besagt. Sie waren loyal, bescheiden, voll Taktgefühl und Pflichteifer, trugen geduldig die Last der aufgeschobenen Hoffnungen und mußten dabei noch ungerechte und unverdiente Unhöflichkeiten hinnehmen.

Wenn dies nun alles bei dem ersten ernsthaften Test mit einem eilfertig geschmiedeten, antideutschen »München« belohnt wird, da die alliierte Loyalität unter Beschuß gerät, braucht es nicht einmal die immerwährende, latente deutsche Fähigkeit zum *furor teutonicus,* um eine Reaktion von extremer und gewalttätiger Bitterkeit hervorzurufen. Diese Reaktion würde in dem Moment einsetzen, in dem die Deutschen gerade die Kurve gekriegt haben auf dem Weg zu einer Weltmacht.

Alles wird noch verschlimmert durch einige der Argumente, mit denen die britische Presse den geplante Ausverkauf Deutschlands unterstützt. (Viele Artikel hinterlassen den Eindruck, als glaubten die Verfasser, die Deutschen verstünden kein Englisch.) Eines dieser Argumente lautet, daß die

Deutschen selbst die Wiedervereinigung nicht wollen, woraus sie nur den Schluß ziehen können, daß sie bis jetzt bei diesem Thema zu geduldig und zu zurückhaltend waren. Eine weitere merkwürdige Unterstellung besagt, daß die deutsche Regierung vielleicht »insgeheim erleichtert« wäre, wenn der Westen und Rußland unter sich die deutsche Teilung besiegelten. Das erinnert mich an das geflügelte Wort, daß »der Fuchs es liebt, gejagt zu werden«. Nur kann der Fuchs in diesem Fall lesen.

Eine andere Behauptung, die zwangsläufig Haß unter deutschen Lesern säen wird, ist, daß »Ostdeutschland existiert, existiert hat und weiterhin existieren wird«. Dies ist genau der Grund, weshalb England sich verpflichtet hat, zusammen mit den anderen Unterzeichnern der Pariser Verträge, Ostdeutschland nicht hinzunehmen oder anzuerkennen, sondern jede diplomatische Gelegenheit, die sich mit der Zeit bieten wird, zu nutzen, um dieser illegitimen Existenz ein Ende zu bereiten. Existierte es nicht, dann wäre so eine Verpflichtung in der Tat nicht notwendig.

Mit der Entscheidung von 1955 für den Westen und gegen Rußland akzeptierte Deutschland bewußt die schrecklich schmerzhafte Tatsache, daß in Ostdeutschland für viele Jahre ein kommunistischer Marionettenstaat existieren würde. Im Austausch für dieses Opfer verpflichteten sich die Westmächte, diesen Marionettenstaat zum mindesten nicht anzuerkennen, sondern vielmehr für die deutsche Einheit zu arbeiten. Wenn die Berichterstatter jetzt die Ursache für diese Obligation als Grund dafür anführen, sie zu brechen, ist dies wirklich mehr, als ein Mensch ertragen kann.

Jedenfalls reicht ein bißchen Erfahrung in politischer Psychologie aus, um abzusehen, daß dieses »deutsche München«, nach dem jetzt überall so laut gerufen wird, im Falle einer Realisierung die gleiche Wirkung auf die Deutschen hat, wie das »tschechische München« von 1938 auf die Tschechen hatte: nämlich das rührend loyalste, wenn auch das exponierteste und gefährdetste Mitglied des westlichen Bündnisses und der westlichen Gemeinschaft in seinen bittersten und rachsüchtigsten Feind zu verwandeln. (Die Tschechen wurden von 1938 bis 1945 die nützlichsten und aktivsten Kollaborateure der Nazis und sind jetzt die einzig wirklich willigen und loyalen Verbündeten der Russen in Osteuropa. Sie sind für den Westen verloren.)

Die Frage ist, welche Folgen dieser internationale Erdrutsch haben wird. An diesem Punkt verlassen wir natürlich den festen Untergrund des Vorhersehbaren und stürzen uns in ein Meer von Spekulationen. Aber wenn man eine Entscheidung von so großer Tragweite, wie sie gegenwärtig propagiert wird, mit so wenig erkennbarem Denkvermögen fällt, dann tut es ganz gut, eine derartige kleine Seereise zu riskieren. Hätten die Verfasser von München 1938 über etwas mehr Phantasie verfügt, dann hätten sie den Zweiten Weltkrieg zwar immer noch nicht vermieden, aber zum mindesten die schreckliche und fast tödliche Überraschung des russisch-deutschen Paktes. Zugegebenermaßen hätte es hinsichtlich der politischen Kombinationen das Talent eines Schachspielers gebraucht, um zu ahnen, daß München 1938 die Saat für diesen Pakt in sich trug. Es braucht wesentlich weniger von diesem Talent, um zu wissen, daß das »deutsche München«, nach dem jetzt so heftig gerufen wird, diese tödliche Konstellation wieder hervorbringen wird. Dies wird tatsächlich seine natürlichste Folge sein, und viele höchst unwahrscheinliche und überraschende Dinge müßten passieren, um seine Entstehung zu verhindern, falls dieses hohe Ziel, das einige politische Kommentatoren sich so brennend herbeiwünschen, tatsächlich Wirklichkeit wird.

Von deutscher Warte aus liegen die Dinge ziemlich klar. Die mildeste Konsequenz, die die Deutschen ziehen könnten, wäre, sich als von ihrem Gelübde »keine Gewaltanwendung für die Einheit« befreit zu sehen, ihren eigenen Krieg oder Bürgerkrieg zu beginnen und den Westen – formal immer noch ihr Verbündeter – mit der Wahl zu konfrontieren, ihnen zu Hilfe zu eilen oder die Russen bis an den Rhein und darüber hinaus vordringen zu lassen. Dies wäre allerdings etwas zu anspruchsvoll, um tatsächlich Realität zu werden. Es ist viel wahrscheinlicher, daß die Deutschen ganz einfach und nicht unklug zu dem Schluß kommen, daß der Westen sowohl schwach als auch betrügerisch ist und daß die Entscheidung von 1955, nun endgültig und aufs schlimmste bewiesen, die falsche war. Sie würden den Tag verdammen, an dem diese Entscheidung fiel, sich um alles in der Welt wünschen, sie hätten statt dessen Stalins Angebot angenommen, und den Himmel anflehen, daß es noch einmal wiederholt wird. Sie hätten durchaus Verständnis dafür, wenn Rußland ihnen diesmal die Einheit nicht für die bloße Neutralität anböte, aus der sie jetzt sowieso herausgewachsen sind, sondern nur noch für den Preis eines Bündniswechsels. Einige von ihnen würden wahrscheinlich so einen Bündniswechsel als das nützlichste Mittel der Rache an ihren Verrätern begrüßen: Kein Haß ist so wie der betrogener Liebe, wie das Beispiel der Tschechen lehrt.
Vielleicht würde sich der Westen immer noch darauf verlassen, daß Dr. Adenauer für ihn eintritt. Aber Dr. Adenauer ist 85, er wurde politisch – und vielleicht auch physisch? – von den Ereignissen dieses Augusts geschwächt; und er würde die Zerstörung seines Lebenswerkes nicht lange überleben. Man kann sich nicht auf einen Mann verlassen, den man gleichzeitig vernichtet.
Die einzige Frage ist: Würden die Russen das Angebot wie-

derholen? Hier geben sich die Befürworter eines »deutschen München« zwei hoffnungsvollen Spekulationen hin. Die erste ist die, daß Chruschtschow ein geheimer Freund des Westens ist, der sich nichts mehr wünscht als ein dauerhaftes Abkommen mit Amerika, England und Frankreich auf Kosten von Deutschland, und daß das »deutsche München« uns aus diesem Grund wirklich Frieden bringen wird. Die zweite, etwas widersprüchliche Spekulation besagt, daß Chruschtschow ein wahrer Weltrevolutionär ist, der niemals ein kommunistisches Regime wie das Ulbrichts in Ost-Berlin für einen klassischen, machtpolitischen Handel mit einer kapitalistischen Macht opfern würde, wie es ein wiederhergestelltes und wiedervereinigtes, Bismarcksches, ostwärts gerichtetes Deutschland wäre. Außerdem fügen die Leute an diesem Punkt gern mit einem kleinen, vergnügten Lachen hinzu, er hasse die Deutschen abgrundtief.

Ich bin nicht in der Lage, diese Annahmen überzeugend zu widerlegen. Ich kann nur sagen, daß mir die erste Spekulation schwachsinnig erscheint und die zweite ein wenig simpel. Chruschtschow ist sicherlich ein wahrer Weltrevolutionär, aber er ist auch ein Dialektiker – in einfachem Deutsch: ein hinterlistiger alter Hase, der im Gegensatz zu unseren westlichen Staatsmännern über seinen ersten Schachzug hinaus auch bis zum zweiten und dritten vorausplant. Auch ist er sicherlich emotional antideutsch (tatsächlich etwas Seltenes unter Russen), aber das hinderte ihn in der Vergangenheit nicht daran, sporadisch politische Flirts mit Dr. Adenauer zu haben; und übrigens ist Ulbricht auch ein Deutscher. Von Chruschtschow zu erwarten, daß er den fetten Adler Deutschland für den dürren Spatz – Ulbrichts Ostdeutschland – nur aus Gründen einer partnerschaftlichen Sentimentalität oder aus antideutschen Vorurteilen zurückweist, wenn der Westen ihm diesen Tausch auf dem Silbertablett serviert, hieße wohl zu hoch auf den vermuteten romantischen Zug des sowjetischen Führers zu bauen.

Ich frage mich ernsthaft, ob jene britischen Leitartikler, die sich mit der gegenwärtigen Krise befassen, sich die Mühe gemacht haben, sich in Chruschtschows Lage zu versetzen und sich zu fragen, warum er so erpicht darauf ist, den Westen auf Biegen und Brechen zu einer Anerkennung von Ostdeutschland zu zwingen: was ist letztendlich der Vorteil, den er sich von so einer Transaktion auf dem Papier erhofft? Die Vorteile müssen beträchtlich sein, denn sonst würde er kaum um ihretwillen bis zum Rande eines Krieges gehen.
Er selbst sagt, daß er alles unter Dach und Fach haben möchte, bevor die deutschen Militaristen ihre Atombombe bauen. Aber das macht keinen Sinn, denn wären die Deutschen wirklich so militaristisch und so kriegsliebend, wie er sie darstellt, und besäßen sie wirklich eine Atombombe, dann hielten auch die Übereinkommen auf dem Papier zur westlichen Anerkennung von Ostdeutschland sie nicht davon ab, es sich eines Tages mit Gewalt zurückzuholen. Österreich wurde über zwanzig Jahre lang von aller Welt anerkannt und der Anschluß in mehreren ernsthaften Verträgen ausdrücklich verboten und zurückgewiesen. Dies rettete Österreich 1938 nicht. In diesen Angelegenheiten zählen nur die Macht und der Wille, nicht das Papier.
Was die alliierte Anerkennung Ostdeutschlands so immens wertvoll macht für Chruschtschow, kann nicht die Anerkennung an sich sein, die nichts zu Ost-Berlins Stabilität und Sicherheit und sehr wenig zu seinem Prestige beiträgt, sondern die Auswirkungen dieser Anerkennung auf das Bündnis zwischen Deutschland und dem Westen, die ich bereits oben dargelegt habe. Auswirkungen, die vorherzusehen – im Gegensatz zu den Verfassern von Leitartikeln – Chruschtschow

ohne Zweifel die Intelligenz hat. Die Anerkennung von Ost-Berlin bedeutet Chruschtschow wenig, der daraus resultierende Bruch zwischen Deutschland und dem Westen alles. Noch Zweifel? Sehen Sie es so: Chruschtschow hat noch nicht einmal den kleinen Finger gekrümmt, um Ulbricht in seinen frenetischen und bis jetzt erfolglosen Bemühungen zu unterstützen, von Ländern wie Guinea, Ghana oder sogar Kuba anerkannt zu werden. Es ist ihm völlig egal, wer Ostdeutschland anerkennt – außer im Fall der Westmächte, den Verbündeten Deutschlands. Was ihn interessiert, ist der Bruch des Bündnisses mit Deutschland, nichts anderes.

Aber wir müssen uns auch fragen, auf welchem Posten und in welcher Form Chruschtschow den Bruch zwischen dem Westen und Deutschland, hat er ihn erst einmal herbeigeführt, für sich verbuchen kann? Nur – und diese Antwort scheint mir zwingend und unumgänglich – in Deutschland und nur wenn er Deutschland umdrehen und von einem Verbündeten des Westens in einen Verbündeten Rußlands kehren kann. Die drei Westmächte werden, nach ihrem Bruch mit Deutschland, von Moskau aus als ein gegnerischer Block gesehen, mit dem Chruschtschow weiterhin viele weltweite Querelen haben wird; und einer von ihnen, Amerika, wird unvermeidlich weiterhin der wirkliche, ultimative Feind sein, die Festung des Kapitalismus, die zuerst isoliert und dann gestürzt werden muß. Deutschland aber (mit dem Moskau absolut keine überseeischen Streitigkeiten hat) wird losgelöst und praktisch isoliert sein, mächtig genug, um ein wertvoller Verbündeter zu sein, aber nicht mächtig genug, um allein zu stehen, verraten, verwirrt, voll Angst und Wut, eine riesige, saftige Frucht, die reif für die Ernte ist. Ist Deutschland erst vom Westen getrennt, gibt es niemand außer Ulbricht, der einem Bündnis mit ihm und Rußland im

Wege steht: natürlich ist Ulbricht in diesem Fall für Rußland entbehrlich. Man schriebe Chruschtschow ein unglaubliches und fast beleidigendes Maß an Dummheit zu, glaubte man, daß, nachdem er mit großem Risiko die schwierige Tat des Verrats Deutschlands durch den Westen und die folgende Trennung in Gang gesetzt hat, er es dann ungenutzt in der Ecke stehen ließe (vielleicht um einen emotionalen Mangel zu befriedigen), anstatt seine Beute einzustreichen, sie für seine Zwecke umzuformen und von ihr zu zehren.

Im Moment ist er gerade dabei, Deutschland zu zeigen, daß es nur Schläge von beiden Seiten zu erwarten hat, solange es sich auf die Seite des Westens stellt: wütende Schläge von Rußland, verräterische Hiebe vom Westen. Sobald diese Demonstration ihr Ziel erreicht hat, wird sicherlich die Zeit gekommen sein, um das Gegenteil zu beweisen: zu zeigen, daß Deutschland alles haben kann, was sein Herz begehrt – Einheit, Sicherheit, gute Behandlung, vielleicht sogar die östlichen Vorkriegsgrenzen oder einen entsprechenden Ersatz –, sobald die Deutschen das Licht sehen und sich auf die richtige Seite schlagen.

Ich wiederhole noch einmal, daß ich jenen, die entschlossen sind, anderer Meinung zu sein, nicht unwiderlegbar beweisen kann, daß dies das Spiel von Chruschtschow ist. Alles, was ich sagen kann, ist, daß, falls dies so ist – und ich sehe keinen anderen Sinn, betrachtet man die gegenwärtigen Vorgänge –, dann bekommt er im Moment eine phantastische Menge an unbezahlter und unverlangter Unterstützung für sein Gelingen. Ich sehe auch nicht, welche möglichen Vorteile England im Austausch für diese freiwillig gewährte Hilfe erwarten kann, außer vielleicht die emotionale Befriedigung, die Deutschen zu piesacken, was für einige Journalisten in letzter Zeit der Ersatz für Patriotismus zu sein scheint. Aber nicht all diese neuen »Münchner« sind Deutschenhasser. Was bringt sie dazu? Vielleicht die Angst vor einem Krieg? Vielleicht die Verlockungen eines »Friedens in unserer Zeit«? Aber sind sie wirklich so dumm? Sie erlebten immerhin den Verrat an der Tschechoslowakei 1938 und an Polen 1945. Hat der erste Verrat den Frieden gerettet? Hat der zweite Verrat den Frieden gebracht?

Man kann nicht einfach annehmen, daß plötzlich so viele politische Schreiber und Analytiker unfähig geworden sind, die primitivsten Lehren der Erfahrung umzusetzen. Man wird vielmehr langsam zu dem Verdacht getrieben, daß viele von ihnen in letzter Zeit durch ein Übermaß an Angst arbeitsunfähig sind. Es scheint ihnen zur Zeit tatsächlich die nötige Konzentration zu fehlen, um die Auswirkungen verschiedener Strategien zu analysieren – oder auch nur die ihrer eigenen Worte. Die erhabensten Organe unserer öffentlichen Meinung, trotz all ihrer lang erprobten Routiniertheit und ihres gesunden Menschenverstandes, benehmen sich in diesem Sommer 1961 nicht wie vernünftige Männer im Vollbesitz ihrer Urteilskraft. Sie erinnern den Leser vielmehr an einen zu Tode erschrockenen Mann, der genau in das hineinrennt, wovor er eigentlich davonlaufen wollte.

Mit der Teilung leben

Schicksal der Deutschen?

Die Thesen, die den sieben Kapiteln des Buchs von Erich Müller-Gangloff als Überschriften vorangestellt sind, klingen radikal und provozierend: Die Wiedervereinigung ist verspielt; wir müssen mit der Teilung leben; wir sind kein Volk im Sinne einer Nation; wir waren immer mehr und weniger als eine Nation; unsere Aufgabe heißt Reich als Friedensordnung; wir haben die Geschichte auf Zukunft zu befragen; wir brauchen ein politisches Konzept.
Was dann unter diesen Überschriften ausgeführt wird, ist eher viel weicher und diffuser, oft nur gelehrt-feinsinnige Geschichtsdeutung oder Geschichtsspekulation, jedenfalls gewiß kein klar und präzis umrissenes politisches Konzept. Darüber zum Beispiel, wie das Verhältnis der nicht mehr wiederzuvereinigenden deutschen Staaten denn nun eigentlich gestaltet werden soll, erfahren wir nichts Genaues; der eigentlich ja wohl unvermeidlichen Konsequenz seiner Ausgangsthese von der endgültig verspielten Wiedervereinigung, nämlich der Anerkennung der DDR, weicht Müller-Gangloff aus.
Und so sehr er sich über Geist und Funktion Berlins Gedanken macht: Wie er sich den rechtlichen Status und die politische Existenz West-Berlins nach endgültig anerkannter deutscher Zweistaatlichkeit nun eigentlich denkt, sagt er nicht. Manchmal hat man sogar ein bißchen das Gefühl, als habe er im Laufe seiner Darlegungen seine schockierenden Anfangsthesen vergessen und lasse durch die Hintertür wieder herein, was er durch die Vordertür hinausgeworfen hatte; plötzlich ist von Berlin als »Brücke« die Rede, von

»Neuvereinigung« statt »Wiedervereinigung«, von »gemeindeutsch« statt »gesamtdeutsch« ...
Aber ich will mit dem sympathischen und verdienstvollen Leiter der Berliner Evangelischen Akademie nicht kleinlich rechten. Es gibt sehr vieles in seinem Buch, womit jeder Gutwillige übereinstimmen wird; vieles sensibel und originell Beobachtete und Bedachte; und vieles, was auch den skeptischen Leser nachdenklich macht. Ich bin ein solcher skeptischer Leser. Ich gestehe, daß mir Müller-Gangloffs Denkstil – ein Stil, in dem sich Pastörlich-Theologisches, Jugendbewegtes, Historisch-Perspektivisches und Prophetisch-Visionäres auf eine für meinen Geschmack allzu leichtgängige Weise mischt – eigentlich nicht liegt. Momentweise kann ich nicht umhin zu denken: »Er spinnt.«
Aber ich gebe gern zu, daß fast immer »etwas dran ist«. Eins wird mir Müller-Gangloff vielleicht seinerseits zugeben: daß nämlich in seiner Haltung zur Wiedervereinigung ein gewisser Widerspruch des Gefühls und der Bewertung liegt. Seine Kritik der Politik, mit der die Wiedervereinigung seiner Meinung nach verspielt worden ist, seine Aufzählung der versäumten oder geradezu sabotierten Ansätze und Gelegenheiten ist von Setlescher Bitterkeit; er muß doch wohl, denkt man nach der Lektüre des ersten Kapitels, die Einheit einmal leidenschaftlich gewünscht und gewollt haben. Dann aber tröstet er sich und uns über ihren – wie er meint, endgültigen – Verlust so vollständig, findet er das Teilungsschicksal so historisch richtig, passend und fruchtbar, daß man zu dem Schluß kommt: Er muß eigentlich von Herzen froh sein, daß aus der Wiedervereinigung nichts geworden ist. Was gilt nun? Wofür ist er im Grunde? Vielleicht darf ich ihm die Frage zur Selbstprüfung vorlegen, als Gegengabe sozusagen für manche Gelegenheit zur Selbstprüfung, die sein Buch mir gegeben hat.

Ich meinerseits bin auch heute noch ein unverbesserlicher Wiedervereiniger, und auch dieses Buch hat mich nicht überzeugt, daß die Wiedervereinigung »verspielt« ist. Verspielt ist allerdings nach menschlichem Ermessen die eine Spielart der Wiedervereinigung, die in den fünfziger Jahren, oder wenigstens in ihrer ersten Hälfte, die nächstliegende schien: die Wiedervereinigung in der Bundesrepublik. Aber es gibt ja noch – theoretisch zum mindesten – drei andere Möglichkeiten: die Wiedervereinigung in der DDR – die sich heute als allerdings noch sehr entfernte Möglichkeit am Horizont abzuzeichnen beginnt; die Wiedervereinigung durch eine beide derzeitige Staaten revolutionär wegschwemmende Nationalbewegung – ebenfalls heute als noch ferne Möglichkeit gerade eben wahrnehmbar; und schließlich die Wiedervereinigung durch Friedensschluß und Zusammenschluß der beiden existierenden Staaten – die sich im Gegensatz zu den drei anderen Denkmodellen der Wiedervereinigung heute als unmittelbar gegenwärtige Chance geradezu aufdrängt. Sie liegt nämlich im Zuge der amerikanisch-sowjetischen wie der europäischen Generalentwicklung der laufenden Dekade. Sie paßt in die Landschaft. Sie wäre in verhältnismäßig wenigen Jahren zu bewerkstelligen, wenn sich in Bonn ein Politiker fände, der die Zeichen der Zeit so zu lesen verstände wie Adenauer die des Jahres 1950.

Damals steuerte ja alles auf eine unmittelbar bevorstehende Konfrontation der westlichen und östlichen Siegermächte hin, und Adenauer lag taktisch vollkommen richtig, als er darauf setzte. Seine Tragödie – und historische Blamage – war, daß er es dann nicht merkte, als die Konfrontation da war, seinen großen Augenblick versäumte und den tatsächlich errungenen Sieg seiner Politik wegwarf. Dieser Sieg bestand darin, daß Rußland tatsächlich vor der Drohung des westdeutsch-amerikanischen Bündnisses zurückwich und drei Jahre lang, von 1952 bis 1955, für den Verzicht auf dieses angedrohte, aber noch nicht vollzogene Bündnis die Wiedervereinigung durch freie Wahlen anbot. Damals wäre für die Bundesrepublik die Zeit dagewesen, die Ernte der Politik von 1950 in die Scheuer zu bringen, Nachher, als sich dann statt der erwarteten westlichen Überlegenheit das Atompatt einstellte, war es zu spät, und jetzt wird es so wohl nie wieder gehen.

Jetzt scheint es eher möglich, daß eines Tages Amerika durch den inneren Rassenkonflikt, durch sein Überengagement in Asien, durch Revolution in Lateinamerika, vielleicht auch durch eine neue Weltwirtschaftskrise so geschwächt und abgelenkt wird, daß es in Europa einseitig retirieren muß; und das wäre dann die Chance einer Wiedervereinigung in der DDR. Aber das ist einstweilen noch Zukunftsmusik, und ebenso die sich immerhin andeutende Möglichkeit einer elementaren und gewaltsamen nationalen Reaktion gegen westliches und östliches Satellitentum. Heute steht das beides noch nicht auf der Tagesordnung – die meisten werden sagen, Gott sei Dank noch nicht.

Aber was heute, unübersehbar für jeden, der Augen hat zu sehen, auf der Tagesordnung steht, ist der amerikanisch-russische Ausgleich und Friedensschluß, der auch die beiden deutschen Dependenzen der Amerikaner und Russen zu Ausgleich und Friedensschluß zwingen wird; und ist die Entideologisierung der europäischen Politik, die Wiederentdeckung und Wiederherstellung der europäischen Nationen, der auch die deutsche Nation sich auf Dauer nicht wird entziehen können. Heute sind die beiden Deutschland (außer vielleicht Portugal und Albanien) die einzigen europäischen Staaten, die diesen schon fast unwiderstehlichen Prozeß noch nicht wahrhaben wollen, sich gegen ihn sperren und sich ihm zu entziehen suchen (und zwar tut es die Bundesrepublik noch krampfhafter als die DDR, die immerhin die russische Friedenspolitik nicht, wie die Bundesrepublik die amerikanische, ohnmächtig zu sabotieren versucht). Aber auf die Dauer ist das ebenso aussichtslos wie witzlos. Wenn sich Amerikaner und Russen vertragen, wird auch Deutschen und Deutschen schließlich nichts anderes übrigbleiben, als sich zu vertragen. Und wenn sich ringsum die europäischen Nationen wieder als Nationen formieren, wird auch den Deutschen nichts anderes übrigbleiben, als sich wieder damit abzufinden, daß sie eine Nation sind.

Denn sie *sind* eine Nation, trotz allem, was Müller-Gangloff Gelehrtes und Feinsinniges dagegen vorzubringen weiß. Sie sind sogar eine der frühesten europäischen Nationen. Sie standen Anfang des 16. Jahrhunderts, fast gleichzeitig mit den Franzosen, als Nation fast fertig da. Daß ihnen dann ihre nationale Revolution 1525 so gründlich mißlang, war eine Tragödie, und sie war schuld daran, daß sie erst nach langem politischem Dämmerschlaf und auf vielen seltsamen Umwegen ziemlich spät, im 19. Jahrhundert, zur vollen Nationalstaatlichkeit gelangten – immerhin nicht später als die Italiener und Ungarn, deren Nationalität niemand bezweifelt, und ein Halbjahrhundert früher als die Tschechen und Jugoslawen, deren Nationalität ebenfalls niemand mehr bezweifelt. Zugegeben, es hat mit der politischen Geburt und Durchsetzung der deutschen Nationalstaatlichkeit seine Not gehabt; aber man soll aus dieser vergangenen Not ebensowenig eine Tugend machen wie aus der gegenwärtigen, und am wenigsten soll man die alte und die neue deutsche Misere zu einer besonderen deutschen Sendung umzustilisieren suchen. Es gibt keine besondere deutsche Sendung; und es ist furchtbar gefährlich, wenn die Deutschen in einem Europa, das sich nun einmal nach dem Nationalitätsprinzip geordnet hat, und in einer Welt, die sichtlich dabei ist, sich ebenfalls nach dem

Nationalitätsprinzip zu ordnen, als einzige aus der Reihe tanzen, mehr oder weniger als eine Nation sein und partout in einem »Reich« leben wollen, in dem andere, die dazu nun einmal keine Lust haben, sich mit ihnen vermischen sollen. Das ging nicht mit Stärke, und es wird auch nicht mit Schwäche gehen, man schafft es weder mit Eroberung noch mit Aufdringlichkeit, und man sollte sich hüten, das böse Churchillwort über die Deutschen wahr zu machen: »Wenn sie einem nicht gerade an die Gurgel fahren, umklammern sie einem die Knie.«

Die »Friedensordnung« des 20. Jahrhunderts ist nun einmal nicht das »Reich«, sondern das nationale Prinzip, das ja nichts anderes als die Außenseite des demokratischen Prinzips ist (so wie die Reichsidee nichts anderes als die Außenseite der aristokratisch-hierarchischen Idee war). Und wenn ein Volk dieses allgemein anerkannte Prinzip stört, wenn es nicht in seinen Grenzen bleiben und mit dem zufrieden sein will, was es ist, dann stört es den Frieden, auch wenn es das »Reich« ausdrücklich nur als Friedensordnung will. (Selbsternannte Friedensbringer sind oft in der Praxis Friedensstörer.) Es ist, scheint mir, nicht die eigene – oft sehr unglückliche – Geschichte, die wir »auf Zukunft befragen« müssen, sondern der Konsensus der Umwelt. Die eigenen Interessen in diesen Konsensus harmonisch eingliedern – das und nur das ist das Rezept erfolgreicher Politik.

Das supranationale Prinzip ist heute passé und zukunftslos. Man sieht es am Schicksal nicht nur der blutarmen europäischen »Gemeinschaften« und der totgeborenen »Atlantischen Gemeinschaft«, sondern auch der britischen und französischen Weltreiche, der kleineren Kolonialreiche, auch des Sowjetblocks, auch der panamerikanischen Hegemonie oder »Symmachie« der USA. Wenn die Deutschen sich zu einer nationalen Existenz nicht entschließen wollen, bleibt ihnen

nur eine subnationale. Und die Deutschen sind der Versuchung zum Subnationalen stärker ausgesetzt als die meisten anderen Völker; kaum ein Volk hat so viele freiwillige Absprengsel gebildet wie das deutsche, von der uralten Schweiz bis zu dem nagelneuen Österreich.
Aber was die Bundesrepublik und die DDR heute trennt, ist ja nicht dieser Hang zur Eigenbrötelei und stammeshaften Abkapselung, es ist ausschließlich Klassenkampf und kalter Bürgerkrieg. Laßt den Kapitalismus oder den Kommunismus in ganz Deutschland siegen oder laßt beide – was heute greifbarer ist – vom hohen Roß heruntersteigen und sich, in Deutschland wie rings um Deutschland, zur Koexistenz durchringen: und sofort wird sich wieder zeigen, daß ein Düsseldorfer nichts anderes ist als ein Leipziger, und ein West-Berliner schon gar nichts anderes als ein Ost-Berliner. (Die einzigen Deutschen, bei denen heute eine gewisse Tendenz zur subnationalen Eigenstaatlichkeit à la Österreich tatsächlich festzustellen ist, sind die Bayern.)
Nein, ich glaube nicht, daß es Schicksal und Aufgabe der Deutschen ist, mit der Teilung zu leben. Ich glaube auch nicht, daß sie sich damit um den Rest der Welt ein Verdienst erwerben würden, im Gegenteil. Freilich ist es die erste Pflicht der Deutschen, geteilt oder ungeteilt miteinander auszukommen und nicht die ganze Welt mit ihren abgestandenen, ermüdenden Querelen aufzuhalten. Aber wenn man sich im Verkehr zwischen Bundesrepublik und DDR erst einmal wieder zu anständigen und höflichen Formen durchgerungen haben wird, wird, glaube ich, das natürliche nationale Zusammengehörigkeitsgefühl sehr schnell wieder durchschlagen, und die Einheit wird schneller wieder dasein, als mancher heute denkt. Komischerweise ist sie in der heutigen Welt, die eine Welt von Nationen ist, *leichter* zu organisieren als eine saubere Scheidung.

Die bedingungslose Integration

Westliche Bindung – Feindschaft mit dem Osten

1.

»Niemand versteht die Deutschen, der nicht ihren Lern- und Nachahmungseifer gegenüber allem Westlichen in Rechnung stellt; aber ebensowenig versteht man die Deutschen, wenn man die Kehrseite ignoriert: ihren hartnäckigen Vernichtungswillen gegenüber allem Östlichen.«

Diese Sätze wurden geschrieben, ehe irgend jemand ahnen konnte, daß es die Bundesrepublik je geben würde. Sie stehen am Anfang der im Zweiten Weltkrieg erschienenen Deutschen Geschichte des englischen Historikers A. J. P. Taylor, übrigens eines außerordentlich hellsichtigen und aufschlußreichen Buches, das niemals ins Deutsche übersetzt worden ist. Ob sie für die deutsche Geschichte als Ganzes zutreffen, darüber läßt sich, wie über manches in Taylors Buch, streiten; immerhin gab es einmal das Phänomen Preußen und die lange preußisch-russische Freundschaft. Für die Außenpolitik der Bundesrepublik in den ersten zwanzig Jahren ihres Bestehens aber könnte Taylors Aphorismus geradezu als Motto dienen.

Vom Augenblick ihrer Gründung an hat die Bundesrepublik dem Westen gegenüber nicht nur Nachahmungs- und Anpassungseifer, sondern eine fast unbegrenzte Ein- und Unterordnungsbereitschaft an den Tag gelegt; ja, es ist ein nie verleugnetes Hauptziel ihrer Außenpolitik gewesen, ihre Identität in einer erst zu schaffenden westlichen Einheit zu verlieren und insbesondere in einem vereinigten Westeuropa aufzugehen. In ihrem Umgang mit den westlichen Siegermächten – besonders mit Amerika und Frankreich –, aber auch mit den kleineren westlichen Nachbarstaaten, die im Kriege Deutschlands Opfer gewesen waren, hat die Bundesrepublik ein Musterbeispiel von Geduld, Einfühlungsvermögen, Verständnis und Anpassungsfähigkeit gegeben; ihre Westpolitik war getragen von einem Versöhnungswillen und Freundschaftswerben, die gelegentlich bis zur Aufdringlichkeit gingen.

Aber so wiedergutmachungswillig und anschmiegsam wie nach Westen, so unversöhnlich, starr und feindselig hat sich die Bundesrepublik, ebenfalls vom Augenblick ihrer Gründung an, nach Osten verhalten. Weder mit der östlichen Siegermacht Sowjetunion noch mit den im Kriege von Deutschland schwer mißhandelten Nachbarstaaten Polen und Tschechoslowakei, noch gar mit ihrem deutschen Zwillingsstaat DDR hat sie jemals Versöhnung oder gar Freundschaft gesucht. Im Gegenteil. Sie hat wiederholt östliche Friedensangebote abgewehrt, sich sogar gegen die Aufnahme diplomatischer Beziehungen heftig gesträubt und die Feindschaft mit dem Osten lange Jahre hindurch geradezu kultiviert. Um dieser Feindschaft willen hat sie sogar in ihren sonst so sorgfältig gepflegten Beziehungen zu den Westmächten gelegentlich Reibungen und Verstimmungen in Kauf genommen, so daß man zu Zeiten fast den Eindruck gewinnen konnte, die Feindschaft mit dem Osten sei der Bundesrepublik noch wichtiger als die Freundschaft mit dem Westen.

Für einen Staat in der geographischen Lage der Bundesrepublik ist das eine paradoxe Politik. Auch wenn die Bundesrepublik nur den westlichen Teil des früheren Deutschen Reiches bildet, liegt sie doch, wie dieses, nach wie vor in der Mitte Europas; auch wenn sie, ihrer Entstehungsgeschichte nach, zum Machtbereich der westlichen Siegermächte gehört, braucht sie doch, zur Absicherung ihrer Existenz in

Krisenfällen, gute oder zum mindesten geregelte Beziehungen auch mit der Vormacht des Ostens, an deren Machtbereich sie unmittelbar angrenzt. Aber hier zeigt sich ein weiteres Paradox.

Das erste und oberste Ziel der Außenpolitik jedes Staates ist normalerweise seine Selbsterhaltung. Wenn man die Außenpolitik der Bundesrepublik und die Äußerungen ihrer maßgebenden Vertreter in den Jahren 1949 bis 1969 studiert, bemerkt man aber mit Erstaunen, daß dies für die Bundesrepublik nicht zutrifft. Die Bundesrepublik hat sich in diesen zwanzig Jahren niemals als das akzeptiert und zu bewahren versucht, was sie ist; sie hat sich sozusagen niemals selbst anerkannt. Sie hat zwanzig Jahre lang ständig etwas anderes sein oder werden wollen, als was sie war und ist: Einerseits hat sie sich als Gliedstaat einer werdenden westeuropäischen Union betrachtet; andererseits als das weiterbestehende Deutsche Reich. Die Schaffung einer westeuropäischen Union war das Hauptziel ihrer Westpolitik; die Wiederherstellung des Deutschen Reiches in seinen Grenzen von 1937 das Hauptziel ihrer Ostpolitik.

Wenn man das erfaßt hat, begreift man leicht, daß die Bundesrepublik nach Westen nur eine werbende Politik der Freundschaft, nach Osten eine fordernde Politik der Feindschaft betreiben konnte. Ebenso leicht begreift man freilich, daß die beiden Ziele widersprüchlich waren, und es überrascht nicht, daß die Bundesrepublik in zwanzig Jahren keinem von ihnen näher gekommen ist. Vielmehr sind beide im Laufe dieser zwanzig Jahre immer weiter in den Bereich des Utopischen gerückt, und die Bundesrepublik findet sich heute auf ihre Eigenexistenz zurückgeworfen, mit der sie sich in ihrem öffentlichen Bewußtsein bisher nie recht abgefunden und vertraut gemacht hat; sie könnte in den nächsten Jahren sogar voraussehbarerweise Anlaß bekommen, sich um die unangefochtene Erhaltung dieser Eigenexistenz Sorgen zu machen, wenn es ihr nicht gelingt, sich von der bisher verfolgten Außenpolitik rechtzeitig zu lösen. Seit dem Regierungswechsel vom Herbst 1969 sind Ansätze zu dieser Einsicht festzustellen; ob sich aus ihnen eine neue Außenpolitik entwickeln wird, steht einstweilen noch dahin.

Die außenpolitische Geschichte der Bundesrepublik in ihren ersten zwei Jahrzehnten ist also eine Geschichte des Mißerfolgs und der Frustration, und zwar ständig zunehmenden Mißerfolgs und ständig zunehmender Frustration. Anders gesehen ist sie eine Geschichte mangelnder Anpassung an eine sich rapide wandelnde Umweltentwicklung. Die Außenpolitik der Bundesrepublik ist sich zwanzig Jahre lang in ihren Zielsetzungen und Grundkonzeptionen immer gleichgeblieben. Aber während diese Zielsetzungen und Grundkonzeptionen mit der Weltlage von 1950 nicht unvereinbar waren oder jedenfalls schienen, gerieten sie von der Mitte der fünfziger Jahre an in ständig zunehmende Disharmonie mit der Umweltlage und wurden in den sechziger Jahren für die Politik der Großmächte mehr und mehr zu einem Störfaktor und daher für die Bundesrepublik selbst, angesichts der Machtverhältnisse, zu einem Gefährdungsfaktor.

Man kann in diesen zwanzig Jahren bundesrepublikanischer Außenpolitik ziemlich deutlich drei Perioden unterscheiden. Die Markierungsdaten sind 1955 – die Eingliederung von Bundesrepublik und DDR in die beiden Bündnissysteme NATO und Warschauer Pakt – und 1961 – die Beilegung der Berlinkrise durch den Mauerbau. In der ersten Periode, zwischen 1949 und 1955, hatte die Bundesrepublik im Westen beachtliche Erfolge und sogar im Osten eine – freilich verschmähte – Erfolgschance. In der zweiten Periode, 1955 bis 1961, kämpfte sie zäh, aber vergeblich gegen eine Weltentwicklung an, die ihrer Außenpolitik nach und nach die

Grundlage entzog. In der dritten geriet sie zunehmend in die Gefahr außenpolitischer Isolierung und kämpfte nur noch um die Erhaltung ihrer eigenen Illusionen. Am Ausgang dieser Periode erfordert es geradezu eine Denkanstrengung, sich zu vergegenwärtigen, daß die Politik, die so eklatant gescheitert ist, einmal einen realistischen Ansatz hatte, erfolgversprechend schien und tatsächlich beträchtliche Anfangserfolge erzielte. Und doch war das der Fall. In den Jahren 1949 bis 1952 erschien das außenpolitische Konzept der Bundesrepublik, das für immer mit dem Namen Adenauer verbunden sein wird, einleuchtend bis zur Unvermeidlichkeit. Gerade weil es in seinen Anfangszeiten so einleuchtend und so erfolgreich war, ist es der Bundesrepublik vielleicht so schwer gefallen, sich von ihm zu trennen, als die Voraussetzungen seines Erfolgs wegfielen.

2.

Der erste außenpolitische Akt der Bundesrepublik war die Zustimmung zu ihrer eigenen Gründung. Der zweite, fast unmittelbar anschließende, war die erfolgreiche Umwandlung des Abhängigkeitsverhältnisses zu ihren Gründermächten in ein Bündnisverhältnis. Beide hatten zum Hintergrund den Kalten Krieg, und das eine schien sich zu seiner Zeit fast naturnotwendig aus dem anderen zu ergeben. Man tut aber gut, zwischen den beiden Vorgängen deutlich zu unterscheiden, denn in ihnen zeigt sich von Anfang an der Unterschied zwischen der westlichen Deutschlandpolitik und der deutschen Westpolitik, der damals ein kaum wahrnehmbarer feiner Riß war, später aber erhebliche Ausmaße annahm und in den sechziger Jahren mitunter geradezu zum Gegensatz wurde.

Die Gründung der Bundesrepublik war eine Initiative des Westens, der die Deutschen nicht ohne Bedenken und Hintergedanken zustimmten. Die Wiederbewaffnung der Bundesrepublik und ihre Promotion zum Verbündeten war eine Initiative der Bundesrepublik, der die Westmächte ebenfalls nicht ohne Bedenken – und ebenfalls nicht ohne Hintergedanken – zustimmten.

Die Gründung der Bundesrepublik bedeutete zunächst nichts weiter als die Teilung Deutschlands und die Auflösung des Deutschen Reiches, das ja nach 1945 zunächst unter der gesamthänderischen Regierung der vier Besatzungsmächte noch einige Jahre weiterexistiert hatte. Der sich entwickelnde Kalte Krieg zwischen den westlichen und östlichen Besatzungsmächten machte diese gesamthänderische Regierung des noch ungeteilten Deutschland zunehmend undurchführbar. Daher der Entschluß der drei westlichen Besatzungsmächte, ihre Zonen zu einem neuen deutschen Staatswesen zu machen – ein Entschluß, der zunächst nicht mehr bedeutete als eine schiedlich-friedliche Trennung von den Russen in Deutschland und den beiden Seiten der ehemaligen Siegerkoalition die Möglichkeit gab, sich ungestört voneinander mit »ihren« Deutschen in Zukunft so zu arrangieren, wie es ihnen gut dünkte. Tatsächlich ließen sich die Russen nach anfänglichem Protest auf diese Teilungspolitik ein und gaben auch den halbherzigen Versuch, bei dieser Gelegenheit wenigstens Berlin ihrer Zone und »ihrem« zukünftigen deutschen Staat zuzuschlagen, nach zehn Monaten des Kräftemessens zwischen Blockade und Luftbrücke wieder auf. Das erste Jahr der deutschen Zweistaatlichkeit brachte denn auch eine Pause oder wenigstens eine Entspannungsphase im Kalten Krieg, und es gibt kein Anzeichen dafür, daß die Westalliierten etwas anderes beabsichtigt hatten. Freilich hatten sie sich mit der Teilung Deutschlands auch die Option gesichert, »ihren« Teil – den größeren und potentiell stärkeren – gegebenenfalls als Druckmittel gegen

Rußland einzusetzen, falls sich der Kalte Krieg wieder verschärfen sollte.

Diese Verschärfung trat 1950 mit dem Koreakrieg ein, und damit ergab sich für die Bundesrepublik die Chance der Aufwertung zum Verbündeten und der Wiederbewaffnung – eine Chance, mit der sie von Anfang an gerechnet hatte und ohne die sie die westalliierte Teilungspolitik vielleicht nicht so willig mitvollzogen hätte, wie es tatsächlich der Fall gewesen war. Denn für die deutschen Politiker war die separate westdeutsche Staatsgründung natürlich nicht ein so leichter Entschluß gewesen wie für die Alliierten, und die meisten von ihnen hatten ihn sich nur als ein *reculer pour mieux sauter* schmackhaft machen können. Für die Alliierten war die schiedlich-friedliche Teilung Deutschlands die erste Wahl, das Bündnis mit Westdeutschland zum Zwecke des Drucks auf Rußland nur die zweite. Für die Deutschen lag es umgekehrt. Für sie bedeutete die separate Staatsgründung das Vorspiel zum Bündnis mit dem Westen gegen Rußland und das Bündnis das Vorspiel zur Wiedervereinigung, mit oder ohne Krieg, durch den – angedrohten oder vollzogenen – Einsatz überlegener westlicher Stärke.

Das Bündnis mit dem Westen – mindestens mit England und Italien – gegen Rußland hatte schon Hitler lange Zeit vorgeschwebt, und in den letzten Wochen des Zweiten Weltkrieges hatte sich in Deutschland ein stillschweigender Konsensus herausgebildet, der sich in die Worte fassen ließ: »Nur im Westen kapitulieren, aber im Osten weiterkämpfen.« In den Besatzungsjahren bekamen westliche Alliierte im Gespräch mit Deutschen wieder und wieder den Ausspruch zu hören: »Ihr werdet uns eines Tages schon wieder brauchen.« An diese weitverbreitete (und, wenn man an den anfangs zitierten Ausspruch Taylors denkt, tiefverwurzelte) Einstellung konnten die westdeutschen Politiker anknüpfen, als sie sich auf die separate Staatsgründung einließen – in der Erwartung, daß daraus alsbald ein Westbündnis gegen Rußland mit dem Ziel mindestens der Wiedervereinigung werden würde. Vielleicht muß man dafür bei Adenauer eine Ausnahme machen. Er hatte ja schon 1945 erklärt: »Der von Rußland besetzte Teil ist auf eine nicht zu schätzende Zeit für Deutschland verloren« – ganz zu schweigen davon, daß er schon 1919 und 1923 das westliche Deutschland zwar nicht vom Reich, aber jedenfalls von Preußen hatte trennen wollen.

Aus Adenauers politischer Vergangenheit wie aus manchen seiner Aussprüche in der Nachkriegszeit läßt sich die Vermutung ableiten, daß er die Trennung vom östlichen Deutschland – auch eine möglicherweise nicht wieder rückgängig zu machende Trennung – persönlich weniger schmerzlich empfand als andere Politiker der deutschen Nachkriegsepoche und insofern mit den Absichten der Westmächte genauer harmonierte. Aber auch Adenauer wünschte das Westbündnis, wenn auch vielleicht nicht so sehr als Vorstufe zur Wiedervereinigung wie als Vorstufe zur staatlichen Verschmelzung der Bundesrepublik mit ihren westlichen Nachbarn; im übrigen schloß das eine das andere ja nicht aus, auch nicht notwendigerweise für Adenauer. Wenn es, wie die meisten Deutschen um 1950 erwarteten, früher oder später zum Kriege oder jedenfalls zu einem *show-down* zwischen West und Ost kam und wenn, wie sie ebenfalls erwarteten, die Überlegenheit des Westens die Sowjetunion mit oder ohne Krieg zum Rückzug zwingen würde, dann galt es wenig, ob die dann zurückgewonnenen Ostgebiete mit Deutschland oder mit einem inzwischen vereinigten Westeuropa wiedervereinigt wurden. So oder so würden sie notwendigerweise an Deutschland und nicht etwa an Frankreich, Belgien oder Holland fallen.

Die Verschärfung des Kalten Krieges durch den Koreakrieg und das mit diesem Kriege beginnende Wettrüsten bewirkte, daß Adenauers Angebot eines deutschen »Verteidigungsbeitrages« mindestens in Washington und London offene Ohren fand. Die deutsche Rechnung (»ihr werdet uns schon noch brauchen«) schien aufgegangen. Die einzige westliche Besatzungsmacht, die der westdeutschen Wiederbewaffnung und der damit verbundenen Erhebung der Bundesrepublik zum Verbündeten des Westens gegen Rußland – anfänglich – widerstrebte, war Frankreich. Aber Frankreich schlug dann selber den Kompromiß einer »Europäischen Verteidigungsgemeinschaft« vor – einen Kompromiß, den sich Adenauer, nach kurzem Zögern, geradezu enthusiastisch zu eigen machte: Denn eine »Europäische Verteidigungsgemeinschaft«, also eine integrierte europäische Streitmacht, mußte ja fast automatisch zu einer diese Streitmacht dirigierenden europäischen Regierung führen, also genau zu der staatlichen Verschmelzung der Bundesrepublik mit ihren westlichen Nachbarn, die Adenauer mindestens ebenso wichtig war wie die Wiedervereinigung – vielleicht noch wichtiger. Die beiden widersprüchlichen Ziele der Bundesrepublik, Wiedervereinigung und westeuropäische Integration, schienen für einen kurzen, glückhaften Augenblick nicht nur vereinbar, sie schienen einander geradezu zu bedingen. In der Situation des Jahres 1952 hatte die Parole »Wiedervereinigung durch westliche Integration« plötzlich Glaubwürdigkeit gewonnen.
Es war Adenauers Sternstunde. Nicht nur im Westen schritt er von Erfolg zu Erfolg, sogar ein unverhoffter – allerdings, wie sich zeigen sollte, unwillkommener – Erfolg im Osten stellte sich ein: Unter dem Druck der drohenden deutschen Wiederbewaffnung im Westbündnis und der Verschmelzung mit Westeuropa bot Moskau im März 1952 selbst die Wie-

dervereinigung an – freilich unter der Bedingung des Verzichts auf Westbündnis und westeuropäische Integration. Nicht auch des Verzichts auf Wiederbewaffnung: Nationale Streitkräfte sollten dem wiedervereinigten Deutschland zugestanden werden. Aber die Bedingung lautete: »Deutschland verpflichtet sich, keinerlei Koalition oder Militärbündnisse einzugehen, die sich gegen irgendeinen Staat richten, der mit seinen Streitkräften am Krieg gegen Deutschland teilgenommen hat.«

Die Verhandlungen über dieses russische Wiedervereinigungs- und Friedensangebot (und das erneute Zurückscheuen Frankreichs vor der Ratifizierung des Vertrags über die Europäische Verteidigungsgemeinschaft) verzögerten die westdeutsche Wiederbewaffnung drei Jahre lang. In diesen drei Jahren entfielen die Voraussetzungen, die bis dahin die Außenpolitik der Bundesrepublik so erfolgreich gemacht hatten.

3.

Die Frage soll hier nicht untersucht werden, ob die Bundesrepublik in den Jahren 1952 bis 1955 eine echte Chance der Wiedervereinigung versäumt hat. Diese Frage wird sich, wie alle Fragen nach dem »Was wäre gewesen, wenn«, wahrscheinlich niemals endgültig beantworten lassen. Auch wenn die Bundesrepublik sich bemüht hätte, das russische Angebot auszuloten und ihm gegebenenfalls zur Annahme und Inkraftsetzung zu verhelfen, läßt sich nicht beweisen, daß ihr das gelungen wäre. Dazu hätte es ja auch der Zustimmung der Westmächte bedurft – deren Interessen und Neigungen zwar nicht in allen drei Fällen dieselben waren und auch in den drei Jahren, in denen der russische Vorschlag zur Verhandlung stand, nicht durchweg dieselben blieben, deren offizielle Politik aber während dieser ganzen Zeit nun einmal auf die Einbeziehung der Bundesrepublik in das Westbündnis gerichtet war. Unbestritten und unbestreitbar aber ist, daß die Bundesrepublik in diesen drei Jahren nicht den geringsten Versuch machte, über das russische Angebot – das ja zum mindesten *prima facie* alles enthielt, was sie durch das Westbündnis bestenfalls erreichen zu können hoffen durfte – zu verhandeln oder es zum Verhandlungsgegenstand zwischen den Siegermächten zu machen. Vielmehr wies sie den Gedanken einer Wiedervereinigung durch Neutralität und eines Friedensschlusses auf dieser Grundlage geradezu mit Entsetzen wie eine unsittliche Zumutung von sich und tat ihr Äußerstes, Viermächteverhandlungen darüber zu verhindern und, als das nicht mehr möglich war, sie zum Scheitern zu bringen. Darin war sie schließlich auch erfolgreich. Aber es war ein Erfolg, für den sie seither nicht aufgehört hat, teuer zu bezahlen, und für den der volle Preis vielleicht immer noch nicht entrichtet ist.

Das russische Angebot der Jahre 1952 bis 1955 wird im allgemeinen nur unter deutschlandpolitischen, nicht unter außenpolitischen Gesichtspunkten diskutiert. Man fragt, ob damals die Wiedervereinigung verspielt worden ist – und übersieht dabei, daß das russische Angebot ja nicht nur ein Wiedervereinigungs-, sondern auch ein Friedensangebot war und daß seine Behandlung, auch wenn aus der Wiedervereinigung nichts wurde, über das künftige Verhältnis zwischen Bonn und Moskau entschied. Auch wenn die Bundesrepublik dem Angebot nicht traute, auch wenn sie – aus Sicherheitserwägungen etwa oder wegen der vermeintlich größeren langfristigen Chancen – das Westbündnis der angebotenen Wiedervereinigung vorzog, hatte sie es nicht nötig, sich zum Vorkämpfer der Ablehnung zu machen, die ausgestreckte russische Friedenshand in geradezu beleidigender Form immer wieder zurückzustoßen und lauthals zu verkünden, daß ihre Forderungen an Rußland weit über die angebotene Wiedervereinigung hinausgingen und daß sie ihre machtpolitische Durchsetzung durch eine »Politik der Stärke« einem friedlichen Ausgleich vorzog. Das tat sie aber – mit dem Ergebnis, sich in russischen Augen fortan als »militaristischer und revanchistischer« Feindstaat zu etikettieren und auch im Westen das Mißtrauen neu zu beleben, daß sie das Westbündnis zu einer Offensivallianz umfunktionieren und die Westmächte für rein deutsche Ziele einspannen wolle. Gerade wenn man annimmt, daß auch ein Eingehen auf das russische Angebot angesichts des Kalten Krieges und der am Kalten Krieg orientierten Politik der Westmächte damals nicht zur Wiedervereinigung geführt hätte, wird man zugeben müssen, daß auch eine diskrete, Türen offenhaltende Bonner Reaktion das Westbündnis nicht gefährdet hätte: Wenn und solange die Westmächte die Bundesrepublik als Bündnispartner haben wollten, hätten sie schon selbst dafür gesorgt, daß die Alternativpolitik einer Wiedervereinigung und Neutralisierung Deutschlands nicht zum Zuge kam.

Der Bündniswert einer Bundesrepublik, die den Draht nach Moskau nicht ganz abreißen ließ, wäre vielleicht sogar für sie gestiegen. Vor allem aber wäre die Bundesrepublik nicht in die Gefahr geraten, mit der doppelten Hypothek russischer Feindschaft und westlichen Mißtrauens belastet zu werden, wenn der Kalte Krieg zwischen West und Ost einmal abflaute und einer Entspannungs- oder Annäherungspolitik Platz machte.

Diese Möglichkeit begann sich bereits deutlich abzuzeichnen, während das russische Friedens- und Wiedervereinigungsangebot noch auf dem Tisch lag, und der bundesrepublikanischen Politik kann der Vorwurf nicht erspart bleiben, damals die Zeichen der Zeit übersehen zu haben. Drei Ereignisse des Jahres 1953 kündigten einen Wandel in der weltpolitischen Großwetterlage an: der Tod Stalins im März, das Ende des Koreakrieges im Juni und vor allem der erfolgreiche Test der ersten russischen Wasserstoffbombe im August. Der Tod Stalins und das innerrussische Tauwetter, das ihm folgte, wurde vor allem in England, vom alten Churchill, fast sofort als Beginn eines neuen Kapitels west-östlicher Beziehungen behandelt; der koreanische Waffenstillstand legte den gefährlichsten aktuellen Brandherd still; die erste Wasserstoffexplosion aber kündigte das Atompatt an, das in den folgenden Jahren den Kalten Krieg langsam, aber sicher abwürgte.

Trotzdem fuhr die Bundesrepublik fort, ihre Politik auf den Kalten Krieg zu gründen, so als sei seine Fortdauer – und seine Zuspitzung bis zum *show-down* – ein Naturgesetz. Sie war gewissermaßen verwöhnt vom Kalten Krieg; ihm verdankte sie ihre Entstehung und ihren raschen Aufstieg vom besiegten und besetzten Feindstaat zum Partner ihrer Besatzungsmächte; noch im Abflauen verhalf er ihr zur erfolgreichen Abwehr der russischen Friedensoffensive und, nach der Ablehnung der Europäischen Verteidigungsgemeinschaft durch dasselbe Frankreich, das sie ursprünglich vorgeschlagen hatte, zur Aufnahme als gleichberechtigtes Vollmitglied in die NATO. Damit aber war der Gipfel ihres Erfolgs erreicht – und überschritten. Dieselbe Politik, die bisher so erfolgreich gewesen war, erwies sich von nun an als unfruchtbar und zunehmend selbstgefährdend. Denn der Wind war umgeschlagen, und die Bundesrepublik hatte versäumt, ihre Segel neu zu setzen. Von nun an hatte sie Gegenwind.

4.

Der Rückblick auf die Außenpolitik der Bundesrepublik in der zweiten Hälfte der fünfziger Jahre ist peinlich. Sie zeichnete sich aus durch auftrumpfende Arroganz bei völliger

Verkennung der wirklichen Lage – durch das also, was die griechischen Tragiker »Hybris« nannten. Während die ersten Divisionen der neuen Bundeswehr langsam aufgestellt wurden – und während sich zwischen Amerika und Rußland das Atompatt festigte –, verbreiteten leitende Politiker der Bundesrepublik den Eindruck, als seien sie im Begriff, nachdem das Mißverständnis des Westkrieges glücklich beseitigt war, im Bunde mit Amerika den Ostkrieg nachträglich zu gewinnen. So erklärte der Verteidigungsminister Strauß, für die neue Bundeswehr gebe es nur einen Fall, den »Fall Rot«, und prahlte, die verbündete amerikanische Atommacht reiche aus, um die Sowjetunion vom Erdboden wegzufegen. Außenminister von Brentano sprach, anläßlich der Tausendjahrfeier der Schlacht auf dem Lechfeld, anzüglich von dem stets erneuerten Kampf des christlichen Abendlandes gegen die Horden des Ostens, und Adenauer selbst nannte 1956 die Sowjetunion in öffentlicher Rede »unsern Todfeind« – eine Äußerung, für die es unter Regierungschefs in Friedenszeiten sonst kein Beispiel gibt.

Es war die Zeit, in der die sogenannte Hallstein-Doktrin proklamiert wurde, mit der die Bundesrepublik allen Staaten, die die DDR anerkannten, die Aufnahme diplomatischer Beziehungen verweigerte beziehungsweise ihren Abbruch androhte – womit sie das ganze sozialistische Osteuropa sozusagen mit Bonner Hausverbot belegte. Praktiziert wurde die Hallstein-Doktrin damals insbesondere gegenüber Polen, das sich nach dem Oktober 1956 vergeblich um Beziehungen mit Bonn bemühte, und gegenüber Jugoslawien, mit dem die Bundesrepublik ein Jahr später die Beziehungen abbrach – zwei Staaten also, denen gegenüber jeder Nachfolgestaat des Deutschen Reichs angesichts des im Zweiten Weltkrieg Geschehenen ganz besonderen Anlaß zu taktvollem und bescheidenem Auftreten gehabt hätte. Die

Sowjetunion selbst mußte der Bundesrepublik diplomatische Beziehungen geradezu aufdrängen, und der Moskauer Botschafter wurde in Bonn jahrelang ignoriert, ja geschnitten. Die Beziehungen zwischen Bonn und Moskau begannen in diesen Jahren wieder denen zwischen Berlin und Moskau in den dreißiger Jahren zu ähneln.

Diese herausfordernde Haltung glaubte sich die Bundesrepublik im Schutze des nun glücklich unter Dach und Fach gebrachten Westbündnisses leisten zu können, das sie mit einer merkwürdig kritiklosen Selbstverständlichkeit als ein Offensivbündnis zur gemeinsamen Durchsetzung aller unbefriedigten deutschen Forderungen im Osten (wenn nicht gar zur nachträglichen Durchsetzung der östlichen deutschen Kriegsziele aus dem Zweiten Weltkrieg) ansah. Adenauer wünschte damals öffentlich, den Ausdruck »Wiedervereinigung« durch den Ausdruck »Befreiung« ersetzt zu sehen, und die »Befreiung« sollte sich, wie er ebenfalls öffentlich erklärte, über alle deutschen und ehemals deutschen Gebiete hinaus auf ganz Osteuropa erstrecken. Zu einer solchen »Befreiungs«-Politik mochte sich die Bundesrepublik durch die Reden des damaligen amerikanischen Außenministers Dulles ermutigt fühlen, der ja ebenfalls wiederholt vom »Zurückrollen« der Russen und von der Notwendigkeit einer »Politik am Rande des Krieges« sprach. Aber Dulles selbst konnte privat auch eine ganz andere Sprache sprechen. Auf der Genfer Gipfelkonferenz des Sommers 1955 zum Beispiel, unmittelbar nach der Aufnahme der Bundesrepublik in die NATO, versicherte er seinem sowjetischen Kollegen, die Russen könnten über die deutsche NATO-Mitgliedschaft ganz beruhigt sein, da sie in erster Linie bedeute, daß die Bundesrepublik unter der Kontrolle der Westmächte bliebe.

Tatsächlich war dies zum mindesten für England und Frankreich, aber zunehmend auch für Amerika, der wirkliche Sinn der Bündnisverträge von 1955. Während die bundesdeutschen Politiker erwarteten, daß die westlichen Verbündeten die ungelöste deutsche Frage zum Brecheisen gegen die russische Nachkriegsposition in Europa machen würden, sahen ihre westlichen Bündnispartner in der Einordnung der beiden Nachfolgestaaten des Deutschen Reichs in die westlichen und östlichen Bündnissysteme gerade die tatsächliche, pragmatische Lösung der deutschen Frage, auf deren Grundlage eine Verständigung mit Rußland über die Erhaltung des europäischen *status quo* möglich wurde. Die Deutschlandregelung von 1955 führte denn auch fast sofort, nicht anders als die zweifache Staatsgründung von 1949, zu einer merklichen Entspannung zwischen den westlichen und östlichen Großmächten; und diesmal kam kein neuer Koreakrieg dazwischen, um die Entspannung wieder zu stören.

Die Bundesregierung fand in den Jahren nach 1955 vielfach Gelegenheit, sich in den westlichen Hauptstädten warnend und bremsend gegen Pläne und Entwicklungen bemerkbar zu machen, in denen sie allzu große Sorglosigkeit und Nachgiebigkeit gegenüber der »bolschewistischen Gefahr« sah und von denen sie nicht wahrhaben wollte, daß sie den tatsächlichen Interessen und Bestrebungen ihrer Bündnispartner entsprangen – Interessen und Bestrebungen, die eben andere waren als die ihren. Die britischen und polnischen Eden- und Rapackipläne für eine beiderseitige Truppenverminderung an der europäischen Demarkationslinie *(disengagement),* der amerikanische Radfordplan für eine einseitige Reduzierung der konventionellen amerikanischen Präsenz in Europa, die amerikanisch-russischen Abrüstungsgespräche des Sommers 1957 – für die Bundesrepublik waren das alles Störungen und Rückfälle, die abzuwenden sie ihren ganzen Einfluß aufbot, auf die Gefahr hin, sich auch in den westlichen Hauptstädten als lästiger Mahner und ewiger Kalter Krieger unbeliebt zu machen. Tatsächlich blieben all diese west-östlichen Annäherungsversuche zunächst ergebnislos, was die Bundesregierung, wenigstens teilweise, als Erfolg auf ihr Konto buchen konnte. Erfolglos blieb dagegen im Jahr 1958 ihr Verlangen, die Bundeswehr mit »gleichwertigen« Waffen wie ihre Verbündeten, also mit Atomwaffen, auszustatten. Die Amerikaner wußten recht wohl, daß eine westdeutsche Atombewaffnung ihnen jeden Ausgleich mit Rußland unmöglich machen, andererseits den Deutschen die Möglichkeit einer kriegerischen Initialzündung eröffnen würde, und speisten ihre deutschen Verbündeten mit einem ironischen Trick ab: Sie erlaubten ihnen, für Milliardenbeträge in Amerika Trägerwaffen einzukaufen, hielten aber die dazugehörenden atomaren Sprengköpfe unter eigenem Verschluß.

Alle diese Erfahrungen hätten die Bonner Regierenden eigentlich bereits darüber belehren können, daß sie mit ihrer Auslegung des Westbündnisses auf dem Holzweg waren. Die wirkliche Desillusionierung aber brachte erst die dreijährige Berlinkrise der Jahre 1958 bis 1961 und ihre Beilegung durch den Bau der Sperrmauer.

War es schon ein Schock für die Bonner Politiker, daß der von ihnen immer erwartete und prophezeite *show-down* die Gestalt eines russischen Berlinultimatums und nicht etwa eines westlichen Deutschlandultimatums annahm, so war die Reaktion der Westmächte auf die russische Initiative ein noch größerer Schock: Denn vom ersten Augenblick an gaben sie deutlich zu erkennen – nicht einmal der damals noch amtierende Dulles machte eine Ausnahme –, daß sie einen Kompromiß suchten und keinen Konflikt. Die lange Krise spielte sich denn auch in den freundlichsten Formen ab; sie war markiert durch eine Kette von Außenminister- und Gipfelkonferenzen sowie ost-westlichen Staatsbesuchen und Rundreisen, in denen beide Seiten nach einem Weg suchten, das letzte bestehende Loch im deutschen *status quo,* die Fluchtschleuse Berlin, zu verstopfen, ohne den Westmächten einen demütigenden Rückzug zuzumuten. Die schließlich – auf der Wiener Gipfelkonferenz zwischen Kennedy und Chruschtschow im Juni 1961 – gefundene Lösung der Krise durch die Sperre zwischen West- und Ost-Berlin wurde den Deutschen nicht einmal im voraus mitgeteilt; man überließ es ihnen, aus der vollzogenen Tatsache ihre Schlüsse zu ziehen.

Während der ganzen Krise waren die oft legalistischen Einwände der Bundesrepublik gegen die alliierte Kompromißsuche in den westlichen Hauptstädten mit steigender Ungeduld aufgenommen und abgewimmelt worden; Kennedy weigerte sich bekanntlich schließlich, den bundesdeutschen Botschafter noch weiter zu empfangen, und verlangte seine Abberufung, weil er ihm auf die Nerven gehe. Der Ausgang der Berlinkrise bedeutete das Ende der Erwartungen, die die Bundesrepublik in das von ihr so heiß erstrebte Westbündnis gesetzt hatte; und es brachte in das Verhältnis der Bundesrepublik zu Amerika und England eine Abkühlung, die seither nie wieder ganz rückgängig gemacht worden ist.

Ähnlich wie das Kapitel der russischen Wiedervereinigungsangebote von 1952 bis 1955 ist die Berlinkrise der Jahre 1958 bis 1961 im allgemeinen mehr unter deutschland- als unter außenpolitischen Gesichtspunkten betrachtet worden. Gewiß war ihr deutschlandpolitisches Ergebnis sehr bedeutsam, denn die Verstopfung der Fluchtschleuse Berlin machte die DDR endgültig unverwundbar und befähigte sie in den folgenden Jahren, mit der Bundesrepublik ernsthaft in wirtschaftliche und gesellschaftspolitische Konkurrenz zu treten. Aber wichtiger noch als dieses örtliche Ergebnis war der

Aufschluß, den die Berlinkrise, ihre Behandlung und ihr Ausgang, über das gewandelte Verhältnis der Großmächte gab. Die Berlinkrise bewies allen, die es vorher nicht hatten bemerken wollen, daß dieses Verhältnis nicht mehr vom Kalten Krieg bestimmt war und daß insbesondere zwischen den beiden Supermächten Amerika und Rußland sich statt dessen eine Art zunächst widerwilliger Partnerschaft herausgebildet hatte.

Die Ursache dieser gewandelten Beziehung zwischen den Großmächten war das Atompatt – also die von beiden Seiten im Laufe der fünfziger Jahre erworbene Fähigkeit totaler gegenseitiger Vernichtung und die daraus folgende Einsicht, daß ein kriegerischer Austrag von Konflikten zwischen ihnen in Zukunft bei Todesstrafe vermieden werden müsse. Damit war nicht nur der territoriale *status quo* in Europa – also auch die deutsche Zweistaatlichkeit – für beide unantastbar geworden, sondern der Sinn der beiderseitigen Bündnissysteme hatte sich unvermeidlich geändert. Sie waren jetzt in erster Linie zu Instrumenten der Zähmung und Kontrolle der jeweiligen Verbündeten und zur Verhinderung eines durch örtliche Streitigkeiten unter ihnen gegen den Willen der Supermächte ausgelösten Kriegsfalls geworden. Niemand war davon stärker betroffen als die Deutschen – die einzige geteilte Nation in Europa – und insbesondere die Bundesrepublik – der einzige Staat mit territorialen Ansprüchen gegen andere Staaten in Europa.

Das Westbündnis, von dem sie sich die machtpolitische Durchsetzung dieser Ansprüche versprochen hatten, war unter der Hand zur unverbrüchlichen Garantie ihrer Nichtdurchsetzung geworden.

Die Enttäuschung darüber, die sich in den Jahren nach dem Berliner Mauerbau in der Bundesrepublik langsam ausbreitete, war verständlich. Weniger verständlich war die Folgerung, die man aus dieser Enttäuschung zog: nämlich das Bestreben, das Atompatt, das ja um die Bundesrepublik keinen Bogen machte – sie wäre in einem mit Atomwaffen geführten europäischen Krieg sogar das erste Land und Volk, das sicherer und totaler Ausrottung verfallen würde –, irgendwie zu ignorieren oder zu unterlaufen. Die Ahnungslosigkeit, was das Atompatt wirklich bedeutete, hatte sich am naivsten in Adenauers berühmtem Ausspruch aus dem Jahr 1958 niedergeschlagen, die Atomwaffen seien nichts weiter als eine Fortentwicklung der Artillerie. Dieselbe Ahnungslosigkeit aber lag in den Bestrebungen der sechziger Jahre, doch noch irgendwie, durch eine »europäische Option« oder durch Zusammenarbeit mit außereuropäischen Ländern, selbst in den Besitz von Atomwaffen zu gelangen, und den damit verbundenen Hoffnungen, im Eigenbesitz von Atomwaffen das Atompatt durchbrechen zu können – gerade als ob seine Gesetze für die Bundesrepublik nicht gälten und als ob jeder Versuch atomarer Machtpolitik seitens der Bundesrepublik nicht auf einen kollektiven Totalselbstmord (das Wort im drastischsten, biologischen Sinne verstanden) hinausliefe. Es waren diese Spekulationen gewisser bundesdeutscher Politiker (und die auf sie gegründete sinnlose Opposition gegen den Atomsperrvertrag der Großmächte), die in den sechziger Jahren mitunter an der geistigen Gesundheit von Männern zweifeln ließen, denen das deutsche Wahlvolk immer noch maßgebenden Einfluß auf seine Geschicke einräumte.

Das Atompatt hatte der Außenpolitik der Bundesrepublik – der Außenpolitik des »mit dem Westen gegen Rußland« – die Grundlage entzogen; denn das Atompatt hatte die Frontstellung des Westens gegen Rußland (und *vice versa*) zwangsläufig beendet. Mit dem Verlauf und Ausgang der Berlinkrise war das jedem sichtbar geworden, und damit war die bisherige Außenpolitik der Bundesrepublik gescheitert. Es wäre jetzt Zeit gewesen, dieses Scheitern – das ja durch höhere Gewalt verursacht und insofern keine Schande war – offen einzugestehen, von den bisherigen Konzeptionen und Zielsetzungen öffentlich abzurücken und, womöglich mit neuen Männern, eine neue Politik zu betreiben, die den neuen Realitäten gerecht wurde: also eine Politik der Friedensbewahrung, der Selbsterhaltung und der Anerkennung des unabänderlich gewordenen *status quo,* in dem ja die Bundesrepublik einen durchaus nicht unbehaglichen Platz hatte.

Zu einer solchen Revision der bundesrepublikanischen Außenpolitik kam es aber weder in den letzten Regierungsjahren Adenauers noch unter der Regierung seiner beiden Nachfolger. Vielmehr versuchte die Bundesrepublik in den sechziger Jahren, unter Wahrung ihrer nunmehr rein akademisch gewordenen Rechtspositionen und ihrer unrealisierbar gewordenen Ansprüche, die Politik, die auf der breiten Hauptstraße des Kalten Krieges und des Westbündnisses nicht zum Ziel geführt hatte, auf zwei verschlungenen Um- und Nebenwegen doch noch vorwärtszubringen.

5.

Die beiden Um- und Seitenwege, die die Bonner Außenpolitik in den sechziger Jahren einschlug, hießen »Europa« und »Neue Ostpolitik«. Der eine kennzeichnete die erste, der andere die zweite Hälfte des Jahrzehnts.

Der Gedanke einer engeren Einheit Westeuropas, eines westeuropäischen Bundesstaates, hatte in der bundesrepublikanischen Politik immer eine Rolle gespielt, war aber in den fünfziger Jahren hinter dem Gedanken des größeren Westbündnisses, insbesondere der Anlehnung an die Supermacht Amerika, zurückgetreten. Nach der Enttäuschung, die

Amerika der Bundesrepublik in der Berlinkrise bereitet hatte, und dem Unübersehbarwerden dessen, was Bundeskanzler Kiesinger die »atomare Komplizenschaft« der beiden Supermächte nannte, lebte er wieder auf.

Ein Bundesstaat Westeuropa, selbst wenn er ins Leben zu rufen wäre, würde zwar immer eine geringere Macht als Amerika (und Rußland) darstellen, dafür aber, nach Meinung seiner westdeutschen Befürworter, solidarischer in seinen Interessen sein und insbesondere eher bereit sein, sich das deutsche Streben nach einer Änderung des europäischen *status quo* und einer Zurückdrängung Rußlands aus Osteuropa zu eigen zu machen. Ob diese Rechnung selbst theoretisch stimmte, ist zweifelhaft: Dem westeuropäischen Interesse an einer Öffnung Osteuropas stand das Interesse fast aller europäischen Staaten entgegen, nicht wieder ein überwältigend starkes Deutsches Reich von 80 Millionen in der Mitte Europas zu haben – ein Reich, mit dem ja fast alle im Zweiten Weltkrieg fürchterliche Erfahrungen gemacht hatten. Immerhin glaubte man, in Bonn an gewisse gesamteuropäische Ressentiments appellieren zu können, die auf den Verlust der europäischen Überseeimperien und das allgemeine Absinken der europäischen Weltgeltung zurückgingen. Vor allem aber glaubte man, in dem Frankreich de Gaulles einen Partner für eine »europäische« Politik und in einer deutsch-französischen Union die Keimzelle einer neuen Großmacht Europa gefunden zu haben. Der deutsch-französische Freundschaftsvertrag von 1963 war Adenauers Antwort auf die Enttäuschung, die Kennedys Amerika ihm in der Berlinkrise bereitet hatte.

Aber dieser Vertrag blieb eine politische Totgeburt, die anvisierte deutsch-französische Union kam nie auch nur in Sichtweite, zu schweigen von dem westeuropäischen Bundesstaat, der sich um sie herum kristallisieren sollte und der

immer im Bereich unverbindlicher Gedankenspiele und Biertischphantasien blieb. Der lange Flirt zwischen Adenauer und de Gaulle, der in den frühen sechziger Jahren den Zeitungen soviel politischen Unterhaltungsstoff bot, beruhte auf einem sorgfältig kultivierten gegenseitigen Mißverständnis. Zwar hatte de Gaulle in der Berlinkrise eine härtere Haltung gezeigt als die Amerikaner und Engländer – wohl wissend, daß er damit den auch von ihm gewünschten Kompromiß nicht verhinderte, aber in Bonn Kredit sammelte. Wohl hatte er die gegenseitige Lähmung der beiden Supermächte benutzt, um für Frankreich neue internationale Bewegungsfreiheit zu gewinnen. Auch traf es zu, daß er dieser selbständigeren französischen Politik gern ein europäisches Etikett gab und daß er die Bundesrepublik dabei als Verstärkung des französischen Gewichts mitzuziehen bestrebt war. Aber das »europäische Europa«, das de Gaulle proklamierte und das er von der Vormundschaft der Supermächte zu lösen hoffte oder wenigstens versprach, war nicht der Bundesstaat Europa, der den Bonner Europäern als dritte oder vierte Großmacht vorschwebte, sondern ein »Europa der Staaten« – eine lose Interessengemeinschaft unter diskreter französischer Führung. Und die selbständige Politik, die er an der Spitze Frankreichs inaugurierte und für die er die Bundesrepublik einzuspannen hoffte, war keine Politik der Zurückdrängung Rußlands, sondern im Gegenteil eine mit Amerika konkurrierende, selbständige französische Annäherungspolitik an Rußland, von der er sich eine Öffnung Osteuropas versprach.
Der Gegensatz der französischen und der deutschen Europavorstellungen wurde trotz aller Verbrüderungsszenen und Formulierungskünste schnell unübersehbar, und um die Mitte der sechziger Jahre stellte sich die deutsch-französische Europapolitik allgemein als das Luftgebilde heraus, das sie

immer gewesen war. Man ließ sie in Bonn stillschweigend fallen. An ihre Stelle trat etwas, das als »Neue Ostpolitik« firmierte und dessen Urheber der Außenminister der Regierung Erhard, Schröder, war, der auch für die Beisetzung der deutsch-französischen Europapolitik sorgte.

Die »Neue Ostpolitik« verfolgte dasselbe Ziel wie die alte Westpolitik: die Zurückdrängung Rußlands und die Ausdehnung der Bundesrepublik mindestens bis zur Ostgrenze der DDR; aber sie verfolgte es mit neuen Methoden. Sie ging, realistisch genug, davon aus, daß das Atompatt jeden westlichen Druck auf Rußland unmöglich gemacht hatte und daß eine »Politik der Stärke« gegen Rußland nicht mehr möglich war. Sie gründete ihre Rechnung vielmehr darauf, daß das Ende des Kalten Krieges in beiden Blöcken Auflösungstendenzen und verstärkte nationale Selbständigkeitsbestrebungen erzeugt hatte; ihr Ziel war, durch eine geschickte Ausnutzung solcher Tendenzen und Bestrebungen unter den Ostblockstaaten die DDR zu isolieren und die Sowjetunion schließlich zur Preisgabe der DDR zu nötigen. Während die Adenauerregierung, insbesondere durch die Hallstein-Doktrin, den gesamten Osten vom diplomatischen Verkehr mit der Bundesrepublik ausgeschlossen hatte, suchten ihre Nachfolger zu differenzieren und mit einzelnen Ostblockländern – insbesondere solchen, die ohnehin Streitigkeiten und Reibereien mit der Sowjetunion hatten – diplomatische und wenn möglich freundschaftliche Beziehungen herzustellen.

Was diese Politik außer acht ließ, war nicht nur die zu erwartende Gegeneinwirkung der Sowjetunion. Es war insbesondere die Schwäche der Bundesrepublik, wenn sie im unmittelbaren sowjetischen Machtbereich zu operieren versuchte, und das krasse Mißverhältnis zwischen den angestrebten Zielen und den zur Verfügung stehenden Mitteln. Der »Neuen Ostpolitik« fehlte Augenmaß. Der Versuch, durch Einwirkung auf Bukarest, Budapest oder Prag Moskau zum Rückzug aus Deutschland zu zwingen, hatte von vornherein etwas Groteskes – etwa wie der Versuch, einen Elefanten durch ein Bombardement mit Tennisbällen in die Flucht zu jagen. Die ganze Konzeption zeigte schon im Ansatz die wahrhaft verzweifelte Lage, in die sich die bundesdeutsche Politik der gesamtdeutschen Fiktionen und der antirussischen Fixierungen in der Mitte der sechziger Jahre gedrängt sah. Die »Neue Ostpolitik« war der Verzweiflungswurf eines unglücklichen Spielers, der, nach ständigen Verlusten, den ganzen Rest seines geschrumpften Kapitals auf einen krassen Außenseiter setzte. Was Washington nicht zustande gebracht hatte, was mit Paris nicht durchzusetzen gewesen war – jetzt sollte Bukarest es schaffen!

Die (folgenlose) Herstellung diplomatischer Beziehungen mit Rumänien blieb in der Tat der einzige Erfolg dieser »Neuen Ostpolitik« – wenn man nicht einen Nebeneffekt dieser Politik in dem gereizten Mißtrauen erblicken will, mit dem Moskau im Jahr 1968 die innenpolitischen Experimente der Tschechoslowakei verfolgte und das schließlich zu der militärischen Intervention vom 21. August führte.

Obwohl nie offiziell aufgegeben, dürfte die »Neue Ostpolitik« der sechziger Jahre heute ebenso zu den Akten gelegt sein wie die Europapolitik, für die de Gaulle und der späte Adenauer gemeinsam firmierten.

6.

An ihre Stelle ist, nach dem Bonner Regierungswechsel vom Oktober 1969, nunmehr eine wirklich neue Ostpolitik getreten: nämlich der erste Versuch einer bundesrepublikanischen Regierung, mit den für Deutschland wirklich maßgebenden Mächten des Ostens, also der Sowjetunion, Polen und der DDR, ins Gespräch zu kommen und auch im Osten

Frieden zu machen, so wie Adenauer im Westen immerhin Frieden gemacht hat.
Der Versuch ist überfällig. Fällig wäre er spätestens vor acht Jahren gewesen. Ob er gelingen wird, läßt sich noch nicht sagen. Zwei große Hindernisse, ein äußeres und ein inneres, stehen seinem Gelingen entgegen. Das äußere ist die furchtbare Masse an Feindschaft, Furcht und Mißtrauen, die das Deutsche Reich im Zweiten Weltkrieg im Osten (im Osten weit mehr als im Westen) aufgehäuft und die die Bundesrepublik in den ersten zwanzig Jahren ihres Bestehens durch ihre rigoros antiöstliche Politik noch vermehrt hat. Das innere ist die eingewurzelte, seit fast vierzig Jahren immer wieder neu aufgeputschte deutsche Einstellung, die, ob sie sich nun als Russenhaß, Polenhaß oder Kommunistenhaß deklariert, immer auf das hinauskommt, was Taylor den »hartnäckigen deutschen Vernichtungswillen gegen alles Östliche« genannt hat. Es wird schwer sein für die Regierung Brandt, mit solcher Gesinnung im Rücken Versöhnung zu stiften, wo fast vierzig Jahre lang Haß gesät worden ist.
Und es wird unmöglich sein, wenn man mit dem Streben nach Versöhnung immer noch die Verfolgung solcher Ziele verbindet, die Versöhnung unmöglich machen. Leider scheint es, als ob Brandt, vielleicht mit Rücksicht auf das in der Bundesrepublik immer noch weitverbreitete »Taylor-Syndrom«, diese fatale Verbindung wenigstens verbal aufrechtzuerhalten sucht. Man muß sich aber vollkommen klar darüber sein: Der Erfolg der Brandtschen Ostpolitik kann nicht darin bestehen, das zu erreichen, was Adenauer und seine Nachfolger in zwanzig Jahren nicht erreicht haben, also eine Veränderung des *status quo* zu westdeutschen Gunsten. Wenn Brandt durch Anerkennung des *status quo* – wobei die Anerkennung der DDR offensichtlich der Schlüssel zu allem übrigen ist – das erreicht, was die Bundesrepublik bisher

nie erstrebt hat, nämlich Frieden im Osten, entspannte und gutnachbarliche Beziehungen zur sozialistischen Welt und Rundumsicherheit der Bundesrepublik in ihren bestehenden Grenzen, dann wäre das, nach allem, was in den letzten zwanzig Jahren geschehen ist, Erfolg genug – ja, ein ans Wunderbare grenzender Erfolg.

Es ist dieser Erfolg, den der frühere Bundeskanzler Kiesinger immer noch als »Kapitulation« zu bezeichnen liebt. Aber das, was Kiesinger »Kapitulation« nennt, nämlich der Friede mit dem Osten durch Anerkennung des längst Unabänderlichen, kann für die Bundesrepublik in einer voraussehbaren Situation existenznotwendig und existenzrettend werden: dann nämlich, wenn Amerika nach dem Vietnamkrieg sein europäisches Engagement ebenso wie sein asiatisches abbaut. Viele amerikanische Stimmen kündigen einen solchen Abbau bereits an. Wenn die Bundesrepublik mit dem Friedensschluß im Osten wartet, bis die Amerikaner gegangen sind, wenn sie sich zu lange an ihre illusionären Zielsetzungen und gehätschelten Rechtsfiktionen klammert, kann es zu spät sein.

Wo Bismarck und Adenauer scheiterten

Die Erfolge der Außenpolitik Brandts

Die historische Tat Brandts ist, den Kalten Krieg für Deutschland und in Deutschland beendet zu haben. Vor Brandt waren die Beziehungen der Bundesrepublik zur Sowjetunion so schlecht, daß einem mitunter angst und bange werden konnte; heute sind sie geradezu gut zu nennen. Auch die Beziehungen zu Polen und zur DDR waren miserabel; heute sind sie auf dem Wege der Besserung. Vor Brandt war Berlin ein ewiger Krisenherd, heute hat es Ruhe und Sicherheit.

Das alles, samt den menschlichen Erleichterungen, die es mit sich bringt, hat Brandt erreicht, ohne die guten Beziehungen der Bundesrepublik mit Amerika und mit den westeuropäischen Nachbarn irgendwie abzukühlen. Im Gegenteil, erst Brandts Ostpolitik hat die Bundesrepublik in den schon lange laufenden amerikanisch-sowjetischen Entspannungsprozeß endlich harmonisch eingefügt; und erst Brandt hat das unterschwellige Mißtrauen gegen Deutschland in London und Paris, Brüssel und Den Haag so weit abbauen können, daß die stagnierende westeuropäische Einigungsbewegung wieder in Gang kommen konnte.

Es mag überraschend klingen, aber es ist die schlichte Wahrheit: Niemals hat ein deutscher Staat einen Regierungschef gehabt, der gleichermaßen in Ost und West soviel Ansehen und Vertrauen genoß – und seinem Land soviel Ansehen und Vertrauen verschaffte – wie Willy Brandt. Weder Adenauer noch Bismarck haben dieses Kunststück geschafft. Adenauers Aussöhnung mit dem Westen ließ die Feindschaft mit dem Osten nicht nur bestehen, sondern vertiefte sie; und Bismarck stiftete nicht nur eine drei Generationen lange Erbfeindschaft mit Frankreich, sondern entfremdete auf die Dauer auch Rußland, so daß bei seinem Abgang die russisch-französische Allianz gegen Deutschland so gut wie fertig war. Brandt ist der erste deutsche Staatsmann, der Freundschaft nach Westen mit Aussöhnung nach Osten unter einen Hut gebracht und seinem Staat die optimale Position verschafft hat, die seine Lage erlaubt. Es ist eine einmalige Leistung, fast so etwas wie die Quadratur des Kreises, und die Geschichte wird sie nicht vergessen.

Die Geschichte wird freilich auch nicht vergessen, daß es gerade diese Leistung war, die Brandt seine parlamentarische Mehrheit gekostet hat – und wird daran die skeptische Frage knüpfen, ob die Deutschen genug politischen Sinn haben, um ihre großen Staatsmänner zu verstehen und gewissermaßen zu verdienen. Denn daran ist nicht zu rütteln: Der Abfall der Mendes und Hupkas, soweit er überhaupt politische und nicht private Gründe gehabt hat, war ein Protest gegen Brandts Ostpolitik und ein Versuch, diese Politik zu sabotieren. Dieser Versuch hat die Ratifizierung der Ostverträge nicht verhindern können. Aber er hat immerhin ein parlamentarisches Patt und vorzeitige Neuwahlen erzwungen, und er kann immer noch gelingen, wenn der Wähler sich für die Mendes und Hupkas und gegen Brandt entscheidet. Denn mit der Ratifizierung der Verträge von Moskau und Warschau ist die Ostpolitik ja nicht abgeschlossen: Damit hat sie erst angefangen.

Mit Ost-Berlin ist ein entsprechender Grundvertrag noch in Arbeit, und die Früchte der Ausgleichspolitik nach Ost und West können erst auf den bevorstehenden großen europäischen Sicherheits- und Truppenreduzierungskonferenzen geerntet werden. Es geht in den Wahlen dieses Herbstes um diese eine Frage und keine andere: Ob Brandt seine erfolg-

reich begonnene Friedenspolitik fortsetzen und vollenden kann oder nicht.
Alles andere ist Vernebelungstaktik. Keine Regierung kann die Preise herunterbringen – jedenfalls nicht ohne eine Dr.-Eisenbarth-Kur absichtlich herbeigeführter Arbeitslosigkeit, die ich auch der CDU/CSU nicht zutrauen möchte. Und wenn die CDU/CSU sich über ausgebliebene Reformen der SPD/FDP-Koalition ereifert – sie selbst will diese Reformen ja am allerwenigsten! Aber die Ostpolitik bremsen, das will sie wirklich – und noch leidenschaftlicher wollen es die Renegaten, mit deren Hilfe sie Brandt um seine Parlamentsmehrheit gebracht hat und jetzt um seine Wählermehrheit bringen möchte. Mit allen Mitteln strebt sie zurück in die vertraute Welt des Kalten Krieges und der »gesamtdeutschen« Illusionen, mit deren Hilfe es sich so lange und so bequem regieren ließ.
Die Frage, die die Herbstwahlen von 1972 beantworten müssen, ist, ob es für solche Illusionen in der Bundesrepublik noch eine Wählermehrheit gibt. Wer es gut mit der Bundesrepublik meint, kann nur hoffen, daß die Antwort ein eindeutiges »Nein« ist.

Zweifel an Freund und Feind

Deutschland zwischen den Supermächten

Der wirklich entscheidende Einschnitt und Umbruch, den das Jahr 1945 in der deutschen Geschichte bewirkt hat, ist nicht so sehr innenpolitisch als außenpolitisch; wenn das Wort nicht verpönt wäre, könnte man sagen: geopolitisch. Innenpolitisch gibt es zwischen dem Deutschen Reich und der Bundesrepublik durchaus Kontinuität. In der Bundesrepublik sind einfach die demokratischen und liberalen Ideen zur vollen Entfaltung gekommen, die es im Ansatz durchaus schon im Kaiserreich gab und die in der Weimarer Republik schon einmal auf etwas andere Art verwirklicht gewesen waren. Ein alter Bundesbürger, der im Kaiserreich geboren und in der Weimarer Republik aufgewachsen ist, findet sich in der Bundesrepublik innenpolitisch ohne weiteres zurecht. Aber außenpolitisch hat er von Grund auf umlernen müssen, und dieser Prozeß des Umlernens und Umdenkens ist immer noch im Gange.
Zweierlei hat sich verändert: Das eine weiß jeder – Deutschland ist geteilt. Das andere weiß immer noch nicht jeder, es dringt nur allmählich ins Bewußtsein, aber es ist vielleicht die noch größere Veränderung, die den politischen Charakter der Deutschen noch tiefer umgeformt hat und immer noch weiter umformt: Die beiden Staaten, aus denen Deutschland heute besteht, leben in einem ganz anderen politischen Umfeld und haben zu diesem Umfeld ganz andere Beziehungen als das Deutsche Reich. Sie spielen außenpolitisch eine ganz andere Rolle und haben sich ganz neu orientieren müssen. Diese Neuorientierung ist immer noch nicht ganz abgeschlossen.

Das Deutsche Reich Bismarcks war ein Reich der Mitte, und es war eine Großmacht. Die Bundesrepublik ist keine Großmacht mehr. Das sieht jeder; aber sie ist außerdem kein Reich der Mitte mehr, sondern ein Grenz- und Randstaat, die äußerste vorgeschobene Grenzmark eines neuen westlichen Staatensystems, in das sie fest eingefügt ist und in dem Amerika maßgebend ist. Umgekehrt ist der andere deutsche Staat, die DDR, die äußerste vorgeschobene Grenzmark eines neuen östlichen Staatensystems, in dem die Sowjetunion das Sagen hat. Es ist übrigens diese feste Anbindung der beiden deutschen Staaten an zwei Supermächte und ihre Bündnissysteme, die ihre Wiedervereinigung oder Neuvereinigung für die absehbare Zukunft unmöglich macht – weit mehr als ihre innen- und gesellschaftspolitischen Unterschiede. Über die wäre in einer anderen Weltlage vielleicht hinwegzukommen.

Aber diese andere Weltlage ist nicht in Sicht, und die Deutschen haben nicht einmal ein Interesse daran, sie herbeizuführen, wie wir noch sehen werden. Für alle vorhersehbare Zukunft, vielleicht für ein Jahrhundert, vielleicht noch länger, müssen sie sich in ihrer neuen Lage, geteilt zwischen zwei Weltmächten, so gut es geht einrichten. Das gilt für die DDR, und es gilt ebenso für die Bundesrepublik, die dabei ja das bessere Los gezogen hat.

Das Los der Bundesrepublik ist nämlich wirklich so übel nicht. Man könnte sogar sagen, daß sie in mancher Beziehung besser dran ist, als das Deutsche Reich es war. Nicht in jeder natürlich. In der Bundesrepublik leben mehr als drei Viertel der Einwohner des untergegangenen Reiches, aber sie leben nur auf ungefähr der halben Fläche. Und ihre Ostgrenze, hinter der das andere Viertel der ehemaligen Reichsdeutschen lebt, ist eine unbehagliche, ja blutende Grenze, an der es immer wieder tragische Zwischenfälle gibt; potentiell eine feindliche Grenze. Aber damit sind wir auch schon bei der anderen Seite der Medaille. Das Deutsche Reich hatte in Friedenszeiten keine blutende Grenze, aber potentiell feindliche Grenzen, Militärgrenzen, hatte es nicht nur auf einer Seite, sondern rundherum. Es wurde, wie ein neuerer amerikanischer Historiker festgestellt hat, eingekreist geboren. Es war umgeben von fünf Großmächten. Es war stärker als jede einzelne von ihnen, aber schwächer als die Koalitionen, die sie miteinander eingehen konnten; und gerade weil es stärker war als jeder einzelne von ihnen, neigten sie dazu, schon aus Sicherheitsgründen, solche Koalitionen gegen das Reich zu bilden.

Bismarck hat diese Neigung mit ungeheurer Mühe und ungeheurer Kunst zwanzig Jahre lang hintangehalten. Aber bald nach seinem Abgang kam das französisch-russische Bündnis zustande, ein Jahr später bildete sich die englisch-französisch-russische Dreier-Entente, und im Ersten Weltkrieg schloß sich auch Italien der feindlichen Kombination an. Feinde ringsum! Woran auch die deutsche Politik ihren Anteil hatte. Aber auch die war aus der geopolitischen Lage des Deutschen Reichs nur allzu leicht zu erklären. Schließlich war es die stärkste der europäischen Großmächte jener Zeit, stärker als jede andere einzelne an und für sich genommen; und was lag näher als die Versuchung, diese Stärke zu nutzen, um bei sich bietender Gelegenheit den Ausbruch und Durchbruch zu wagen und den Ring, der sich um Deutschland zusammenschloß, zu sprengen! Das merkten die anderen und schlossen, schon aus purem Selbsterhaltungstrieb, den Ring nur immer fester. Der Krieg von 1914 war dem Deutschen Reich durch die Geographie und Machtverhältnisse sozusagen in die Wiege gelegt; auch die Niederlage von 1918. Vom Zweiten Weltkrieg, der mehr als der Erste ein reiner deutscher Angriffs- und Eroberungskrieg war, wollen wir in diesem Zusammenhang gar nicht erst reden.

Von allen diesen Gefahren und Versuchungen des Deutschen Reichs ist die Bundesrepublik frei. Die Bundesrepublik hat im Westen, Norden und Süden keine potentiellen Feinde mehr, nur Verbündete. Sie lebt, seit es sie gibt, angelehnt an mächtige Freunde in einem westeuropäischen und atlantischen Verbund und Bündnis, in dem es sich sehr gut lebt. Nicht nur materiell. Das Materielle wollen wir auch nicht vergessen. Schließlich war es keine Selbstverständlichkeit, daß es den Deutschen in der Bundesrepublik so bald nach einem so schrecklichen Kriege und einem so fürchterlichen Zusammenbruch bessergehen würde als je zuvor, und noch weniger war es eine Selbstverständlichkeit, daß die siegreichen Amerikaner ihren Teil des besiegten Deutschlands mit Care-Paketen durchfüttern und mit Marshall-Hilfe wieder auf die Beine stellen würden. Natürlich taten sie das nicht aus reiner Menschenfreundlichkeit; keine Großmacht handelt aus reiner Menschenfreundlichkeit, sondern aus politischem Kalkül. Aber gerade dieses politische Kalkül der Amerikaner war für die besiegten Deutschen äußerst günstig und traf sich mit ihren damals heißesten Wünschen. Als sich die Amerikaner in den Jahren 1947/48 entschlossen, in Umkehrung ihrer Kriegspolitik in Westeuropa gegen die Sowjetunion einen Damm zu errichten, dessen unentbehrliches Schlußstück die Westzonen des besiegten und besetzten Deutschlands bilden mußten, da wurden die Gebete vieler Deutscher erhört. Nur so konnte aus einem besiegten und besetzten Land in knapp zehn Jahren wieder ein gleichberechtigtes werden, aus einem in drei Zonen aufgeteilten, unter fremder Militärherrschaft stehenden Gebiet wieder ein selbstregierter Staat, und aus einem Volk, das sich überall verhaßt gemacht hatte, ein, wenn auch immer noch nicht eigentlich beliebtes, so doch akzeptiertes und geachtetes. Dies alles freilich um den Preis der Teilung. Und zwar einer sehr ungleichen Teilung. Gewiß, auch aus der sowjetischen Besatzungszone wurde 1949 wieder ein deutscher Staat, auch die DDR erhielt 1955 im Warschauer Pakt den Status eines gleichberechtigten Verbündeten zugebilligt, der im selben Jahr der Bundesrepublik in der NATO zuteil wurde, und auch der DDR würde das, was das Deutsche Reich ihren nunmehrigen Verbündeten im Kriege angetan hatte, allmählich sozusagen verziehen. Auch die DDR lebt heute nicht eingekreist, sondern angelehnt an Verbündete und mit einer mächtigen Schutzmacht im Rücken, auch die DDR hat nur *eine* Militärgrenze. Äußerlich sieht alles spiegelbildlich aus; innerlich gibt es zwei gewaltige Unterschiede.

Der eine betrifft das Materielle. Der Bundesrepublik wurde von ihren Siegermächten, die dann Bundesgenossen wurden, nach kurzer Zeit des Schwankens volle wirtschaftliche Entfaltungsfreiheit gewährt; sie erhielt in ihrer Entstehungszeit sogar amerikanische Aufbauhilfe, und sie wurde bald eines der reichsten Länder der Welt. Die DDR wurde noch Jahre über die Staatsgründung hinaus zu Reparationszwecken regelrecht ausgeplündert, ihr Osthandel wickelt sich heute noch zu sehr ungleichen, für sie ungünstigen Zahlungsbedingungen ab, und sie lebt im Vergleich zur Bundesrepublik immer noch in dürftigen Verhältnissen, ohne Aussicht, daß sich daran etwas Wesentliches ändern wird. Dies trotz einer Achtung gebietenden Arbeits- und Aufbauleistung ihrer Bevölkerung, die sich mit der der Bundesrepublik durchaus messen kann.

Wichtiger noch als das materielle Gefälle zwischen Bundesrepublik und DDR ist etwas anderes: Die Bundesrepublik wird von der großen Mehrheit ihrer Bevölkerung innerlich akzeptiert, die DDR nicht. Aus der Bundesrepublik gibt es praktisch keine Republikflucht. Die DDR verlor in den ersten zwölf Jahren ihrer Existenz, bis sie ihre Grenze zumauerte, alljährlich Hunderttausende ihrer Bewohner durch Abwanderung. Und noch heute, bei streng geschlossener Grenze, schlagen sich jedes Jahr ein paar tausend auf abenteuerliche Weise nach Westen durch. Dieser »Zug nach dem Westen« ist ein Grundzug der neuen deutschen Geschichte. Er setzte schon in einer Schlußphase des Krieges ein, und er hat nach dem Kriege nicht aufgehört, noch heute nicht. Schon im Winter 1945 flohen die Menschen vor den vorrückenden russischen Armeen in großen tragischen Trecks nach Westen; vor den einrückenden Amerikanern, Briten und Franzosen gab es keine entsprechende Fluchtbewegung nach Osten. Nach 1945 hielt diese Ost-West-Wanderung fast unvermindert an, auch nach 1949 und nach 1955, und daß die Bereitschaft immer noch weiterbesteht, beweist die DDR durch die umständlichen und kostspieligen Sperranlagen, die sie dagegen für nötig hält.

Dieser neudeutsche Ost-West-Drang ist kein geographisches Phänomen, sondern ein politisches. Die Sachsen und Thüringer, Brandenburger und Mecklenburger lieben ihre Heimat nicht weniger als die Bayern und Schwaben, Niedersachsen und Rheinländer. Wenn sie sie trotzdem massenhaft verlassen haben und oft noch zu verlassen wünschen, dann schlicht gesagt darum, weil sie nicht Kommunisten sein wollen. Stalin hat einmal gesagt: »Der Kommunismus paßt den Deutschen wie der Sattel der Kuh.« Das ist ein wahres Wort, das seine Wahrheit immer noch erweist. Die Deutschen, in Ost und West, wollen keine Kommunisten sein oder werden müssen. Das ist es, was die Bundesrepublikaner – nicht nur die Regierung, sondern gerade auch das Volk – im tiefsten Grunde immer noch fest beim amerikanischen Bündnis hält, trotz aller Enttäuschungen und allen Ärgers, die sich nachgerade in diesem Bündnis aufgestaut haben. Und das ist es, was das Volk der DDR – nicht freilich die Regierung – immer noch zu einem unwilligen Verbündeten der Sowjets macht, der sich mit seinem Los höchstens im Wege der Resignation abgefunden hat und innerlich unzufrieden bleibt. Gerade das wiederum bindet die Regierung der DDR um so fester an ihre sowjetische Schutzmacht, ohne die sie sich wahrscheinlich auf die Dauer nicht halten könnte. Schlechte Aussichten für eine Wiedervereinigung.

Gute Aussichten für eine Wiedervereinigung hat es, nachdem die Teilung einmal vollzogen war und sich in so vielfacher Hinsicht bewährt hatte – auch für die Mehrheit der Deutschen bewährt hatte –, eigentlich nie mehr gegeben. Immerhin gab es einmal, 1952, noch unter Stalin ein russisches Wiedervereinigungsangebot, und es blieb unter seinen Nachfolgern noch zwei Jahre lang, bis 1955, auf dem Tisch. Es war wahrscheinlich sogar ehrlich gemeint, denn es entsprach, wie die Dinge damals lagen, durchaus den Interessen der Sowjetunion. Sein Zweck war, die Einbeziehung der Bundesrepublik in die NATO zu verhindern; statt dessen sollte ein wiedervereinigtes Deutschland einen neutralen Puffer zwischen den amerikanischen und sowjetischen Bündnissystemen in Europa bilden. Das hätte, wie man im Rückblick mit einiger Sicherheit sagen kann, die NATO zu einem schwächlichen, auf die Dauer wahrscheinlich nicht lebensfähigen Gebilde gemacht und die Amerikaner früher oder später zum Rückzug auf die westliche Hemisphäre genötigt. Gerade darum war es für die Amerikaner von vornherein unannehmbar, und aus einem anderen Grund war es das auch für die Engländer und Franzosen und die kleineren europäischen Nachbarstaaten der Bundesrepublik: Sie konnten sich, nach den Erfahrungen des Zweiten Weltkriegs, ein wiedervereinigtes Deutschland nicht wünschen. Das Interessante ist nun aber, daß auch die Bürger der Bundesrepublik, vor die Wahl zwischen Westbündnis und Wiedervereinigung gestellt, in ihrer Mehrheit das Westbündnis vorzogen. Zum Teil gewiß aus reinen Sicherheitserwägungen: Ohne den amerikanischen Schutzschild fürchteten sie, Neutralität hin, Neutralität her, eines Tages vom russischen Bären verschlungen zu werden. Zum Teil aber auch, weil sie sich gerade vom Westbündnis eine spätere und bessere Wiedervereinigung versprachen. Man darf nicht vergessen, daß die frühen fünfziger Jahre die Blütezeit des Kalten Krieges waren: Amerika und Rußland waren Gegner, fast schon Feinde geworden; verstärkt um die wiederbewaffnete Bundesrepublik würden, so die weitverbreitete Hoffnung, Amerika und seine Verbündeten über die deutsche Einheit und die Ostgrenzen des wiedervereinigten Deutschlands eines Tages mit Rußland, wie Adenauer damals gern sagte, »vernünftig reden können«. Man hoffte, eines Tages die Wiedervereinigung im Bunde mit Amerika den Russen abtrotzen zu können, statt sie ihnen jetzt durch Verzicht auf das amerikanische Bündnis abkaufen zu müssen.

Diese Hoffnung wurde dann in der Berlinkrise der Jahre 1958 bis 1961 bitter enttäuscht. Die Berlinkrise begann für die Deutschen mit einem Schock, setzte sich fort in einer Enttäuschung und führte zum Umdenken mit der Verarbeitung dieser Enttäuschung.

Der Schock lag darin, daß es die Sowjets und nicht die Westmächte waren, die 1958 in Deutschland die Offensive ergriffen. Adenauer hatte immer von einer Position der Stärke gesprochen, die der Westen nach dem Beitritt der Bundesrepublik zur NATO gegenüber der Sowjetunion erlangen würde. Statt dessen waren es nun plötzlich die Sowjets, die sich offenbar in einer Position der Stärke fühlten, aus der heraus sie Forderungen an die Westmächte stellen zu können glaubten – Forderungen, die, in der Form des Chruschtschow-Ultimatums vom November 1958, auf einen westlichen Rückzug aus Berlin hinausliefen.

Dem Schock folgte Enttäuschung – Enttäuschung über die durchaus nicht besonders harte oder feste, sondern eher verlegene und belästigte, von Anfang an kompromißsuchende Haltung der Westmächte, die schließlich nach jahrelangem diplomatischem Poker zur Lösung der Krise durch den Berliner Mauerbau führte. Diese Lösung wurde bei den westlichen Alliierten mit Erleichterung aufgenommen: Sie bedeutete ja immerhin ein Ablassen der Sowjets von ihrer ursprünglichen Forderung nach Abzug der Westmächte aus Berlin. In Deutschland wurde sie dagegen als harte Niederlage empfunden: Denn hier bedeutete sie nicht nur das Ende der Fluchtschleuse Berlin, sondern den Rückzug des Westbündnisses auf eine rein defensive Deutschlandpolitik, ja, die endgültige Akzeptierung und Legitimierung der Teilung Deutschlands – und nun auch Berlins. Es ist heute fast vergessen, daß in den letzten Regierungsjahren Adenauers und Kennedys das deutsch-amerikanische Verhältnis ebenso tief gestört war wie heute – mit umgekehrtem Vorzeichen: Damals waren es die Deutschen, die sich im Stich gelassen und ihre Interessen vernachlässigt fanden; die Amerikaner, die Frieden und Entspannung als vorrangig betrachteten. Damals waren die Amerikaner in deutschen, heute sind die Deutschen in amerikanischen Augen zu »Pazifisten und Neutralisten« geworden.

Es liegt Ironie darin, daß der heute in Amerika so beklagte Wandel der deutschen Haltung in dem nachträglichen und allmählich einsetzenden Verständnis der Deutschen für die amerikanische Haltung in der Berlinkrise seinen Ausgangspunkt hat. Denn nach und nach, als der erste Ingrimm verflogen war, erhob sich in Deutschland die Frage: »Ja, was hätten die Amerikaner denn tun sollen?« Sie hätten ja gerade Berlin ohne atomare Eskalation oder Eskalationsdrohung kaum verteidigen können. Und das brachte vielen Deutschen zum ersten Mal zu Bewußtsein, was ein Atomkrieg auf deutschem Boden bedeutet hätte – oder bedeuten würde. Dieses Bewußtsein hat sich in den letzten Jahren vielfach bis zur panischen Angst gesteigert, bei der das klare Denken manchmal zu kurz kommt. Aber zunächst hatte es die sehr vernünftige Folge, die sich allmählich in dem allgemein akzeptierten Satz niederschlug: Von deutschem Boden darf kein neuer Krieg ausgehen!

Dieser Satz wurde nach dem innenpolitischen Machtwechsel von 1969 in praktische Politik umgesetzt. Auf ihm beruhen die Ostverträge der frühen siebziger Jahre, die Verträge von Moskau und Warschau, mit denen die Nachkriegsgrenzen, die Grenzen zwischen der Bundesrepublik und der DDR, und zwischen der DDR und Polen, für unantastbar erklärt wurden; das Viermächteabkommen über Berlin, in dem die Freiheit West-Berlins für die Dauer der Anwesenheit seiner westlichen Schutzmächte auch durch die Sowjetunion vertraglich abgesichert wurde; und schließlich der Grundlagenvertrag zwischen Bundesrepublik und DDR, durch den die beiden deutschen Staaten sich gegenseitig anerkannten.

Die Ostverträge, mit denen die Bundesrepublik mit ihren östlichen Nachbarn de facto Frieden geschlossen hat, bedeuten den Verzicht auf viele frühere Hoffnungen und Träume; für viele einen immer noch schmerzlichen Verzicht. Man wird auch zugeben müssen, daß nicht alle Hoffnungen, die mit den Verträgen selbst verbunden waren, sich erfüllt haben. Insbesondere von der Anerkennung der DDR erhofften sich viele einen »Wandel durch Annäherung«. Den hat es nicht gegeben, weder den Wandel noch eigentlich auch nur die Annäherung. Die DDR bleibt, was sie war, und das

Verhältnis der beiden deutschen Staaten bleibt vorsichtig, mißtrauisch und frostig. Das ist leicht zu erklären; denn wie die Dinge nun einmal liegen, hat die DDR die Freundschaft der Bundesrepublik beinahe noch mehr zu fürchten als ihre Feindschaft. Gegen Feindschaft sichert sie das Bündnis mit der mächtigen Sowjetunion. Gegen die innere Aufweichung, die sich aus einer allzu innigen Freundschaft ergeben könnte – eben den »Wandel durch Annäherung« –, kann sie kein Bündnis schützen; so muß sie dagegen durch eine eigene Politik spröder Abgrenzung vorgehen. Wer sich von der Anerkennung der DDR doch noch, auf einem Umweg, eine Art Wiedervereinigung erhofft hatte – oder soviel Wandel durch Annäherung, daß er eine förmliche Wiedervereinigung ersetzt und gewissermaßen überflüssig gemacht hätte: der ist enttäuscht worden. Der Frieden, den die Bundesrepublik mit dem Osten gemacht hat, bleibt ein Status-quo-Frieden, der die Dinge läßt, wie sie sind.

Er bleibt trotzdem segensreich, ja unentbehrlich, einfach weil er ein Frieden ist. Er hat vielen Deutschen erhebliche menschliche Erleichterungen beschert: Es gibt wieder einen Besuchs- und Reiseverkehr in West-Ost-Richtung, auch einen gewissen begrenzten Familienverkehr in Ost-West-Richtung, dazu einen unbehinderten Transitverkehr zwischen der Bundesrepublik und West-Berlin. Der innerdeutsche Handel blüht. Viel wichtiger noch ist aber, daß seit den Ostverträgen das Element der gegenseitigen Bedrohung aus dem Verhältnis der beteiligten Staaten, gerade auch der deutschen Staaten, verschwunden ist. Deutschland ist kein internationaler Konfliktstoff und Krisenherd mehr, und die Gefahr, daß von deutschem Boden – z. B. von Berlin – ein neuer Krieg ausgehen könnte, eine Gefahr, die in den fünfziger und sechziger Jahren manchmal akut war oder schien, beunruhigt niemanden mehr. Ja, es ist, seit die Bundesrepublik mit dem Osten ihren Frieden gemacht hat, sogar möglich geworden, das Prinzip des Gewaltverzichts, das den deutschen Ostverträgen zugrunde liegt, vertraglich auf ganz Europa auszudehnen: in der Charta von Helsinki, die von 35 Nationen, darunter die Vereinigten Staaten und die Sowjetunion, unterschrieben worden ist und die man ohne Verzerrung eine Art europäische Friedensregelung – oder Ersatz-Friedensregelung – nennen kann. Gewiß, Friedensverträge, das lehrt bittere historische Erfahrung, sind noch keine Friedensgarantie. Aber es ist auffallend, daß seit der Regelung der deutschen Frage durch die Deutschen selbst Europa die krisenfreieste Großregion der Welt geworden ist. Während es im Nahen und Mittleren Osten, in Südostasien, in Afrika, in Mittel- und Südamerika von Staatsstreichen, ungelösten Konflikten und kriegerischen Zusammenstößen nur so wimmelt, herrscht in Europa tiefer Frieden, und kein Kriegsgrund ist abzusehen. Dies, obwohl oder gerade weil Europa mit wenigen Ausnahmen durch die beiden großen Bündnissysteme geteilt ist. Ja, man könnte sich heute vorstellen, was vor fünfzehn Jahren noch unvorstellbar war: daß selbst in dem unglücklichen Falle, daß die beiden Supermächte eines Tages in einen der vielen außereuropäischen Kriege direkt verwickelt werden sollten, sie aus ihrem lokalen Zusammenstoß keinen Weltkrieg machen, sondern Europa als Friedenszone aussparen könnten – wie sie es ja bei ihren Stellvertreterkriegen schon heute tun.

Immerhin bleibt Europa – und damit auch das geteilte Deutschland – von diesen fortdauernden und in den letzten Jahren wieder auflebenden Supermachtkonflikten in der außereuropäischen Welt nicht unberührt, und daraus ergeben sich Probleme, mit denen es die Bundesrepublik heute in ihrer Außenpolitik hauptsächlich zu tun hat.

Die deutschen Ostverträge fielen in eine Zeit, in der die beiden Supermächte ihr Verhältnis zu entspannen suchten. Das machte es den Deutschen verhältnismäßig leicht, Westbündnis und Ostpolitik unter einen Hut zu bringen. Ja, man kann sagen, daß die neue deutsche Ostpolitik damals auch die beste Westpolitik war, die die Deutschen machen konnten. Sie paßten sich damit der damals herrschenden Strömung der amerikanischen Politik an, die darauf aus war, Spannungen mit der anderen Supermacht abzubauen, und sie konnten fast die ganzen siebziger Jahre hindurch mit Amerika im Gleichschritt marschieren.

Das ist heute nicht mehr im gleichen Maße der Fall. Zwar besteht zwischen Amerika und Rußland in Europa auch heute noch kein aktueller Konfliktstoff; auch heute noch ist es den Amerikanern wahrscheinlich im stillen nicht unwillkommen, daß die Deutschen von den Amerikanern keine deutsche Wiedervereinigung mehr erwarten, die sie ohne Weltkrieg nicht herbeiführen können, und daß es keine Berlinkrisen mehr gibt. Aber die beiden Supermächte konkurrieren und rivalisieren ja nicht nur in Europa. Sie befinden sich, auch nachdem der Kalte Krieg in Europa beigelegt ist, in einem ständigen globalen Positionskampf, dem die Gärung in der sogenannten dritten Welt reichlich Material liefert.

In den siebziger Jahren, nach dem Debakel in Vietnam, waren die Amerikaner dieses Positionskampfes ein paar Jahre lang müde geworden, sie hatten den europäischen Frieden fälschlich für einen Weltfrieden genommen, sie hatten, derb gesagt, ein bißchen geschlafen; und infolgedessen hatten die Russen widerstandslos ein paar Positionen gewonnen: Südjemen, Angola, Äthiopien, schließlich Afghanistan. Afghanistan brachte dann in Amerika das Erwachen, und heute befinden sich die Amerikaner wieder in einer Kalten-Kriegs-Stimmung. Die Russen, die sie in der Kennedy- und

Kissingerzeit schon fast als Partner – »Sicherheitspartner« – betrachtet hatten, sind für sie wieder Gegner, fast schon wieder Feinde geworden, gegen die sie nicht nur gewaltig aufrüsten, sondern auf die sie auch durch Handelssanktionen Druck ausüben möchten. Und in beidem verlangen sie, daß die Verbündeten mitmachen, ob es ihnen nun in den Kram paßt oder nicht.

Es paßt ihnen aber oft gar nicht in den Kram, und daraus ergeben sich die heutigen Spannungen im westlichen Bündnis. Die europäischen Verbündeten der USA sehen nicht ein, warum sie jede plötzliche Kehrtwendung der amerikanischen Politik wie eine Kompanie Soldaten mitmachen müssen. Das bedeutet nicht, daß sie die Absicht hätten, aus dem westlichen Bündnis auszubrechen; am wenigsten die Bundesrepublik, für die dieses Bündnissystem immer noch die unentbehrliche Existenz- und Sicherheitsgrundlage bildet und auf jede absehbare Zukunft weiter bilden wird. Zwar gibt es heute ein paar Leute, die im Privatgespräch die Meinung äußern, das Bündnis sei gegen eine Gefahr gerichtet, die es gar nicht mehr gäbe. Aus Moskau sind ja seit langer Zeit gar keine Drohungen gegen uns mehr gekommen, sagen sie; die Russen wollen ja gar nichts mehr von der Bundesrepublik. Das stimmt auch zur Zeit; aber es stimmt mit Sicherheit eben nur unter den obwaltenden Bedingungen, das heißt solange das westliche Bündnis existiert und solange also ein Krieg der Sowjetunion gegen die Bundesrepublik für sie auch einen Krieg gegen Amerika bedeuten würde. Wie sich die Sowjetunion gegen eine von Amerika abgekoppelte Bundesrepublik verhalten würde, das können wir nicht wissen. Nein, die Bundesrepublik kann und wird dem amerikanischen Bündnis auf keinen Fall untreu werden, trotz allen Zanks darüber, wie weit ihre Bündnispflichten gehen.

Werden es dann vielleicht die Amerikaner tun, wenn sie sich

über die Unbotmäßigkeit der Verbündeten, und insbesondere der Bundesrepublik, gar zu sehr ärgern? Der amerikanische Botschafter in Bonn hat ein paarmal gesagt, wenn die amerikanischen Truppen in der Bundesrepublik nicht mehr willkommen wären, dann könnten sie ja abziehen. Aber erstens stimmt es gar nicht, daß die amerikanischen Truppen in der Bundesrepublik nicht mehr willkommen wären; und zweitens sind die Amerikaner nicht hier um unserer schönen Augen willen. Sie würden es sich dreimal überlegen, ihre Truppen aus der Bundesrepublik abzuziehen, selbst wenn einmal ein böser Tag kommen sollte, an dem sie dort unbeliebt würden. Denn damit würden sie ihre ganze in Jahrzehnten mühsam aufgebaute militärische Position in Europa preisgeben – die sicherste und zugleich friedlichste Position, die sie in der Welt haben – und das Risiko eingehen, daß der sowjetische Einfluß sich bis zum Atlantik ausdehnen würde. So töricht sind die Amerikaner nicht.

Nein, das NATO-Bündnis ist nicht gefährdet, und das ist gut so. Schließlich hat es sich jetzt ein Menschenalter als Sicherheitsgrundlage für Westeuropa und als Friedensgarantie für ganz Europa bewährt. Aber gerade weil es so ist, brauchen wir nicht bei jedem deutsch-amerikanischen oder europäisch-amerikanischen Hauskrach nervös zu werden und nicht jede Schwankung der amerikanischen Außenpolitik bedingungslos mitzumachen. Vergessen wir eines nicht: Die NATO ist kein Superstaat; sie ist nicht einmal ein globales Schutz- und Trutzbündnis; sondern sie ist ein regionales Defensivbündnis, nicht mehr und nicht weniger. Das hat uns gerade Amerika in der Berlinkrise vor zwanzig Jahren einprägsam beigebracht. Afghanistan geht uns als NATO-Verbündete nichts an – denn es liegt außerhalb des Bündnisbereichs –, und selbst Polen geht uns in dieser Eigenschaft nichts an, denn jede Einmischung in Polen wäre nicht mehr

Verteidigung, sondern Angriff. Wir halten zum Bündnis, denn es ist unser stärkster und letzter Notanker; aber wir halten auch zum Frieden mit dem Osten, solange der Osten uns zufrieden läßt – was er ja nun schon seit zehn Jahren tut. Beides verträgt sich nicht nur. Auf längere Sicht gesehen ergänzt und bedingt es sich. Auf jeden Fall ist es die politische Richtlinie, die sich aus der Grenzlage der Bundesrepublik zwingend ergibt.

In den Grundzügen hat sich daran auch durch den Regierungswechsel in der Bundesrepublik kaum etwas geändert. Die Außenpolitik in der Bundesrepublik bleibt heutzutage von der Innenpolitik in ihren Grundzügen unberührt. Sie ist zu sehr – um noch einmal zum Schluß, wie am Anfang, das verbotene Wort zu gebrauchen – durch geopolitische Zwänge festgelegt. Eher kann man in Amerika von einer Abhängigkeit der Außenpolitik von der wechselnden Innenpolitik reden. Es wäre ironisch, wenn eine deutsche Bundesregierung, die sich auf die Reagansche Außenpolitik eingerichtet hätte, 1985 mit einer amerikanischen Regierung zu tun bekäme, die wieder in Abrüstungs- und Entspannungseuphorie schwelgte. Das ist durchaus keine Unmöglichkeit. Aber es ist natürlich eine Spekulation, auf die ich mich nicht weiter einlassen will.

Die Anerkennung der DDR

Zur Schlichtung einer offenen Streitfrage

1.

Das Argument *für* die Anerkennung der DDR ist einfach: Sie existiert und funktioniert, und es gibt keine Anzeichen dafür, daß sie in der irgendwie absehbaren Zukunft aufhören könnte zu existieren und zu funktionieren. Sie hat die drei Merkmale eines normalen Staates und Völkerrechtssubjekts: Staatsgewalt, Staatsgebiet und Staatsbevölkerung. Sie kann nicht abgeschafft werden, also sollte sie anerkannt werden.

Die Argumente *gegen* die Anerkennung der DDR sind vielfältig, oft emotional und manchmal widersprüchlich: Sie ist kein Staat, sondern ein Gebilde, ein Phänomen oder eine Zone. Sie ist ein Staat, aber ein illegitimer, ein Unrechtsstaat. Wer sie anerkennt, erkennt Unrecht an. Sie verstößt gegen das Selbstbestimmungsrecht der Völker. Sie ist eine Diktatur, und die Deutschen dürfen, nach Hitler, nicht zum zweiten Mal eine Diktatur auf deutschem Boden dulden. Die Anerkennung der DDR würde die Teilung Deutschlands »festschreiben«. Sie würde die vier Siegermächte aus ihrer Verantwortung für Deutschland als Ganzes entlassen. Die DDR dürfe für die Bundesrepublik niemals Ausland werden. Schließlich sei die Anerkennung eine Vorleistung. Allenfalls könne man die DDR anerkennen, wenn sie sich innerlich wandle, sei es nach dem Muster Jugoslawiens (Wehner) oder nach dem Muster Österreichs (Strauß).

Schon die Mannigfaltigkeit, das Zusammengesuchte dieser Argumente erweckt Verdacht, und tatsächlich erweist sich keines davon, einzeln genommen, als stichhaltig. Natürlich ist die DDR kein Gebilde und kein Phänomen, sondern ein

Staat. Sie ist sogar ein besonders scharf ausgeprägter, besonders intensiver, ja penetranter Staat. Es gibt ja Intensitätsgrade der Staatlichkeit; so wie auch manche Familien intensive Lebensgemeinschaften sind und andere kaum mehr als lockere Wohngemeinschaften. Das alte Preußen zum Beispiel übertraf an Intensität und »Dichtigkeit« seiner Staatlichkeit alle seine deutschen Nachbarn bei weitem – »Wer auf die preußische Fahne schwört, hat nichts mehr, was ihm selber gehört« –, und die DDR hat von diesem preußischen Zug etwas geerbt, mag man es nun mit Bewunderung oder mit Abneigung vermerken. Der Staat DDR ist natürlich aus der östlichen Besatzungszone entstanden – genauso wie der Staat Bundesrepublik aus den westlichen –, aber die DDR hat den Charakter einer Besatzungszone schon seit ebenso langer Zeit und ebenso gründlich abgestreift. Aus der einseitigen Abhängigkeit von der Sowjetunion ist längst gegenseitige Abhängigkeit geworden, und die Stellung der DDR im Warschauer Pakt und im Comecon ist nicht nur formell gleichrangig, sondern ist eine Stellung vielbeneideter Seniorität (worauf man als Deutscher eigentlich stolz sein sollte).

Was Illegitimität und Unrechtsstaat betrifft: Die DDR hat genau dieselbe Geburtsurkunde wie die Bundesrepublik, nämlich das Fiat von Besatzungsmacht und die Mitwirkung deutscher Politiker. Sie wird genauso nach Gesetzen regiert wie die Bundesrepublik; natürlich nach ihren eigenen, also anderen als denen der Bundesrepublik; aber das macht sie so wenig zu einem Unrechtsstaat wie irgendeinen anderen sozialistischen Staat. Mit der Willkürherrschaft Hitlers hat die verfassungsmäßig streng geregelte und geordnete Regierung Ulbrichts, Stophs und Honeckers nichts gemein, und der Bruch mit dem Nazismus ist sogar in der DDR unleugbar gründlicher und tiefer gewesen als in der Bundesrepublik.

Man leistet keine Wiedergutmachung für Nazisünden, indem man der Nazisünde des Antikommunismus treu bleibt.

»Selbstbestimmung«. Das Selbstbestimmungsrecht der Völker ist kein Bestandteil des Völkerrechts, sondern ein amerikanischer Propagandaslogan aus dem Ersten Weltkrieg. Kein existierender Staat ist durch eine Volksabstimmung begründet worden, und kaum einer hat sich selbst je in einem Plebiszit zur Disposition gestellt. Merkwürdigerweise hat das gerade die DDR getan – eine seltene Ausnahme. Über ihre sozialistische Verfassung von 1968 hat eine Volksabstimmung stattgefunden, in der man mit Ja oder Nein stimmen konnte. 400 000 Menschen haben mit Nein gestimmt. Das war eine Minderheit. Die Mehrheit der DDR-Bürger hat im November 1968 ihren Staat durch Volksabstimmung bejaht. Was sonst ist Selbstbestimmung, und wie oft soll eine Bevölkerung ihr Selbstbestimmungsrecht ausüben müssen, ehe man ihren Staat anerkennen darf?

»Festschreibung«– ein hübsch erfundenes Suggestivwort. Wird die deutsche Teilung – die unleugbar vor 21 Jahren vollzogen wurde (wobei die Bundesrepublik voranging) – durch Anerkennung »fester« als durch Nichtanerkennung? Macht man sie etwa ungeschehen, wenn man sie nicht wahrhaben will? Oder macht man sie nicht vielleicht gerade dadurch immer »fester«? Eine erkannte und anerkannte Krankheit kann man behandeln. Eine nichtanerkannte ist jeder Behandlung entzogen, sogar jeder Linderung. »Die DDR darf niemals Ausland werden.« Aber sie *ist* Ausland, seit mehr als zwanzig Jahren. Wer's nicht glauben will, braucht es nur auszuprobieren, indem er ein Reisevisum für die DDR beantragt. Es wäre schon viel gewonnen, wenn die beiden deutschen Staaten aufhörten, *feindliches* Ausland füreinander zu sein.

Die *»Verantwortung der vier Mächte für Deutschland«* als

Ganzes ist längst Papier geworden. Die drei Westmächte haben durch Bündnisverträge eine Verantwortung für die Erhaltung der Bundesrepublik übernommen und die Sowjetunion durch Bündnisvertrag eine Verantwortung für die Erhaltung der DDR; das ist alles, was von der ursprünglichen Viermächteverantwortung für Deutschland als Ganzes übriggeblieben ist. Glaubt irgend jemand im Ernst, die vier würden sich eines Tages zusammensetzen, um über den Kopf ihres jeweils wichtigsten Verbündeten hinweg ein vereinigtes Deutschland zu schaffen? Und wie sollte dieses Deutschland wohl aussehen?
Schließlich die »*Vorleistung*«. Anerkennung des Bestehenden und Unabänderlichen ist niemals eine Vorleistung. Man kann nichts dafür verlangen, daß man die Wahrheit des Satzes »zwei mal eins ist zwei« anerkennt. Und wenn Bonner Politiker ihrerseits für die Anerkennung eine Vorleistung der DDR verlangen – nämlich, daß die DDR erst einmal ihren Charakter ändere und aus einem orthodox sozialistischen Staat ein reformsozialistischer werde wie Jugoslawien oder ein kapitalistischer wie Österreich –, dann lassen sie die Katze aus dem Sack und enthüllen alle ihre anderen Argumente als Heuchelei: Plötzlich ist die DDR ein Staat, plötzlich darf sie Ausland sein, plötzlich kommt es auf die deutsche Teilung gar nicht mehr an und ebensowenig auf Selbstbestimmung einerseits und Viermächteverantwortung andererseits; eine andere DDR als die wirkliche würde man ohne weiteres anerkennen, nur die wirklich existierende eben nicht. Was soll man dazu sagen? Sinn und Verstand hätte es allenfalls, wenn man die DDR mit der Waffe der Nichtanerkennung dazu zwingen könnte, etwas anderes zu werden, als was sie ist und sein will. Das kann man aber nicht, und eine andere Waffe hat man nicht. Die Nichtanerkennung ändert die DDR so wenig, wie sie sie abschafft.

Gewiß, auch die Anerkennung ändert die DDR nicht. Was sie aber ändern würde, wäre die Beziehung zwischen der Bundesrepublik und der DDR; genauer: Sie würde Beziehung an die Stelle von Beziehungslosigkeit setzen. Und das – dies die These dieses Aufsatzes – wäre eine Verbesserung, und zwar in vierfacher Hinsicht. Erstens wäre es eine fällige Anpassung an die Entwicklung der Großmachtverhältnisse. Zweitens wäre es ein notwendiger Beitrag zur Sicherung des europäischen Friedens. Drittens wäre es gut für die innere Stabilität und äußere Bewegungsfreiheit der Bundesrepublik. Viertens läge es im Interesse der Erhaltung einer deutschen Nation.

2.

Es ist ein Gemeinplatz, daß die deutsche Geschichte seit 1945 eine Funktion der Beziehungen und Machtrelationen zwischen Amerika und der Sowjetunion geworden ist und daß jede deutsche Politik diese Beziehungen und Machtrelationen sorgfältig beachten muß, wenn sie nicht Schiffbruch erleiden will. Es war der Kalte Krieg zwischen Amerika und Rußland, der in den späten vierziger Jahren die Teilung Deutschlands und die deutsche Zweistaatlichkeit unvermeidlich machte. Es war die Erwartung eines dritten Weltkriegs zwischen Amerika und Rußland und die Spekulation auf eine amerikanische »Politik der Stärke« gegenüber Rußland, die es der Bundesrepublik erlaubte, in den fünfziger Jahren erst die russischen Wiedervereinigungsvorschläge und dann die Konföderationsangebote der DDR abzulehnen. Und es war die von Chruschtschow seinerzeit immer wieder plakatierte Veränderung der amerikanisch-russischen Machtlage durch das Atompatt, die dann zur Berlinkrise von 1958/1961 und ihrer enttäuschenden Lösung durch den Bau der Berliner Mauer führte.

Seither herrscht, jedenfalls dem Anschein nach, ein unerschütterliches Machtgleichgewicht zwischen den beiden Supermächten in Europa, und dieses Gleichgewicht hat die deutsche Zweistaatlichkeit ebenfalls unerschütterlich gemacht. Bisher hat es allerdings der Bundesrepublik immer noch erlaubt, ihr die formelle Anerkennung zu verweigern. Zwar hat diese Verweigerung die Beziehungen der Bundesrepublik mit dem gesamten Ostblock immobilisiert, jede Öffnung nach Osten blockiert und die Bundesrepublik mit der Dauerhypothek russischen Mißtrauens und russischer Feindschaft belastet. Aber diese Nachteile konnte die Bundesrepublik ohne fühlbaren Schaden in Kauf nehmen, solange das amerikanisch-russische Gleichgewicht stabil blieb und jeden Druck der Sowjetunion auf Amerika und seine Verbündeten ebenso ausschloß wie den umgekehrten Druck.

Vielleicht liegt in diesem Gefühl absoluter gegenseitiger Lähmung der beiden in Europa maßgebenden Mächte und ihrer Bündnissysteme durch das Atompatt sogar der psychologisch tiefste Grund für das Festhalten der Bundesrepublik an der Nichtanerkennung der DDR. Er läßt sich in die Worte fassen: Warum denn plötzlich? Es ist ja bisher auch so gegangen. Schließlich ist die Bundesrepublik nachgerade über zwanzig Jahre ganz leidlich ausgekommen, ohne die DDR anzuerkennen (die DDR freilich auch, ohne von der Bundesrepublik anerkannt zu sein). Warum etwas ändern, wenn man es nicht nötig hat? Wie der Botschafter Grewe schon während der Berlinkrise elegant formulierte: »Der *status quo* ist die nichtanerkannte Teilung Deutschlands. Was die Sowjetunion anstrebt, ist die politisch und völkerrechtlich anerkannte Teilung.« Warum der Sowjetunion den Gefallen der Anerkennung tun, wenn sich unter dem amerikanischen Atomschirm auch mit der nichtanerkannten Teilung gefahrlos leben ließ? Man hatte zwar nichts von der Nichtanerkennung, aber man konnte sie sich leisten.

Die Frage ist nur, ob das amerikanisch-russische Gleichgewicht tatsächlich so unerschütterlich geblieben ist, wie es auf der Oberfläche scheint. Von vornherein war es für den Weitblickenden dadurch belastet, daß das russische Engagement in Europa natürlicher und leichter durchzuhalten ist als das amerikanische. Rußland liegt in Europa, Amerika nicht. Rußland braucht sein europäisches Vorfeld nicht, wie Amerika, sozusagen ständig am ausgestreckten Arm zu halten. Immer war es eine Sorge Adenauers, daß die Amerikaner eines Tages versucht sein könnten, aus Europa abzuziehen; Ulbricht brauchte mit den Russen niemals eine solche Sorge zu haben. Und die amerikanische Truppenpräsenz ist bekanntlich gerade in letzter Zeit wieder recht zweifelhaft geworden.

Dazu kommt, daß seit dem Atompatt Berlin, das vorher eine Schwäche der russischen Position darstellte, eine Schwäche der amerikanischen Position geworden ist. Das hat sich vor zehn Jahren im Verlauf der Berlinkrise bereits deutlich gezeigt, in der die Amerikaner ständig zurückstecken mußten. Vor der Krise funktionierte Berlin als Fluchtschleuse; seit der Krise ist West-Berlin funktionslos geworden. Vorher stellte es die Lebensfähigkeit der DDR in Frage. Seither steht seine eigene Lebensfähigkeit in Frage. West-Berlin ist seit dem Atompatt eine amerikanische Position geworden, die weder aufgegeben noch im Ernstfall verteidigt werden kann und die den Russen daher als eine Art Geisel für amerikanisches Wohlverhalten dient. Amerika hält keine entsprechende russische Geisel. Durch Druck auf Berlin können die Russen den Amerikanern jederzeit kleinere Zugeständnisse abnötigen, besonders solche, die nur auf Kosten der Bundesrepublik gehen und die Amerikaner direkt nichts kosten. Damit nicht zu rechnen und zu glauben, daß man im Schutz des großen Bruders russische Wünsche, Interessen und Empfindlichkeiten ständig mißachten kann, ist sträflicher Übermut.

Schließlich aber hat das Atompatt selbst, je länger man sich daran gewöhnt hat, mit ihm zu leben, eine Art von innerer Dialektik entfaltet. Zuerst schien es jeden Konflikt auszuschließen, an dem Amerika und Rußland beteiligt wären. Dann entdeckten beide, daß es gerade durch die wachsende Sicherheit, mit der es einen direkten atomaren Schlagabtausch zwischen ihnen ausschloß, indirekte Konflikte und Stellvertreterkriege wieder möglich machte. In den letzten Jahren hat sich sogar gezeigt, daß eine direkte Beteiligung der einen oder anderen Macht an solchen Stellvertreterkriegen wieder möglich geworden ist (Amerika in Indochina, Rußland in Ägypten). Gewiß ist die Lage in Europa angesichts der starren Bündnissysteme von NATO und Warschauer Pakt anders als im Nahen und Fernen Osten. Aber die NATO-Erwägungen über die »Atomschwelle« und die *»flexible response«* zeigen, daß man auch in Europa wieder mit der Möglichkeit begrenzter Feindseligkeiten zu rechnen beginnt, bei denen die Atomwaffen – mindestens die strategischen Atomwaffen – außer Anwendung bleiben könnten. Das begünstigt die russische Seite nicht nur militärisch, aus offensichtlichen geographischen Gründen. Vor allem setzt es eine Prämie auf eine »Strategie des Minimums«: Militärischer Druck zugunsten bescheidener und einleuchtender politischer Ziele wird in einer solchen Lage erfolgversprechender und glaubwürdiger als militärischer Druck für weitgesteckte Ziele. Er ließe sich zum Beispiel eher mit Erfolg für eine Anerkennung der DDR als für ihre Abschaffung anwenden. Sicher würden beide Seiten kämpfen (wenn auch wahrscheinlich nicht mit Einsatz der letzten Waffen), um die

Existenz ihres jeweiligen deutschen Verbündeten zu verteidigen, wenn sie in Frage gestellt würde; aber nicht so sicher, um eine Marotte eines dieser Verbündeten aufrechtzuerhalten, die an der tatsächlichen Lage ohnehin nichts ändert. Und als eine solche Marotte würde sich die Weigerung der Bundesrepublik, die DDR anzuerkennen, wahrscheinlich sämtlichen NATO-Verbündeten der Bundesrepublik, einschließlich Amerika, in dem Augenblick darstellen, wo sich ihnen plötzlich die Aussicht eröffnen sollte, für ihre Aufrechterhaltung kämpfen zu müssen.
Dazu ist es noch nicht gekommen. Aber die stille Veränderung der Machtrelationen in den letzten Jahren läßt es als nicht mehr ausgeschlossen erscheinen, daß es eines Tages dazu kommen könnte – wobei noch ganz außer Betracht bleibt, daß das Überengagement der Amerikaner in Asien und die bedrohliche innere Entwicklung Amerikas das Gleichgewicht der beiden Großmächte möglicherweise noch viel drastischer zuungunsten der Bundesrepublik erschüttern könnten. Auch ohne solche drastischen Erschütterungen, die man ebenfalls nicht mehr völlig ausschließen kann, ist dieses Gleichgewicht eben nicht mehr ganz, was es noch vor zehn Jahren war. Ganz leise und unmerklich hat es sich unter der Oberfläche genügend verschoben, um es für die Bundesrepublik geraten erscheinen zu lassen, Spannungen mit der Sowjetunion beizeiten abzubauen, ehe sie möglicherweise wieder zu einer Kraftprobe wie der Berlinkrise von 1958/61 führen. Es empfiehlt sich nicht mehr, eine solche Kraftprobe abzuwarten, sondern es ist besser, mit der Sowjetunion rechtzeitig ins reine zu kommen; und dazu gehört nun einmal der Verzicht auf das, was die Sowjetunion als Revanchismus betrachtet; also die Anerkennung der Ergebnisse des Zweiten Weltkrieges; also auch die Anerkennung der DDR.
Selbstverständlich muß die Bundesrepublik im amerikani-

schen Bündnis bleiben, aber sie tut besser daran, ihm keine vermeidbaren Belastungen mehr zuzumuten. Dieses Bündnis sichert immer noch die Existenz der Bundesrepublik, aber es deckt wahrscheinlich keine bundesrepublikanischen Privatfehden mit der Sowjetunion mehr – und die Nichtanerkennung der DDR ist eine solche Privatfehde. Daß man sie sich bis heute noch hat leisten können, beweist nicht, daß man sie sich auch morgen noch leisten könnte. Der anerkannte *status quo* ist heute sicherer für die Bundesrepublik geworden als der gegen die Wünsche der Sowjetunion nicht anerkannte.

3.
Eine andere Betrachtungsweise führt zu demselben Ergebnis.
In den letzten Jahren hat sich die Weltszene bedrohlich verändert, die europäische Szene aber auf eine früher kaum für möglich gehaltene Weise beruhigt. Während sich in Asien ein neues Weltgewitter zusammenbraut, beginnt es so auszusehen, als ob Europa seit 1945 in eine neue Epoche seiner Geschichte eingetreten sei – eine nachkriegerische Geschichtsepoche, die der Schwedens nach 1815 entspricht. 1965 wurde der vietnamesische Bürgerkrieg zum amerikanischen Vietnamkrieg, und 1967 geriet mit dem israelischen »Sechstagekrieg« – eine Bezeichnung, die heute makaberironisch klingt – der Nahe Osten in Brand. Beide Kriege haben sich seither nicht beenden lassen, sondern haben im Gegenteil immer weitergefressen. Aus dem Vietnamkrieg ist ein Indochinakrieg geworden; der Krieg zwischen Israel und seinen arabischen Nachbarstaaten hat in Jordanien und im Libanon einen arabischen Bürgerkrieg nach sich gezogen, der heute schon Funken in entfernte Länder wirft. Amerika, Rußland und auch China haben sich in beiden Kriegen di-

rekt oder indirekt engagiert, und ihr Engagement scheint immer noch im Zunehmen.
Inzwischen entwickelt sich China schneller als erwartet zur dritten atomaren Großmacht. Sein Aufstieg trägt in die amerikanisch-russische Beziehung eine neue Beunruhigung hinein, zumal China mit beiden anderen Großmächten schwere territoriale und ideologische Konflikte hat. Mao Tse-tung hat kürzlich erklärt, ein neuer Weltkrieg sei nicht auszuschließen, und wenn man die beiden unkontrollierbar schwelenden und um sich greifenden Kriegsherde mit der gänzlich ungeklärten und labilen Großmachtsituation in Asien zusammenhält, wird man dieses furchtbare Wort ernst nehmen müssen. Ein asiatischer Krieg, in dem alle drei Großmächte beteiligt wären – wobei die Fronten zwischen ihnen im Augenblick noch so unvorhersehbar sind, wie es die Fronten zwischen den Großmächten vor dem Ausbruch des Zweiten Weltkrieges waren –, wäre ohne Zweifel ein Weltkrieg. Und was ein Weltkrieg im Atomzeitalter bedeuten kann, bedarf keiner Ausführung.
Die Frage bleibt, ob Europa in einen solchen dritten Weltkrieg hineingezogen werden muß oder ob es sich heraushalten kann, so wie etwa Schweden sich aus den beiden ersten Weltkriegen herausgehalten hat: ob es sich sozusagen als ein großes Skandinavien von dem drohenden asiatischen Weltgewitter abschirmen und isolieren kann. Sicher ist, daß es wenig tun kann, einen asiatischen Weltkrieg zu verhindern. Europa ist nicht mehr das Zentrum der Weltpolitik, und die ehemaligen europäischen Großmächte haben ihre Macht in der außereuropäischen Welt zum Guten wie zum Bösen verloren. Aber Europa ist auch nicht mehr, wie noch in der ersten Hälfte dieses Jahrhunderts, der Hauptkrisenherd der Welt. Es ist, wenn man von Deutschland einmal absieht, überhaupt kein Krisenherd mehr.

Kann es eine Friedensinsel werden? Das beginnt sich heute als die wahre Schicksalsfrage Europas abzuzeichnen, die für die Länder und Menschen dieses Kontinents jede andere Frage überschattet. Es kann für sie eine Frage des Überlebens werden. Es kann sogar eine Frage des Überlebens irgendeiner menschlichen Zivilisation überhaupt werden. Man kann nicht früh genug und nicht ernsthaft genug darüber nachdenken.

Sicher ist: Es gibt kein direktes Interesse irgendeines europäischen Landes an den asiatischen Streitfragen, das ihm ein Eingreifen von sich aus aufzwänge. Kein europäisches Land wartet darauf, aus einem asiatischen Weltkrieg machtpolitischen Profit zu ziehen (und dafür seine physische Existenz zu riskieren). Wenn Europa in den Sog eines asiatischen Weltkrieges hineingezogen würde, dann als passives Opfer, durch seine Verbindungen mit den beteiligten Großmächten Amerika und Rußland.

Die Gefahr, die aus diesen Verbindungen in einem solchen Fall entstehen kann, liegt natürlich auf der Hand. Kriegführende Mächte haben stets das instinktive Bestreben, aus Freunden Mitkriegführende zu machen; Neutralität ist bei ihnen nicht beliebt. Andererseits ist der Vorteil, den die Großmächte aus einer Ausdehnung eines asiatischen Krieges auf Europa ziehen könnten, nicht unmittelbar einsichtig und ihr Interesse an einer solchen Ausdehnung daher nicht unbedingt überwältigend. Europa hätte zum mindesten eine Chance, diesmal neutral zu bleiben, wenn es das will und sich auf dieses Ziel konzentriert. Das setzt aber voraus, daß es seine Luken abdichtet und keine inneren Streitfragen in Gang hält; zum mindesten nicht solche, die nur mit Hilfe der einen oder anderen Großmacht ausgetragen werden können und sich daher dazu eignen, einen auswärtigen Großmachtkonflikt nach Europa hineinzutragen.

Wunderbarerweise gibt es solche offenen Streitfragen in Europa heute nicht mehr – außer der deutschen. Wunderbarerweise, so muß man sagen, wenn man dreißig oder vierzig Jahre zurückdenkt und die Masse von Zündstoff betrachtet, die damals an allen Ecken und Enden Europas aufgehäuft war. Es wimmelte damals in Europa von nationalen, territorialen und ideologischen Konflikten, und es gab kaum ein europäisches Land – die skandinavischen Länder und die Schweiz ausgenommen –, das nicht bereit war, für die eine oder andere Aspiration zu den Waffen zu greifen. Wilna, Teschen, Triest, Transsylvanien, die Dobrudscha ... Das ist alles vorbei, als wäre es nie gewesen. Man hat noch gar nicht genügend über diesen ungeheuren Wandel, der seit dem Zweiten Weltkrieg über Europa gekommen ist, und über seine Ursachen nachgedacht. Ist es die Ernüchterung durch den Zweiten Weltkrieg selbst? Ist es der Machtverlust der europäischen Großmächte, der Sieger wie der Besiegten? Stellt sich die *capitis diminutio,* die Europa im Zweiten Weltkrieg erfahren hat, vielleicht als ein verkappter Segen heraus? Was auch immer die Ursache war, es gibt heute, außer in Deutschland, in Europa keinen territorialen Anspruch eines Staates gegen einen anderen, keinen ernstlichen Nationalitätenstreit und keine kriegerischen Leidenschaften mehr. Auch die ideologische Teilung, die Europa nach 1945 auferlegt wurde, entzündet solche Leidenschaften längst nicht mehr (vielleicht gerade, weil es eine auferlegte Teilung ist?). Die politische Atmosphäre Europas ist heute tatsächlich – skandinavisch geworden. Fast alles, wofür Europäer der vorigen Generation noch zu sterben bereit waren, erscheint heute als Kinderei. Es ist ein Epocheneinschnitt – und, wie gesagt, ein noch längst nicht genügend analysierter –, der das gegenwärtige Europa von dem des Zweiten Weltkrieges trennt, etwas wie der Eintritt in ein neues Lebensalter. Und

in diesem Gesinnungswandel, dieser tiefgreifenden inneren Pazifizierung, liegt Europas beste Hoffnung, diesmal von einem drohenden Weltbrand verschont zu bleiben.
Die eine große Ausnahme ist Deutschland. Die Weigerung der Bundesrepublik, sich mit der deutschen Zweistaatlichkeit offiziell abzufinden, die Querelen um den Status West-Berlins, die Propaganda der Vertriebenenverbände gegen die Oder-Neiße-Grenze, das alles paßt in das Bild des neuen, dem Zeitalter territorialer Raufereien entwachsenen Europa nicht mehr hinein. Es wirkt wie das Überbleibsel einer vergangenen europäischen Epoche – der Epoche des Zweiten Weltkrieges, von dem ja Strauß bezeichnenderweise einmal gesagt hat, er sei noch nicht beendet. Unzweifelhaft war die Verweigerung der DDR-Anerkennung ursprünglich, in den Jahren um 1950, eine ernstgemeinte suspendierte Kriegserklärung – die Anmeldung eines deutschen Kriegsziels für den erwarteten Fall der Fortsetzung des Zweiten Weltkrieges durch einen amerikanisch-russischen Krieg um die Beute. Diese Erwartung ist inzwischen gestorben – zur Enttäuschung einer immer noch lautstarken Minderheit, zur tiefen Erleichterung längst auch der Mehrheit der Deutschen in der Bundesrepublik.
Aber die Politik, die auf ihr gründete, ist noch nicht revidiert worden, sie ragt noch heute als Fremdkörper in eine europäische Umwelt hinein, in die sie längst nicht mehr paßt – und von der sie oft nicht mehr ganz ernst genommen wird. Es ist eine anachronistische Politik. Und dieser Anachronismus, von dem auch die Regierung Brandt immer noch nicht ganz weggefunden hat, stellt den Frieden Europas und das Überleben Europas in einer wieder gefährlich werdenden Umwelt in Frage. Die Deutschen der Bundesrepublik schulden es Europa, dem die Deutschen in diesem Jahrhundert schon zwei furchtbare Kriege auferlegt haben, es von dieser

dritten Kriegsdrohung – der einzigen, die in seiner Mitte noch existiert – rechtzeitig zu befreien.

4.
Sie schulden es auch sich selbst. Denn erst mit der Anerkennung der DDR würde die Bundesrepublik sozusagen auch sich selbst anerkennen – sich zu sich selbst bekennen, die Konsequenzen aus ihrer eigenen Politik ziehen, die Zweideutigkeit ablegen, die ihr staatliches Selbstverständnis immer noch belastet, und innerlich und äußerlich glaubwürdig werden.
Was ist die Bundesrepublik? Ist sie ein neuer deutscher Weststaat, ein teildeutscher Neuansatz zu einer bürgerlich-liberal-kapitalistischen, demokratisch-parlamentarischen politischen Existenz – oder ist sie der Wurmfortsatz des Deutschen Reichs? Das Schreckliche ist, daß sie selbst auf diese Frage keine zuverlässige Antwort gibt. Die Zweideutigkeit ihres Wesens ist ihr von ihren Gründern in die Wiege gelegt worden, und sie ist immer deutlicher geworden, seit Adenauer selbst sie nicht mehr mit politischer Virtuosität verschleiert. Diese Zweideutigkeit ist aber auf die Dauer nicht durchzuhalten. Sie unterminiert die Stabilität der Bonner Demokratie ebenso, wie sie die Bewegungsfreiheit der Bundesrepublik auf der europäischen Szene lähmt.
Was Adenauer wirklich wollte, ist ganz klar: nicht ein neues Kapitel in der Unglücksgeschichte des Deutschen Reichs, sondern – warum das Wort scheuen? – einen neuen Rheinbund; ein westliches Deutschland ohne die ungeschickte Übergröße des Bismarckreichs, einen Staat von »europäischem Normalformat«, von derselben Größenordnung wie Frankreich, England und Italien, und mit ähnlicher innerer Verfassung wie diese; einen Staat überdies, der nicht mehr wie das Deutsche Reich ständig nach zwei Richtungen

blicken mußte, sondern sich ein für allemal im Westen heimisch machte; der unter Verzicht auf Preußen und Sachsen die engstmögliche Einheit mit Frankreich suchte und sich als Gliedstaat nicht eines deutschen, sondern eines werdenden westeuropäischen (»karolingischen«) Reichs fühlte. Man kann diese Konzeption natürlich ablehnen, und man kann bedauern, daß sie in den entscheidenden Jahren um 1950 über die deutsche Einheitskonzeption den Sieg davontrug. Was man nicht kann, ist so tun, als wäre das nicht geschehen. Die gesamte Politik Adenauers und der Bundesrepublik in der Adenauerperiode ist nur aus dieser Konzeption zu begreifen, ihr diente sie, und ihr verdankte sie ihre unbestreitbaren Erfolge, insbesondere die rasche Überwindung der Haßgefühle des Zweiten Weltkrieges, die schnell erlangte Verzeihung für die Sünden des Deutschen Reichs: Die Bundesrepublik war ebendieses Reich nicht mehr, sie war etwas anderes und Neues. In diesem Zeichen ist die Bundesrepublik ins Leben getreten, und auf dieser Basis ist sie im westeuropäischen Staatenklub als Mitglied akzeptiert worden.
Leider hat Adenauer nie gewagt, seinen Mitbürgern klaren Wein darüber einzuschenken, was er tat – und was sie unter seiner Führung taten. Er hat seine friedliche Westpolitik immer als kriegerische Ostpolitik, seine Teilungspolitik als Wiedervereinigungspolitik deklariert und den bundesrepublikanischen »Westabmarsch« (Heinemann) seinem deutschen Publikum als einen Ostaufmarsch dargestellt – mit dem Ergebnis, daß diesem Publikum ein falsches Bewußtsein, eine politische Lebenslüge eingeimpft wurde. Ein großer Teil der Bundesbürger glaubt ganz ehrlich, daß die Russen und die deutschen Kommunisten Deutschland gespalten hätten, und nicht sie selbst und die Westmächte. Die Spalter fühlen sich zur Entrüstung über die Spaltung berech-

tigt – und betrachten ihre verspätete Anerkennung als »Landesverrat« und »Ausverkauf«.
Damit aber hat Adenauer eine gefährliche Zeitbombe in sein politisches Werk, die Bonner Demokratie, eingebaut, eine Bombe, die es durchaus noch in die Luft sprengen kann, wenn sie nicht endlich einmal beseitigt wird. »Bonn ist nicht Weimar« – der optimistische Buchtitel Allemanns klingt heute längst nicht mehr so überzeugend wie einst. So wie die Weimarer Demokratie nun einmal an die »Erfüllungspolitik« geknüpft war, also die Hinnahme der Ergebnisse des Ersten Weltkrieges, so ist die Bonner Demokratie an die Ergebnisse des Zweiten Weltkrieges gebunden, von denen das einschneidendste die deutsche Zweistaatlichkeit ist; Frieden und Demokratie, das gehört in Deutschland zusammen; als Deutschland Stresemanns Außenpolitik verleugnete, lieferte es sich auch dem Faschismus aus. Eine »nationale Opposition« kann für die Bonner Demokratie nicht weniger tödlich werden als für die Weimarer. Der innen- und der außenpolitische Aspekt von Adenauers Werk lassen sich nicht trennen. Beide sind gleichermaßen gefährdet, wenn die Bundesrepublik sich weigert, aus der Adenauerschen Politik des »Westabmarschs« – der sie alle Annehmlichkeiten ihrer Existenz verdankt – die Konsequenz zu ziehen, die Anerkennung der DDR heißt.
Es war Adenauers zweifelhaftes Glück, daß ihm die Weltlage der fünfziger Jahre erlaubte, diese Konsequenz zu vertagen. Aber die Weltlage von 1970 erlaubt das nicht länger. Adenauers Bundesrepublik konnte die Teilung des Deutschen Reichs sozusagen unter Narkose vollziehen und sich einbilden, der amputierte Teil gehöre immer noch zu ihrem Körper; sie konnte alle Vorteile einer Rheinbundexistenz mit der Illusion verbinden, immer noch das Deutsche Reich zu sein. Aber das Erwachen aus der Narkose ist früher oder

später unvermeidlich. Heute muß die Bundesrepublik sich entscheiden, ob sie das sein will, was sie wirklich ist – die neue, demokratische und westeuropäische Bundesrepublik –, oder ob sie das wieder werden will, was sie längst nicht mehr ist – das alte, autoritäre und kriegerisch-nationalistische Deutsche Reich. Sie fällt diese Entscheidung durch die Anerkennung oder Nichtanerkennung der DDR. Entscheidet sie sich für die Verleugnung ihrer eigenen Taten, ihrer Geschichte und Identität und wählt sie statt dessen wieder die Reichstradition, so wird sie auch das demokratische Programm ihres Grundgesetzes wieder verleugnen müssen – wozu es schon Ansätze gibt – und wird sich auch im westeuropäischen Club wieder verdächtig machen – wofür es schon Anzeichen gibt. Es ist kein Zufall, daß die westeuropäische Einigungsbewegung in den sechziger Jahren ins Stocken geraten ist und erst jetzt, dank Brandt und seiner neuen Ostpolitik, wieder Belebungszeichen aufweist: Mit einer *revisionistischen* Bundesrepublik möchte kein westeuropäischer Staat sich zu tief einlassen.

Die überfällige Selbstanerkennung der Bundesrepublik, die in der Anerkennung der DDR liegt, ist nötig, um die beginnende »Weimarisierung« im Innern und die beginnende Isolierung nach außen zu beenden. Sie ist die Voraussetzung sowohl demokratischer Stabilisierung wie jedes Fortschritts auf dem Wege westeuropäischer Einigung, ebenso wie sie der Schlüssel zu jeder Normalisierung der Bonner Ostbeziehungen ist. Sie ist aber schließlich sogar das einzige Mittel geworden, um der Selbstentfremdung der deutschen Nation, die in den letzten Jahrzehnten reißende Fortschritte gemacht hat, Halt zu gebieten. Wenn die Bundesrepublik mit der Anerkennung der DDR noch lange zögert, wird ein Tag kommen, an dem die Deutschen nicht nur in zwei Staaten leben, sondern zwei Nationen geworden sind.

5.

Sind die Deutschen überhaupt eine Nation? Waren sie es je? »Zur Nation euch zu bilden, ihr sucht es, Deutsche, vergebens ...« Bilden nicht auch heute schon Deutsche sogar mehr als zwei Nationen? In der Schweiz, in Österreich, auch im Elsaß spricht man deutsch; trotzdem sind die Schweizer Schweizer und die Österreicher Österreicher und die Elsässer Franzosen. Wäre es ein Unglück, wenn auch die Bundesdeutschen und die DDR-Deutschen eines Tages zwei Nationen wären, mit getrennten Traditionen und Literaturen, mit getrennten landsmannschaftlichen Gefühlen – Fremde? Sind sie es nicht fast schon jetzt? Und vermissen sie einander wirklich?

Dieser Problemknäuel soll hier nicht entwirrt werden. Es wird einfach unterstellt – und es entspricht wohl auch noch der Wirklichkeit –, daß es unter den Deutschen, die die dramatische und schreckensvolle Geschichte des Bismarckreichs gemeinsam durchgemacht haben und die heute fast vollzählig in der Bundesrepublik und der DDR (und in West-Berlin) leben, immer noch viele gibt, die diese Gemeinsamkeit als einen erhaltungswürdigen Wert empfinden; denen die drei gemeinsam durchlebten Vierteljahrhunderte von 1870 bis 1945 mehr bedeuten als das eine Vierteljahrhundert, das sie seither trennt; denen »Wiedervereinigung« noch immer ein erstrebenswertes Ziel ist. (Freilich werden diese Menschen immer weniger; in einem weiteren Vierteljahrhundert dürften sie so ziemlich ausgestorben sein.) Von ihrem Standpunkt aus soll hier zum Schluß die Anerkennungsfrage noch kurz betrachtet werden. Hilft die Anerkennung einer Wiedervereinigung oder hindert sie sie?

Dabei tut man gut, sich ein wenig darüber klarzuwerden, wie eine Wiedervereinigung bestenfalls aussehen könnte. Eine Wiedervereinigung durch Annexion oder Anschluß des ei-

nen Staates an den anderen ist nicht nur unter allen irgendwie erdenklichen Bedingungen der voraussehbaren Zukunft ausgeschlossen; sie ist auch nicht wünschenswert. Sie setzt Krieg voraus, und ein Krieg würde unter den heutigen Bedingungen in Deutschland nichts zum Wiedervereinigen übriglassen. Aber selbst wenn durch ein Wunder die Bundesrepublik die DDR ohne Krieg in ihre Gewalt bekommen könnte – etwa so wie Hitler Österreich ohne Krieg in seine Gewalt bekam –, würde das, was daraus folgte, ein Schauspiel von unausdenkbarer Furchtbarkeit sein. Wer auch nur die geringste Vorstellungskraft hat, kann nur hoffen, daß etwas Derartiges nie passiert. Gott sei Dank besteht auch nicht die geringste Aussicht, daß es je passieren könnte.
Realistischerweise vorstellbar wäre eine Wiedervereinigung heute nur noch im gegenseitigen Einverständnis der beiden Staaten. Das setzt entweder eine sehr schwache Form von Wiedervereinigung voraus – einen lockeren Staatenbund, eine Konföderation ohne übergreifende Staatsgewalt, wie sie die DDR der Bundesrepublik ja ein paar Jahre lang vergeblich angeboten hat – oder aber einen erheblichen inneren Wandel in beiden Staaten. Zu einem wirklichen Staat wiedervereinigen könnten sich allenfalls eine von Liberalkommunisten regierte DDR und eine von Linkssozialisten regierte Bundesrepublik. Sicher gibt es Liberalkommunisten in der DDR und Linkssozialisten in der Bundesrepublik, aber sie sind Minderheiten, und die Chance, daß sie in der Zeit, in der Wiedervereinigung hüben und drüben noch Interessenten hat, also etwa in dem verbleibenden Rest dieses Jahrhunderts, an die Macht kommen werden, ist gering.
Immerhin: Es ist vorstellbar – vorstellbar, keineswegs sicher –, daß gerade die Anerkennung diesen Minderheiten in beiden Staaten Auftrieb geben könnte. Anerkennung würde Verkehr und Austausch nach sich ziehen, die beiden

Deutschland würden einander wieder interessanter werden, sie würden dieses und jenes aneinander neu entdecken; möglicherweise gäbe es ein wenig Abbau von Vorurteilen, ein wenig gegenseitige Beeinflussung, ein wenig Abfärben. Das alles ist aber spekulativ, und es wäre den Regierungen auf beiden Seiten auch kaum uneingeschränkt erwünscht. Man darf nicht darauf setzen. Wer in der Anerkennung bereits den ersten Schritt zur Wiedervereinigung sieht, wird wahrscheinlich enttäuscht werden.
Freilich: Wer in der Nichtanerkennung je ein Mittel zur Wiedervereinigung gesehen hat, muß, wenn er nicht völlig realitätsblind ist, schon längst enttäuscht sein. Wenn es überhaupt noch einen Weg zur Wiedervereinigung gäbe, dann allerdings wäre die Anerkennung der erste Schritt auf diesem Weg: Staaten, die sich anerkennen, können sich, wenn sie wollen, auch vereinigen; Staaten, die sich schneiden, können es auf keinen Fall. Aber wahrscheinlich gibt es einen Weg zur Wiedervereinigung heute überhaupt nicht; mindestens ist er unabsehbar weit. Bleibt die Frage, ob es nicht, wenn schon keine Wiedervereinigung, zum mindesten einen annehmbaren Wiedervereinigungsersatz geben könnte. Ein berühmter Berliner Arzt der zwanziger Jahre pflegte zu sagen, eine gutkompensierte Krankheit sei so gut wie Gesundheit. Ließe sich die Zweistaatlichkeit – vom nationalen Standpunkt aus zweifellos eine Art Krankheit – wenn nicht heilen, so wenigstens kompensieren?
Hier bietet sich eine historische Überlegung an. Wenn man die gut tausend Jahre deutscher Geschichte betrachtet, findet man, daß die Einheit des Bismarckreichs eine kurze Episode war (und keine besonders glückliche). Normalerweise haben die Deutschen nicht nur in zwei, sondern sogar in vielen Staaten gelebt. Diese Staaten sind auch nicht etwa immer homogen gewesen: Es hat katholische und evangelische

Staaten gegeben – und das in einer Zeit, in der der Konfessionsgegensatz mindestens so wichtig und so unversöhnlich war wie der ideologische Gegensatz von Kapitalismus und Sozialismus heute –, Monarchien und Republiken, im neunzehnten Jahrhundert konstitutionelle und feudale Staaten. Was es nie gegeben hat, sind Staaten gewesen, die einander die Anerkennung verweigerten.

Wenn sich eine Art deutsches National- und Zusammengehörigkeitsgefühl durch alle Jahrhunderte der Vielstaatlichkeit und Verschiedenstaatlichkeit erhalten hat, dann offenbar gerade dadurch, daß die deutschen Staaten nie die Beziehungen miteinander abbrachen. Anscheinend ist das deutsche Nationalgefühl von einer Art, die die Gesamtstaatlichkeit nicht unbedingt braucht, anscheinend gedeiht es ziemlich unabhängig vom Staatsgefühl. Was es braucht, sind Lebensbedingungen, die ihm gestatten, sich in dieser seiner Sonderart, also unabhängig von der lokalstaatlichen Unterteilung und unbeschadet loyaler Staatsgesinnung, zu entfalten und zu betätigen. Man könnte so weit gehen zu sagen, daß Nationalgefühl unter Deutschen mehr zur Privatsphäre als zur öffentlichen gehört. Es ist eine gleichzeitig zäh-bescheidene und empfindliche Pflanze. Es windet sich mühelos unter Staatsgrenzen hindurch, solange diese Grenzen eben durchlässig sind. Erst wenn sie es nicht mehr sind, stirbt es ab.

Nicht die Existenz der Staatsgrenzen zwischen Bundesrepublik und DDR, ihre Undurchlässigkeit bedroht heute das Weiterleben eines deutschen Nationalgefühls. Diese Undurchlässigkeit ist aber die Folge der Beziehungslosigkeit, also der Nichtanerkennung. Zwischen Staaten, die sich anerkennen, wird es früher oder später auch wieder Privatverkehr geben – und damit eine Chance für Gefühle nationaler Gemeinsamkeit. Für ein solches Nationalgefühl könnte es sogar eher einen Gewinn als einen Verlust bedeuten, daß die deutschen Staaten gesellschaftlich verschieden sind – also daß Deutsche einen Fuß in beiden Lagern der heutigen Welt haben. Wer sich wirklich noch als Deutscher empfindet, sollte auch als Bundesdeutscher auf die Leistung Ulbrichts, auch als DDR-Deutscher auf die Adenauers einen gewissen Stolz fühlen können. Daß das kaum mehr vorkommt, spricht freilich nicht dafür, daß die Deutschen heute noch viel Nationalgefühl haben.

Wie dem auch sei, die Anerkennung der DDR würde dem, was an deutschem Nationalgefühl die zwanzig Jahre der Nichtanerkennung überlebt hat, eine Chance geben, noch einmal zu Kräften zu kommen. Weitere zwanzig Jahre Nichtanerkennung werden es mit Sicherheit abtöten.

12 Thesen zur Deutschlandpolitik

Vorschläge für ein anderes Deutschland

1. Die Politik der Bundesrepublik ist immer noch auf eine Weltlage abgestellt, die vor 15 Jahren bestand, aber heute nicht mehr besteht.

2. Diese Weltlage war charakterisiert durch Machtpolarisierung, Blockbildung in Ost und West, Kalten Krieg und Erwartung eines dritten Weltkrieges.

3. Die heutige Weltlage ist charakterisiert durch absolute Notwendigkeit der Kriegsverhinderung, amerikanisch-russische Zusammenarbeit zu diesem Zweck, Blockzerfall und Polyzentrismus in Ost und West, eine Wiederbelebung des nationalstaatlichen Prinzips und eine zunehmende Verwischung ideologischer Gegensätze.

4. Deutschland ist in seinen beiden Teilen nicht mehr stark genug, gegen den Wind zu kreuzen. Es muß sich der Weltlage anpassen. Das entspricht auch seinem Interesse.

5. Von den drei erklärten Zielen bundesrepublikanischer Politik (Sicherheit der Bundesrepublik, westeuropäische und atlantische Integration, Wiedervereinigung Deutschlands) ist das zweite heute unerreichbar und uninteressant geworden. Das erste und dritte bedürfen in der veränderten Weltlage einer Neudefinition.

6. Sicherheit der Bundesrepublik ist heute nicht mehr durch ein Bündnis mit Amerika gegen Rußland, sondern nur noch durch gute Beziehungen mit Rußland zu erreichen. Es ist ein Glücksfall, daß die amerikanisch-russische Entspannung dies der Bundesrepublik ohne Verlust der amerikanischen Freundschaft möglich macht. (Wenn es die Entspannung nicht gäbe, hätte sie in Deutschland erfunden werden müssen.)

7. Die Herstellung guter Beziehungen mit Rußland erfordert, wenn nicht die Anerkennung der DDR, so doch die Selbstanerkennung der Bundesrepublik, das heißt die Anerkennung der Tatsache, daß das Deutsche Reich von 1937 nicht mehr existiert und daß die Bundesrepublik weder mit ihm identisch ist noch einen Anspruch auf seine Wiederherstellung hat.

8. Wiedervereinigung Deutschlands kann heute nur noch als Vereinigung der Bundesrepublik mit der DDR verstanden und erreicht werden. Darüber hinausgehende territoriale Zielsetzungen gefährden selbst diese Möglichkeit.

9. Die Wiedervereinigung der beiden deutschen Staaten, Teilstaaten oder Zonen kann nicht durch Zwang oder Druck, sondern nur durch das freiwillige Zusammenwirken beider Partner mit Billigung ihrer Schutzmächte, und nicht mit einem Schlage, sondern nur als allmählicher Prozeß erfolgen. Sie erfordert als Voraussetzung seitens der Bundesrepublik eine Umstellung von Feindschaft auf Freundschaft und von Boykott auf engstmögliche Zusammenarbeit mit der DDR.

10. Die ideologische und gesellschaftliche Verschiedenheit der beiden Kontrahenten ist dabei nicht als Hindernis, sondern als Chance aufzufassen: Deutschland hat so die Gelegenheit, in dem für die ganze Welt heute notwendigen Prozeß der Abschleifung ideologischer Gegensätze und der Koexistenz verschiedener Gesellschaftsordnungen Pionierarbeit zu leisten. Eine Koexistenz verschiedener Ordnungen in einem Lande entspricht auch deutschen Traditionen, wie sie sich besonders im Augsburger Religionsfrieden, aber auch in der Reichsverfassung seit 1648, der Bundesverfassung von 1815 und noch spurenweise in der Reichsverfassung von 1871 verwirklicht und bewahrt haben.

11. Voraussetzung einer neuen Sicherheitspolitik und einer neuen Deutschlandpolitik ist eine neue Innenpolitik, die nicht mehr auf Einengung und Abbau der Demokratie, sondern auf ihre Durchsetzung und Verwirklichung gerichtet ist.

Das bedeutet negativ und kurzfristig:
– Aufhebung des politischen Sonderstrafrechts
– Abbau der Geheimbürokratie
– Aufhebung der Parteienprivilegien
– Aufhebung des KP-Verbots
– Sicherung der Informationsfreiheit
– Verzicht auf Notstandsgesetze

Positiv und langfristig erfordert es:
– Erziehungsreform
– Justizreform
– Parlamentsreform

12. Eine neue Politik kann nur von einer neuen Regierung erwartet werden. Wer eine neue Politik will, muß sich schon zur Abwahl der auf die alte Politik verpflichteten CDU-CSU-Regierung entschließen. Dies kann nur durch die Wahl einer SPD-Regierung geschehen; Wahlenthaltung oder Wahlprotest ändern nichts.

Der Staatsbürger darf sich aber mit dem Wahlakt nicht begnügen: Er muß unablässig nachbohren, um seinen Argumenten bei Parteien und Regierung Respekt zu verschaffen.

Neue Kritik

Rückfall in Schrecken und Willkür

Von Geheimbündelei und Untertanengeist

Das, was im allgemeinen als »die Begleitumstände der SPIEGEL-Affäre« bezeichnet wird, ist in Wahrheit die Affäre selbst. Die Schicksalsfrage für Deutschland, die sich in diesen Tagen stellt, ist nicht, ob der SPIEGEL in einigen Artikeln, die Wochen oder gar Monate zurückliegen, die unbestimmte, fließende Grenze überschritten hat, welche die legitime Unterrichtung der Öffentlichkeit über Verteidigungsfragen von Landesverrat trennt; darüber können sich die Juristen in aller Ruhe schlüssig werden. Es ist die Frage, ob die Bundesrepublik Deutschland noch ein freiheitlicher Rechts- und Verfassungsstaat ist oder ob es möglich geworden ist, sie durch eine Art kalten Staatsstreich über Nacht in einen Schreckens- und Willkürstaat zurückzuverwandeln.

Jedem Bürger der Bundesrepublik, ob er will oder nicht, ob er es sich eingesteht oder nicht, hat sich in diesen Tagen die Frage gestellt: »In was für einem Staat leben wir eigentlich?« Die Frage ist noch nicht beantwortet, und vom Verhalten jedes einzelnen hängt es ab, wie sie beantwortet wird.

Fest steht, daß eine offensichtlich von langer Hand vorbereitete, an drei Orten synchron einsetzende Nacht- und Nebelaktion gegen ein wichtiges Oppositionsorgan stattgefunden hat, wobei in mindestens einem Falle (Ahlers) Freiheitsberaubung im Amt begangen worden ist, ein schweres, mit Zuchthaus bedrohtes Verbrechen. Fest steht, daß diese Aktion hinter dem Rücken und unter absichtlicher Ausschaltung der verfassungsmäßig verantwortlichen Minister stattgefunden hat – ein Vorgang, der an Geheimbündelei und Hochverrat grenzt. Fest steht, daß aus einer Durchsuchung der SPIEGEL-Redaktion eine Besetzung gemacht worden ist und daß diese Besetzung heute noch, nach zwölf Tagen, weitgehend andauert – ein klarer Anschlag auf die Presse- und Publikationsfreiheit, der sich zu einer Ermittlungsmaßnahme so verhält wie die versuchte Tötung eines Patienten zu einer ärztlichen Untersuchung.

Das Gesamtbild ist nicht das eines rechtsstaatlichen Ermittlungsverfahrens in einem Falle, wo die Straftat, wenn es eine ist, ja seit Wochen und Monaten, aller Öffentlichkeit zugänglich, in Wort und Druckschrift fixiert ist; sondern eines vom Vernichtungswillen getragenen, kriegsähnlichen Überfalls der Staatsgewalt auf eine Gruppe mißliebiger Staatsbürger, wie sie dem Deutschen aus der nationalsozialistischen Zeit geläufig ist.

Was immer in der Frage des behaupteten Landesverrats schließlich herauskommen mag – und fern sei es, in das in dieser Hinsicht schwebende Verfahren einzugreifen: Es ist versucht worden, unter der Hand ein Urteil, und zwar ein Todesurteil, gegen eine Zeitschrift zu vollstrecken, ehe auch nur eine Anklage erhoben worden ist. Dabei sind die verfassungsmäßigen Zuständigkeiten offenbar durch eine bisher unaufgeklärte, staatsstreichähnliche Verschwörung überspielt worden. Das Gesamtergebnis ist, daß die Bundesrepublik Deutschland in diesem Augenblick nicht mehr zu den Staaten gehört, in denen der Bürger sagen kann, er wisse, wenn es nachts unvermutet an der Tür klopft, daß es der Milchmann ist.

In diesem Augenblick. Noch ist nichts entschieden, noch stehen die Dinge auf des Messers Schneide. Noch kann der Rückfall in den Schrecken, die Willkür und das Unrecht abgewehrt werden. Aber er ist noch nicht abgewehrt. Noch ist nichts davon bekannt, daß der schwere Verdacht, der sich unvermeidlicherweise gegen Personen in hohen Ämtern, darunter einen Bundesminister richtet, zu angemessenen Ermittlungsmaßnahmen geführt hat ...

Die Hauptverantwortung liegt aber heute gerade bei den »staatserhaltenden« Teilen der deutschen Öffentlichkeit, die mehrheitlich nicht mit dem SPIEGEL sympathisieren: der Presse, den Justizorganen, den Beamten, den Professoren, den Kirchen, den Gewerkschaften und, ganz besonders natürlich, den Regierungen und Parlamenten. Es sind genau diejenigen Kreise, deren staatsbürgerliches Versagen im Jahre 1933 die deutsche Katastrophe ermöglichte, die in jenem Jahr begann ...

Es soll nicht bestritten werden, daß die Leute, die damals so schrecklich versagten und um deren charakterliche Bewährung man auch heute wieder zittern muß, zum allergrößten Teil persönlich anständig sind, und daß sie wohl gar glauben, Patrioten zu sein, wenn sie dem Staat zur Abwehr einer behaupteten Gefahr jede Flunkerei durchgehen lassen und jede Gewalttat erlauben. Aber gerade das ist das Gegenteil von Patriotismus. Es ist das Verhalten des Untertans, nicht des verantwortlichen Staatsbürgers und Staatsträgers ...

Mit der SPIEGEL-Affäre hat für die Lebensfähigkeit der deutschen Demokratie zum ersten Mal deutlich und unüberhörbar die Stunde der Prüfung geschlagen. Die Prüfung ist noch nicht bestanden.

Kein Ende der Spiegel-Affäre

Versuch einer Bilanz

Ende Oktober 1962, als die USA den Abzug der sowjetischen Raketen aus Kuba erzwangen und Indiens Himalaya-Front von den vorrückenden Chinesen zertrümmert wurde, schenkten die Deutschen der Außenwelt dennoch keine Beachtung. Ihre Innenpolitik absorbierte sie wie noch nie während der letzten dreißig Jahre.
Die SPIEGEL-Affäre hatte einiges von der Atmosphäre und einiges von den Wirkungen der Dreyfus-Affäre an sich. Sie spaltete das Land von oben nach unten, erschütterte die etablierten Mächte und gruppierte sie neu, begründete und vernichtete (dies vor allem) Reputationen und Karrieren, sog alle möglichen unerwarteten Geschehnisse in ihren Wirbel. Solcherart wurde es immer schwieriger, sie zu überblicken. Es wäre ein Buch erforderlich, um ihren ganzen komplizierten Ablauf wiederzugeben und in ihre immer noch dunklen Verzweigungen hineinzuleuchten. Hier soll jedoch bloß eine Bilanz dessen versucht werden, was sie in Deutschland angerichtet hat. Und das ist nicht wenig.

1. Strauß und die Strategie

Vor wenig mehr als Jahresfrist war Franz Josef Strauß der kommende Mann in Deutschland. Es schien nur noch die Frage, ob er unmittelbar auf Adenauer folgen werde oder erst nach einem Interregnum unter Erhard. Obwohl ihm schon vor der SPIEGEL-Affäre manche Rückschläge widerfahren waren, galt er bis dahin ohne Zweifel für die stärkste Persönlichkeit der jüngeren deutschen Politikergeneration. Seine Spitzenstellung gründete auf Energie, Intelligenz, Vitalität, Ehrgeiz: auch sein Charme konnte von bezwingender Wirkung sein.

Zugleich war er freilich der umstrittenste deutsche Politiker. Der Bewunderung für seine Fähigkeiten hielt die Kritik an seinem Charakter die Waage. Seine Feinde schilderten ihn als Machtbesessenen: skrupellos, brutal, unbarmherzig. Seine Verteidiger räumten Charakterfehler ein, rühmten jedoch sein im Grunde gutartiges, dem Leben und Lebenlassen zugetanes Wesen – worin andere bloßen Mangel an Selbstdisziplin und Unterscheidungsfähigkeit sahen.

Fast zwei Jahre lang hatte Rudolf Augstein, Herausgeber des SPIEGEL, eine pausenlose persönliche Kampagne gegen Strauß geführt. Einige seiner Anschuldigungen wurden Gegenstand parlamentarischer Untersuchung, woraus Strauß im wesentlichen rein hervorging. Eindrucksvoller als die Anschuldigungen des SPIEGEL als solche – sie klangen bisweilen nach viel Lärm um sehr wenig – präsentierte sich die ehrliche Leidenschaft, mit der Augstein, ursprünglich eher Strauß-Anhänger, zu seiner Überzeugung gelangt war, dieser Mann sei eine solche Gefahr für das Land, daß er um jeden Preis aus dessen öffentlichem Leben auszutreiben sei.

Die Ironie der Geschichte liegt darin, daß Strauß sodann durch seine eigene Aktion gegen den SPIEGEL in viel ärgeren Mißkredit geriet als je zuvor durch die Aktion des SPIEGEL gegen ihn.

Man kann vernünftigerweise nicht mehr daran zweifeln, daß die Aktion gegen den SPIEGEL, samt ihrem prinzipiell polizeistaatlichen Charakter und ihrer unangemessenen Übertriebenheit, das persönliche Werk des damaligen Verteidigungsministers war. Er wußte und redete von der Aktion im voraus. Er gab die Weisung, den verfassungsmäßig verantwortlichen Justizminister nicht zu informieren. Er war in jener Nacht des 26. Oktober wach und auf dem Sprung, als die

Aktion, mit der er angeblich nichts zu tun hatte, ihren Lauf nahm. Durch mehrere nächtliche Telefongespräche zu unwahrscheinlichen Stunden sorgte er persönlich für die ungesetzliche Verhaftung eines SPIEGEL-Mitarbeiters in Spanien, wobei er Funktionen des Außenministers usurpierte wie zuvor Funktionen des Justizministers.

Seine Gefühle gegenüber dem SPIEGEL sind menschlich verständlich. Er war lang und grausam provoziert worden. Dessenungeachtet war, was er tat, verkehrt und unbedacht, ein plumper Anschlag. Zeugnis blinder, berserkerhafter Wut. Daß Strauß in Zukunft mit derselben Verantwortungslosigkeit handeln könnte, etwa als Bundeskanzler, wenn es vielleicht um Krieg oder Frieden in diesem unserem Atomzeitalter ginge – das ist eine wahrhaft haarsträubende Perspektive.

Es kam noch schlimmer. Mehrere Wochen lang versuchte Strauß, ohne Geschick und Erfolg, Parlament wie Öffentlichkeit über seine Rolle in der Affäre zu täuschen. Er ließ seinen Staatssekretär Schuld und Strafe auf sich nehmen, welche ihm zugekommen wären. Während seiner Antworten auf parlamentarische Anfragen reduzierte sich der große Machtmensch auf einen herumlügenden Schuljungen. Schließlich blieb ihm nichts übrig, als ein Teilgeständnis abzulegen.

So kam er um sein Amt – trotz des bemerkenswerten Wahltriumphs, den ihm das heimatliche Bayern bescherte, gerade zur Stunde seiner tiefsten Demütigung in Bonn. Strauß verstand sich auf keinen würdigen Abgang. Er wollte Adenauer mit sich ziehen, indem er behauptete – wieviel daran wahr sein mag, blieb unbekannt –, daß er jederzeit, wo nicht auf dessen Weisung, so mit dessen voller Kenntnis und Billigung gehandelt habe. Schließlich trampelte er aus seinem Ministerium auf dem Umweg über ein Bankett und einen großen

Zapfenstreich, arrangiert von ihm selbst für sich selbst. Er ist ohne Zweifel nicht nur aus seinem Amt geschieden, sondern aus dem Rennen um die Nachfolge Adenauers – zum mindesten für absehbare Zeit. Aber er ist keineswegs aus der Politik geschieden. Er behielt seine Schlüsselposition in der bayrischen CSU, die ihrerseits eine Schlüsselposition im Parlament hat. Durch ihr Ausscheiden aus der Koalition könnte sie jederzeit die Regierung stürzen und die innenpolitischen Chancen der CDU ruinieren. Kurz: aus dem mächtigen offiziellen Kronprinzen wurde der mächtigste potentielle Unheilstifter.

Vorgeblich entsprang die Aktion gegen den SPIEGEL nicht der Rache für dessen Kampagne gegen Strauß, sondern einer Untersuchung wegen Verdachtes auf Geheimnisverrat im Bereich des Verteidigungsministeriums. Der Hintergrund hierzu ist kein geringerer als die große Debatte über das strategische Konzept der NATO. Sie wurde durch die Entscheidung Kennedys ausgelöst, die konventionellen Streitkräfte zu verstärken, um solcherart die »atomare Schwelle« zu erhöhen, d. h. um jene Grenzsituation hinauszuschieben, in der ein Übergang vom begrenzten lokalen Konflikt zum globalen Atomkrieg nötig wäre.

Strauß etablierte sich als der leidenschaftliche europäische Gegner dieser Entscheidung Kennedys. Nach seiner Meinung kam sie beinahe einer Einladung gleich, die Sowjetunion möge ihre Überlegenheit an konventionellen Streitkräften zum Angriff auf Deutschland nutzen. Er hielt es geradezu für ein Verbrechen gegen den Frieden, die Gefahr eines solchen Angriffs dadurch zu vergrößern, daß man dessen Risiko für die Sowjetunion verkleinert. Strauß führte daher einen verzweifelten Zweifrontenkampf: *für* die Ausdehnung der Verfügungsgewalt über die NATO-Atomwaffen auf alle Mitglieder des Bündnisses, einschließlich

Deutschland; und *gegen* die Verstärkung der konventionellen Streitkräfte Deutschlands über zwölf Divisionen hinaus – was er nicht nur als Verschwendung ansah, sondern als direkt schädlich, weil es die Glaubwürdigkeit der atomaren Abschreckung vermindern würde.
Die Ehrlichkeit seiner Überzeugung soll nicht in Zweifel gezogen werden. Aber gerade deswegen war er gegenüber abweichenden Meinungen derart intolerant, daß er jeden ihm widersprechenden Untergebenen beinahe als Verräter ansah. Auch das Gefühl, in einem überwältigend ungleichen Kampf zu stehen – das »kleine Deutschland« gegen den Koloß Amerika – mag zu der Hartnäckigkeit beigetragen haben, mit der er von seinem Ministerium und vom Generalstab die völlig uniforme Hinnahme seiner Doktrin verlangte. Er hatte damit keinen rechten Erfolg. Nicht wenige höhere deutsche Offiziere unterstützten die neue amerikanische Strategie, aus sachlichen oder sonstigen Gründen. Sie gerieten daher in heftige Meinungsverschiedenheiten mit Strauß. Da ihre Ansichten innerhalb des Ministeriums unterdrückt wurden und die möglichen Konsequenzen der Straußschen Verteidigungspolitik ihnen Sorge bereiteten, suchten und fanden einige von ihnen Kontakte mit der Presse, einschließlich des SPIEGEL, und ihre Besorgnisse gelangten solcherart an die Öffentlichkeit. Anfang Oktober publizierte der SPIEGEL einen wohldokumentierten und mit gewichtigen Beweisgründen versehenen Artikel über die betrüblichen Ergebnisse der Übung »Fallex 62«, worüber auch andere deutsche Zeitungen berichtet hatten. Der Artikelschreiber wurde ohne Zweifel von Fachleuten des Verteidigungsministeriums beraten. Andere Fachleute desselben Ministeriums, Vertreter der »Strauß-Doktrin«, hielten die Veröffentlichung für Landesverrat. Sie übermittelten der Bundesanwaltschaft diese ihre Meinung und lieferten damit sowohl

den Vorwand für die Polizeiaktion gegen den SPIEGEL wie die Grundlage für die gerichtliche Untersuchung.

Als Resultat all dessen ist die deutsche Öffentlichkeit, die sich zuvor verblüffend wenig um Landesverteidigung geschert hatte, nun völlig in Bewegung geraten, sowohl was ihr Recht betrifft, informiert und gefragt zu werden, wie auch, was die der deutschen Landesverteidigung zugrundeliegende Strategie anlangt. Seit Strauß aus seinem Amt geschieden ist, scheint die offizielle deutsche Haltung in dieser lebenswichtigen Frage durchaus offen zu sein. Die Meinung der Fachleute ist geteilt, und die Unterdrückung dieser Meinungsverschiedenheit hat fürs erste ihr Ende gefunden.

Bedeutsamer Einfluß kommt jedoch immer noch Strauß zu, der schon verlautbart hat, daß er für sein strategisches Konzept öffentlich zu kämpfen gedenke. Vielleicht wird er aus diesem Anlaß tun, was er für Landesverrat hielt, als der SPIEGEL es tat, nämlich: aus dem Verteidigungsministerium stammende Informationen für die öffentliche Diskussion über Landesverteidigung benützen. Derlei Ironie wird jedoch die Kraft seiner Kampagne nicht mindern. Und was immer das Ergebnis sein mag: Die Deutschen beginnen die erste große öffentliche Landesverteidigungs-Debatte ihrer Geschichte. Schon das allein wird in den nächsten Monaten für Erregung und Überraschung sorgen.

2. Adenauer und die Koalition

Diese Monate werden auch das Ende der Amtszeit Adenauers bringen. Er war, neben seinem Verteidigungsminister, der hauptsächliche Verlierer in der SPIEGEL-Affäre.

Seine Rolle in der ungesetzlichen Aktion vom 26. Oktober ist nicht über jeden Verdacht erhaben (welches Urteil freilich vor allem auf den Straußschen Behauptungen basiert). Ohne Zweifel bewies er in der SPIEGEL-Debatte des Bundestages peinlichen Mangel an Urteilsfähigkeit und Selbstkontrolle. Seine Autorität hatte schon durch die – von ihm als solche nicht anerkannte – Wahlniederlage vom September 1961 gelitten. Sie nahm weiteren Schaden, als fast unmittelbar nach der SPIEGEL-Aktion die Regierungs- sowie Koalitionskrise ausbrach und bis Mitte Dezember fortschwelte, ohne daß er ihrer Herr wurde.

Die SPIEGEL-Krise hat auch die eifrigsten seiner Verehrer (ihre Reihen lichten sich) mit der traurigen Tatsache bekannt gemacht, daß er, 87 Jahre alt, der Natur den unvermeidlichen Tribut zu leisten hat. Er ist nicht mehr, was er mit 70, 80 oder noch mit 85 war. Daß er nichts davon bemerkt, ändert nichts daran; bei sehr alten Leuten ist dies der Regelfall. Daß er immer noch im Amt ist, verdankt er – es ist schrecklich, dies auszusprechen – einem Gefühl, das sich von Mitleid nicht sehr leicht unterscheiden läßt. Man hielt ihn, nicht weil er die SPIEGEL-Affäre so gut, sondern weil er sie so schlecht hinter sich gebracht hatte. Seine Anhänger hatten nicht das Herz, dies als den letzten Akt seiner Regierung zu betrachten. »Ein Mann von seinen Verdiensten und seiner geschichtlichen Statur darf nicht über einer solchen Sache auf solche Weise fallen« – das war die Melodie, die man während dieses Winters in hundert Variationen hörte.

So bekam er weitere paar Monate Frist, im Austausch für sein definitives Rücktrittsversprechen. Vermutlich hat noch kein Land seinem Regierungschef ein so langes »Ehrenjahr« zugebilligt. Jedenfalls ist es jetzt unleugbar, daß es sich nur noch um Ehre, nicht mehr um Regieren handelt.

Das Manövrieren der Nachfolgekandidaten hat das deutsche Kabinett schon im vergangenen Jahr fast aktionsunfähig gemacht. Heuer dürfte es noch schlimmer kommen. Adenauer hat nun erst recht keinen unangezweifelten Nachfolger. Strauß ist ausgeschieden, die Favoriten Erhard und Schröder sind beide nicht wirklich überzeugend, Außenseiter haben durchaus Chancen. Der neue geschäftsführende Obmann der CDU, Dufhues, wird in diesem Zusammenhang bisweilen erwähnt. Der neue Verteidigungsminister von Hassel käme in Frage, falls er sich in seinem Amt etablieren kann. Wohnungsbauminister Paul Lücke, einfach, aber energisch und ehrlich, verursachte Anfang Dezember beinahe einen politischen Erdrutsch, als er mit dem Sozialdemokraten Herbert Wehner Gespräche über die Große Koalition zustande brachte: wenn nach Adenauers Abgang dieses Konzept wieder auftauchen sollte – was durchaus möglich scheint –, dann könnte Lücke eine Art deutscher Baldwin werden.

Die Große Koalition war bisher Utopie. Durch die SPIEGEL-Affäre wurde sie eine vieldiskutierte praktische Möglichkeit. Und das ist nur eines von mehreren Anzeichen, daß durch die Affäre die bisherigen Fronten der deutschen Innenpolitik in Auflösung geraten sind.

Die Koalition zwischen der CDU und der (mehr oder minder liberalen) FDP, im vergangenen Herbst mühsam zustande gekommen, hatte niemals ordentlich funktioniert. Die Aktion gegen den SPIEGEL sprengte sie gänzlich. Die Freien Demokraten hatten Anlaß zur Empörung sowohl wegen der Methoden, die bei der Aktion Anwendung fanden (sie sind schließlich Liberale), wie auch wegen der Person, gegen die sich die Aktion richtete (Augstein steht der Partei nahe und wurde einmal beinahe ihr Abgeordneter), wie auch wegen des besonderen Affronts gegen sie (denn es war *ihr* Minister, der verfassungswidrig übergangen wurde). Die Christdemokraten unternahmen sodann den direkten Versuch, ihrem Koalitionspartner das politische Lebenslicht auszublasen. Ihre Hauptbedingung für die Große Koalition mit den Sozialdemokraten war eine Veränderung des Wahlmodus vom gegenwärtigen modifizierten Proportionalsystem zum britischen Majorzsystem, eingestandenermaßen zu dem Zweck, die drei oder vier Millionen liberalen Wähler ihrer Wahlmöglichkeit zu berauben.

Trotzdem wurde die Koalition wieder geflickt, und zwar indem man Strauß opferte. Aber dies hatte wiederum zur Folge, daß die von Strauß geführte CSU sich in einen unsicheren Koalitionspartner verwandelt hat. Adenauer braucht für seine parlamentarische Mehrheit sowohl die Freien Demokraten wie die bayrischen Christsozialen, und beide mißtrauen nun den Christdemokraten (und sprechen überdies kaum miteinander).

Es ist daher begreiflich, daß gewichtige Teile der CDU nach einem Ausweg in Form der Großen Koalition suchten und weiterhin suchen. Und es ist sehr bezeichnend, daß Adenauer gegen dieses Konzept, das er bisher stets mit seinem Bannfluch bedachte, nun nicht mehr opponiert: so sehr ist seine Stellung bisher geschwächt. Die Opposition kommt vielmehr von Erhard und dem gesamten »Wirtschaftsflügel« der CDU. Als neues Faktum der deutschen Innenpolitik hat man somit zu registrieren, daß die Frage, ob Erhard Kanzler wird, nun mit der Frage der Großen Koalition verknüpft ist. Die Frageform lautet »entweder – oder«. Und möglicherweise wird sich eine Mehrheit der CDU für »oder« entscheiden.

Nicht nur die Christdemokraten sind in der Koalitionsfrage gründlich gespalten. Den Sozialdemokraten erging und ergeht es genauso. Herbert Wehner, Partner Paul Lückes im Koalitionsgespräch, beendete das Experiment mit einem Nervenzusammenbruch – so bitter und so verletzend war der Widerstand seiner Parteifreunde. Wie die Dinge heute liegen, läßt sich nicht ohne weiteres annehmen, daß CDU und SPD die Bildung der Großen Koalition heil überstehen würden. Möglicherweise hätten sie hierfür – beide oder eine von beiden – mit dem Auseinanderbrechen ihrer Partei-Einheit zu bezahlen.

Als Folge der SPIEGEL-Affäre hat sich der Zug zum Zweiparteiensystem, charakteristisch für die Adenauer-Ära, nun ins Gegenteil verkehrt. Derzeit gibt es bereits vier Parteien im Bundestag: SPD, FDP, CDU sowie CSU, denn diese kann nicht mehr als bloße Regionalorganisation der CDU betrachtet werden. Potentiell sind es schon sechs, denn die beiden Großparteien teilen sich in Anhänger und Gegner der Großen Koalition. Ob der gegenwärtigen, ans Chaos reichenden Verwirrung zuletzt arbeitsfähige Neugruppierungen entwachsen und wie diese beschaffen sein werden, kann noch niemand sagen. Hingegen steht schon fest, daß sich die politische Stabilität der Adenauer-Ära als gebrechlich und trügerisch erwiesen hat. Das deutsche Parteiensystem liegt noch nicht fest. Unter starkem Druck könnte es sich bis zur Unkenntlichkeit verwandeln – wie jüngsthin das französische. Die erste ernsthafte politische Krise der Nachkriegszeit hat nicht nur Koalitionen und Allianzen in Unordnung gebracht, sondern die Struktur der politischen Parteien als solche.

3. Die Justiz und ihre Schatten

Die Aktion gegen den SPIEGEL wurde, daran ist kaum Zweifel möglich, von Strauß initiiert und arrangiert: die Polizei war sein ausführendes Organ. Aber die ganze Aktion wäre unmöglich gewesen ohne die aktive Mitarbeit der Bundesanwaltschaft, welche dafür auch die formelle Verantwortung übernahm. Ebenso unmöglich wäre die Aktion gewesen ohne ein gewisses Maß von Mitarbeit der Gerichtsbehörden, welche durch ihre vorläufigen Entscheidungen den Verhaftungen, Durchsuchungen, Beschlagnahmen sowie anderen angefochtenen polizeilichen Maßnahmen die formaljuristische Deckung gaben.

Das schlimmste Gespenst der deutschen Vergangenheit ist folglich wieder lebendig geworden. Nicht erst unter Hitler, schon in der Weimarer Republik gab es, was man damals »Vertrauenskrise der Justiz« nannte, und schon damals gehörte die einseitige politische Parteinahme, deren sich die deutschen Gerichte regelhaft schuldig machten, zu den alarmierendsten Erscheinungen des deutschen öffentlichen Lebens. Dann kam Hitler, und die Schauerlichkeiten der deutschen »Justiz« erreichten ein Maß, das jeder Nacherzählung spottet. Die deutschen Richter benahmen sich unter Hitler schlimmer als irgendein anderer Berufsstand – meines Erachtens viel schlimmer als die Militärs. Und doch sind sie die einzigen, die keinerlei »Denazifizierung« unterworfen wurden. Die »Heiligkeit« des Richteramtes rettete sie alle.

Seltsamerweise hatte dies, zum mindesten dem Anschein nach, viel weniger böse Folgen, als zu befürchten stand. Es ereigneten sich keine größeren Justizskandale, wie sie in der Weimarer Republik fast ohne Unterbrechung einander gefolgt waren. Es gab keine neue Vertrauenskrise der Justiz – bis zur SPIEGEL-Affäre.

Erst durch die SPIEGEL-Affäre öffneten sich die tiefen alten Wunden. Die mit der Affäre befaßten Gerichtsbehörden konnten der Öffentlichkeit keine befriedigende Erklärung bieten, warum es nötig war, die Untersuchung über den möglicherweise landesverräterischen Inhalt eines Zeitungsartikels so zu führen, wie sie geführt wurde: durch nächtliche Razzia in der Redaktion; Besetzung der Redaktion für die Dauer eines Monats; Beschlagnahme von Material, das mit dem inkriminierten Artikel überhaupt nichts zu tun hatte. Solcherart vermittelten die Gerichtsbehörden den Eindruck, ihre Untersuchung sei der bloße Vorwand für den Versuch, ein wichtiges oppositionelles Organ zum Verschwinden zu bringen. Sie vermittelten des weiteren den Eindruck, sie hätten zunächst einmal verhaften und dann erst nach den Haftgründen suchen lassen. In ihren gelegentlichen öffentlichen Erklärungen kam eine seltsame Verwischung des Unterschiedes zwischen Journalisten und Spionen zum Ausdruck. Sie unternahmen nichts, um die Männer, gegen die sie ihre Untersuchung führten, vor der landauf, landab erhobenen Verleumdung als »gemeine Verräter« zu schützen, und dies, obwohl noch keine Anklage erfolgt war und es völlig offenstand, ob sie je erfolgen würde. In der Tat liegt bis heute nichts dergleichen vor.

Wie weit läßt sich dies mit dem bestehenden deutschen Strafgesetz vereinbaren? Die Bestimmungen über Landesverrat – insbesondere in der Auslegung durch die Entscheidungen des seinerzeitigen Reichsgerichtes, welche niemals widerrufen wurden – bieten die Möglichkeit, praktisch jeden Journalisten zu verurteilen, der mehr veröffentlicht als offizielle Verlautbarungen. Die deutsche Strafprozeßordnung gestattet in erschreckendem Ausmaß Haft ohne Urteil sowie Einschränkungen des Rechtsbeistandes, die diesen fast seiner Wirksamkeit berauben. (Die verhafteten SPIEGEL-Leute durften Wochen hindurch mit ihrem Verteidiger nur in Gegenwart eines Vertreters der Anklagebehörde oder eines Richters sprechen.)

Durch die SPIEGEL-Affäre wurde den Deutschen schockartig zu Bewußtsein gebracht, daß ihre Rechtsordnung noch immer zutiefst vom Geist des Obrigkeitsstaates durchdrungen ist. Sie stammt aus der reaktionärsten Periode Preußens, als die Unterdrückung der demokratischen Tendenzen im Gefolge der Revolution des Jahres 1848 den alles überschattenden Hauptzweck der Justiz ausmachte. Die preußische Justizordnung aus den fünfziger Jahren des vergangenen Jahrhunderts wurde nach 1871 vom Deutschen Reich fast unverändert übernommen, desgleichen nach 1949 von der

Bundesrepublik. Es ist kein Wunder, daß sich die Deutschen unter diesen Umständen die Frage vorlegen, ob nicht die Justiz jener Bereich ihres öffentlichen Lebens sei, in dem obrigkeitsstaatliche und antidemokratische Traditionen immer noch die größte Virulenz haben; und ob nicht in der Justiz eine Art »Währungsreform« nötig sei, ein Niederreißen des gesamten Systems, samt Austreibung des zugehörigen Personals, und ein Neubau von Grund auf – damit Deutschland eine wirkliche Demokratie werde.

4. Demokratie contra Obrigkeit

Durch die SPIEGEL-Affäre wird das Ende der Adenauer-Ära in einem viel gültigeren Sinn signalisiert als durch die wankende persönliche Stellung des Bundeskanzlers. Seine Ära war voll von sorgsam ungelösten Widersprüchen und mit Fleiß ungeklärten Zweideutigkeiten. In der Außenpolitik kultivierte er eine meisterlich unbestimmte Mitte zwischen dem Rheinbundkonzept: Rettung der Bundesrepublik aus der Konkursmasse des Reiches mittels Fortdauer der Teilung Deutschlands – und einer antibolschewistischen Politik der Stärke: Hoffnung auch noch für die Ostpreußen auf schließliche Rückgewinnung ihrer Heimat aus den Händen des »Todfeindes«. In der Innenpolitik praktizierte Adenauer eine nicht minder erstaunliche Mischung: einerseits konstitutioneller Liberalismus, samt einem durchaus nicht geringfügigen Maß an wirklicher Demokratie; andererseits fast völlige Vermeidung jedes kräftigen Bruchs mit der obrigkeitsstaatlichen Vergangenheit und Tradition. Eine stabile Demokratie, deren Funktionen etwa zur Hälfte von Ex-Nazis wahrgenommen wurden, wohlgeölt, untadelig, auf ihre Art eine bemerkenswerte Leistung, aber irgendwie zu schön, um wahr zu sein: das war Adenauers Deutschland. In der Nacht des 26. Oktober 1962 fand es sein plötzliches Ende.

In dieser Nacht kamen mit einem Schlag die Umrisse eines autoritären Staatswesens zum Vorschein, das bis dahin eine Art Untergrund-Dasein geführt, aber sich seine Fähigkeit bewahrt hatte, zu handeln, als ob die liberale Verfassung nicht existierte. Unter dem Eindruck des Unbegreiflichen glaubten einige Beobachter, sie träumten und das Jahr 1933 wäre wieder da. Aber das dauerte nur einen Augenblick. Dann begann die öffentliche Meinung zu funktionieren, mit mächtigem Grollen und einer wahren Sturzflut des Zorns. Große Dinge geschahen. Das geheime autoritäre Deutschland und das öffentliche demokratische, welche beiden dreizehn Jahre lang unter Adenauers unergründlich väterlicher Leitung koexistiert hatten, teilten sich plötzlich, deklarierten sich, bezogen gegeneinander Stellung. Und die Demokraten, beinahe zu ihrer Überraschung, behielten über ihre Gegner die Oberhand – im ersten Gefecht zum mindesten.

Ist die SPIEGEL-Affäre nun zu Ende? Monatelang gab es in Deutschland kein anderes Gesprächsthema. Nun scheint es plötzlich niemanden zu interessieren. Aber ich bezweifle, ob das so bleiben wird. Zu viel, was fest zu stehen schien, ist durch die SPIEGEL-Affäre in Bewegung geraten; zu viele, die fest zu stehen schienen, sind ins Wanken geraten; zu viele Tabus wurden verletzt. Das Fundamentalproblem der deutschen Politik steht wieder zur Debatte: Demokratie contra Obrigkeitsstaat. Unter Bismarck, in der Weimarer Republik und unter Hitler wurde das Problem zugunsten des einen oder des anderen Prinzips gelöst – bis sich jeweils herausstellte, daß die Lösung keine war. Adenauer hat das Problem dreizehn Jahre lang souverän in der Schwebe gehalten. Nun ist der Kampf wieder im Gang und kann nicht ohne weiteres abgebrochen werden. Die sechziger Jahre dürften in der deutschen Politik ebenso hart und lebhaft werden, wie die fünfziger Jahre sanft und schläfrig waren.

Das Vertrauen der Bürger

Adenauer, Kanzler auf Zeit

Ist das, was sich in der Bundesrepublik Deutschland zur Zeit abspielt, eine Staatskrise oder eine Regierungskrise? Mir scheint, die Frage stellt eine echte Alternative dar. Wenn nach alle dem, was sich in den letzten Wochen im Zusammenhang mit der SPIEGEL-Aktion herausgestellt hat, und dem, was immer noch an bohrenden Fragen unbeantwortet bleibt, die Regierung ohne jede personelle Veränderung weiterregieren würde, als ob nichts geschehen wäre, dann wäre unvermeidlich eine Staatskrise da. Das allgemeine Vertrauen in die Verfassungsgrundsätze der Gewalten- und Kompetenzenteilung, der Bindung der vollziehenden Gewalt an Gesetz und Recht, des Ausschlusses jeder Gewalt- und Willkürherrschaft wäre dann nicht mehr intakt.
Die Frage, die der Bürger sich ständig stellen müßte und stellen würde, wäre: »In was für einem Staat leben wir eigentlich?« Und auch wenn ein großer Teil der Bundesbürger, vielleicht gar eine Mehrheit, an der neuen und für den anderen Teil erschreckenden Auslegung der Verfassungsgrundsätze nichts Schlimmes finden sollte, wäre damit nichts gewonnen. Es würde dann, wie in der Anfangs- und Endphase der Weimarer Republik, eine tiefe und unüberbrückbare Spaltung des Volkes im Verhältnis zu seinem Staat eintreten, wobei jede Stelle sich selbst als staats- und verfassungstreu, die andere als staats- und verfassungsfeindlich empfinden würde: eine latente Bürgerkriegssituation.
Wenn umgekehrt die Regierungskrise, die sich in den letzten Tagen angebahnt hat, zu dem logischen Ende eines Regierungswechsels führt, wäre die Staatskrise damit behoben.

Die Frage, die der Bürger sich stellen würde, lautete dann: »Welche Forderungen soll die neue Regierung aus dem Fehler, über dem die alte zu Fall kam, ziehen? Wie soll sie die Affäre bereinigen? Welche Teile der früheren Politik sollen beibehalten, welche geändert werden?«
Eine Regierungskrise ist etwas Gesundes, eine Staatskrise etwas Todgefährliches. Ja, man könnte weitergehen und sagen: Regierungskrisen sind das von der Demokratie bereitgestellte Mittel, Staatskrisen zu vermeiden. In jedem demokratischen Staat kommt es hin und wieder vor, daß in der Hitze des politischen Kampfspiels das begangen wird, was man auf dem Fußballfeld ein »Foul« nennt. Das ist an und für sich noch keine Tragödie. Werden die schuldigen Spieler dann vom Platz verwiesen, kann das Spiel weitergehen. Nur wenn die »Fouls« keine Folgen mehr haben, wenn sie nicht mehr gesühnt werden: dann droht aus dem Spiel Ernst zu werden, aus dem verfassungsmäßig geregelten friedlichen politischen Kampf etwas wie Bürgerkrieg.
Ich bin daher der Meinung, daß der Übergang von der schleichenden Staatskrise zur offenen Regierungskrise, der sich in diesen Tagen in Bonn zu vollziehen scheint, ein gesunder und begrüßenswerter Vorgang ist, ein Grund nicht zur Klage, sondern zur Hoffnung. Man sollte sich von dieser Krise, die eine Gesundungskrise werden kann, nicht mit verhülltem Haupt abwenden, sondern sie nüchtern ins Auge fassen, mit der Absicht, das Beste daraus zu machen.
Was wäre das Beste? Es gibt vier mögliche Lösungen der Krise.
Die erste wäre, daß nur die Koalition endet, daß aber eine Minderheitsregierung der CDU/CSU unter Adenauer und mit Strauß weiter amtiert.
Die zweite: Strauß geht (und mit ihm vielleicht noch der eine oder andere Minister), Adenauer und die Koalition bleiben.

Die dritte: Adenauer geht, ebenso wie Strauß. Die gegenwärtige Koalition formt eine neue Regierung unter einem neuen Kanzler und mit weitgehend neuer Besetzung.

Die vierte Möglichkeit: Die neue Regierung erhält nicht nur einen neuen Chef, sondern auch eine neue parteipolitische Grundlage, sei es eine FDP/SPD-Koalition, sei es eine Koalition aller Parteien oder der beiden großen Parteien.

Die erste der vier Möglichkeiten wäre keine Lösung, sondern nur ein Aufschub. Die vierte erscheint zur Zeit wenig wahrscheinlich. Die Frage, an der sich die Geister, auch in der CDU/CSU, scheiden, dürfte die Frage sein, ob es besser wäre, nur den Verteidigungsminister oder auch den Bundeskanzler zu wechseln.

Man kann diese Frage nicht mit der sentimentalen Erwägung abtun, daß es traurig wäre, einen Mann von den Verdiensten und der historischen Statur Adenauers über die Peinlichkeiten der SPIEGEL-Affäre stürzen zu sehen. Der Sturz eines großen Mannes ist immer ein trauriger Anblick; aber die Demokratie kann sich keinen Personenkult leisten. Adenauer hatte drei Chancen, politisch in Schönheit zu sterben: 1959, als ihm der Aufstieg in das Amt des Bundespräsidenten offenstand; 1961, als er das Wahlergebnis durch einen würdigen Rücktritt hätte quittieren können; und schließlich noch im September 1962, als er nach dem De-Gaulle-Besuch, dieser öffentlichen Feier seines vielleicht größten Verdienstes, der deutsch-französischen Versöhnung, in einer Art Apotheose hätte Abschied nehmen können. Er hatte diese drei Chancen sämtlich ausgeschlagen, woraus ihm kein Vorwurf zu machen ist: Offensichtlich zieht er die Nüchternheit des politischen Kampfes bis zum letzten Augenblick dem schönen Abgang vor. Das verdient Respekt, aber man sollte dann auch Nüchternheit mit Nüchternheit beantworten.

Nüchtern betrachtet, ist Adenauer heute, bei all seinen unbestrittenen Verdiensten, wahrscheinlich nicht mehr der beste Kanzler, nicht einmal mehr der beste CDU-Kanzler, den Deutschland haben kann. Und das nicht nur wegen der SPIEGEL-Affäre und seiner eigenen passiven und aktiven Beiträge dazu, die doch auf ein gewisses Nachlassen des Urteilsvermögens und der Selbstkontrolle hindeuten, und auch nicht nur wegen der veränderten Atmosphäre in Washington, in die andere wohl besser passen, sondern vor allem aus zwei Gründen.

Der eine ist, daß Adenauer seit dem 17. September 1961 nicht mehr der »natürliche«, vom Volkswillen klar getragene Kanzler ist. Die Wahlentscheidung jenes Tages war nicht eindeutig gegen die CDU gerichtet, die ja die stärkste Partei blieb, sie war aber eindeutig gegen Adenauer gerichtet. Eine klare Mehrheit der Wähler hatte sich für Parteien entschieden, die einen Wechsel an der Spitze ebenso wie eine Einschränkung der CDU-Macht erstrebten. Diesem Mehrheitswillen nicht Rechnung zu tragen war eine Künstlichkeit, die sich seither ständig gerächt hat.

Der zweite Grund ist, daß Adenauer heute ein Kanzler auf Zeit ist. Es mag umstritten sein, ob er nach den gegebenen Zusicherungen schon in einem oder erst in zwei Jahren zurücktreten muß. Die bloße Tatsache, daß der Zeitpunkt seines Rücktritts ein ständiges Diskussionsthema und die Frage seiner Nachfolge eine ständige Quelle von Intrigen und Spekulationen ist, macht diese letzten Monate seiner Kanzlerschaft zu einem traurigen und peinlichen Schauspiel. Selbst wenn die SPIEGEL-Affäre einen gründlichen Wechsel in Bonn jetzt nicht nahelegte: Man täte dem Nachruhm Adenauers keinen Gefallen mit dem Versuch, dieses Schauspiel zu verlängern. Auch vom besten Wein läßt man den Bodensatz besser ungetrunken.

Hundert Jahre
deutsche Arbeiterbewegung

Über ein Buch von Klaus-Peter Schulz

Die einzige Möglichkeit, durch die Wahlen dieses Jahres in der Bundesrepublik möglicherweise etwas zu ändern, besteht darin, SPD zu wählen. Alles andere ändert beweisbarerweise nichts.

Der Niemöllersche Vorschlag einer »Protestwahl« mit ungültigen Stimmzetteln kommt auf eine Selbstausschaltung der Opposition hinaus, ist also der sicherste Weg, der CDU/CSU wieder zur absoluten Mehrheit zu verhelfen. Die kleine Zeitungssensation, wenn es vielleicht 10 oder gar 20 Prozent ungültiger Stimmzettel geben sollte, wäre in einer Woche verpufft.

DFU zu wählen wäre ebenfalls nicht viel mehr als eine Demonstration. Bestenfalls könnte man damit die DFU gerade über die Fünfprozenthürde und 25 DFU-Vertreter in den Bundestag bringen – eine Genugtuung, die dieser vielverleumdeten, hochachtbaren Pastoren- und Professorenpartei gewiß von Herzen zu gönnen wäre. – Aber was wäre damit gewonnen? Vielleicht würde der eine oder andere der 25 gelegentlich im Bundestag eine gute, eindrucksvolle Rede halten. Ändern könnten 25 DFU-Abgeordnete nichts.

Die SPD könnte etwas ändern. Die Frage ist natürlich: Würde sie?

Nun, eine SPD-Regierung oder selbst eine von der SPD geführte Koalitionsregierung wäre in sich selbst schon eine unübersehbare Veränderung, die manches in Bewegung bringen würde. Und die Möglichkeit einer solchen Regierung ist heute unbestreitbar da.

Ob aus der Möglichkeit Wirklichkeit wird, hängt im wesentlichen von den linken Wählern ab. Denn die Öffnung nach rechts, der Einbruch in bürgerliche Wählerkreise, ist der SPD ohne Zweifel gelungen. Die Frage ist, ob sie dabei so viele linke Anhänger enttäuscht und verscheucht hat, daß sie links verliert, was sie rechts gewinnt, und am Ende doch wieder als zweiter Sieger dasteht.

Linke Leute, also zum Beispiel auch KONKRET-Leser, haben damit in diesem Jahre eine erhebliche politische Verantwortung auf sich genommen; vielleicht hängt es von ihnen ab, wer in den nächsten vier Jahren regiert und wie es in Deutschland weitergeht.

Nun gibt es auf der deutschen Linken eine Tradition, in solcher Lage lieber das größere Übel gewinnen zu lassen – 1925 lieber Hindenburg als Marx, 1932 lieber Hitler als Hindenburg. Man bestraft mit einer gewissen selbstquälerischen Schadenfreude die SPD dafür, daß sie nicht besser ist, als sie ist, und schlägt die Folgen in den Wind: »Ist ja doch alles eins.« Aber ist wirklich alles eins?

Nichts ist leichter, als aus SPD-Reden und -Schriften der letzten Jahre entmutigende Zitate zusammenzustellen oder aus der Parteigeschichte entmutigende Episoden. »Die beste CDU, die es je gab«; »hundert Jahre Mißerfolg« – das Schreckliche ist natürlich, daß etwas dran ist. Aber die Neigung der Linken, sich am eigenen Ärger über die SPD selbstmörderisch zu berauschen, ist nicht weniger schrecklich. Nüchternheit, Nüchternheit! Man braucht nur Hessen mit Bayern oder Bremen mit Münster zu vergleichen, und man weiß wieder, daß die SPD eben doch keine CDU ist. Und »hundert Jahre Mißerfolg« – das ließe sich auch von ganz Deutschland sagen, aus dem man ja trotzdem nicht aussteigen kann.

Auch läßt es sich umdrehen: Eine Partei, die nach hundert

Jahren Mißerfolg immer noch eine solche Lebenskraft hat wie die SPD, muß irgendwo einen enorm gesunden Kern haben. Und das spürt auch jeder, der mit der SPD in Berührung kommt. Es steckt in diesem Parteiwesen trotz aller Irrungen und Wirrungen irgendwo etwas Grundsolides, Grundanständiges, Unverwüstliches, übrigens auch sehr Deutsches, etwas von dem Deutschtum Dürers und Bachs, das sonst heute in der Bundesrepublik fast ausgestorben scheint, jedenfalls tief verschüttet ist.

Die Tragödie der SPD ist, daß sie das niemals so recht hat artikulieren und programmatisch formulieren können – in Gotha 1875 nicht und in Erfurt 1891 nicht, und in Godesberg 1959 auch nicht. Rührender- und redlicherweise hat sie es unter großen Krämpfen und Schmerzen immer wieder versucht, ist sie immer wieder sozusagen in ihr eigenes Inneres gewissenerforschend herabgestiegen, im Gegensatz zu den windigen Einheitsparteien des deutschen Bürgertums, die ständig bereit sind, Namen und Gesicht zu wechseln: vorgestern nationalliberal, gestern NSDAP, heute CDU/CSU, aber immer dieselben Leute; nie wollen sie wahrhaben, was sie gestern gewesen sind. Das jedenfalls kann man der SPD nicht vorwerfen – auch heute nicht, in dieser Zeit einer manchmal etwas schrecklichen Mauserung. Klaus-Peter Schulz' kleines Buch zum Beispiel, eine Art Festschrift zum hundertjährigen Parteijubiläum, möchte schon gern beweisen, daß früher vieles falsch war und jetzt alles richtig ist, aber es kann nicht lügen. In seiner Wahrheitsliebe beweist es eigentlich nur, daß sich die SPD immerfort im besten Glauben über sich selbst getäuscht hat und es wahrscheinlich auch heute noch tut. Damals, vor dem Ersten Weltkrieg, als sie sich noch selber wer weiß wie international und revolutionär vorkam, war sie in Wirklichkeit schon längst eine höchst patriotische soziale Reformpartei, sogar mit einem recht konservativen Zug, wie sich 1918 zeigte. Versteht sie sich selbst heute wirklich besser? Mir scheint, die Godesberger SPD weiß nicht besser über sich selbst Bescheid als die Erfurter.

Weiß sie zum Beispiel noch, daß sie, durch alle Mauserungen hindurch, die deutsche Friedenspartei ist und immer gewesen ist? Von 1870 bis zum heutigen Tag hat sie Eroberungsziele abgelehnt und Rüstung beargwöhnt – fast unbewußt, aber mit der ganzen Unbeirrbarkeit des Unbewußten; und sehr im Gegensatz zu den bürgerlichen Rechtsparteien, die, bewußt oder unbewußt, eingestanden oder uneingestanden, immer Kriegsparteien gewesen sind: Die Alldeutschen waren die Partei des Ersten Weltkriegs, die NSDAP die des Zweiten, und die CDU/CSU tut ihr Bestes, die des Dritten zu werden. Und da soll die SPD nur die beste CDU sein? Wer den Unterschied nicht hört, wenn die SPD und wenn die CDU von kriegerischen und militärischen Dingen reden, der hat kein Ohr.

Und was steht denn heute in Deutschland auf der Tagesordnung? Nicht der Sozialismus; dazu funktioniert der Kapitalismus zur Zeit zu gut. Auch leider nicht die Wiedervereinigung: die ist in sechzehn Jahren CDU-Regierung, wie sich immer mehr herausstellt, recht gründlich verbaut worden. Auch ganz gewiß kein Allianzenwechsel; zumal die Allianzen sichtlich in voller Auflösung sind.

Auf der Tagesordnung steht vor allen Dingen der Friede. Also die Frage, ob die Bundesregierung weiter auf Kalten oder heißen Krieg setzen und die Entspannung nach Kräften aufhalten soll oder ob sie besser daran tut, auf Friedenspolitik umzuschalten.

Auf der Tagesordnung steht zweitens die Demokratie in der Bundesrepublik. Soll sie weiter zugunsten eines autoritären Geheimstaats demontiert werden, oder soll der liberale

Kurs, der mit dem Grundgesetz ursprünglich gesetzt war, wiederaufgenommen werden?
Und auf der Tagesordnung steht drittens die Frage der innerdeutschen Beziehungen. Soll es mit der Feindschaft und Entfremdung der getrennten Deutschen so weitergehen wie bisher, oder soll man lieber mit den deutschen Kommunisten und ihrem Staat einen *modus vivendi* suchen?
In allen drei Fragen weiß man von der CDU/CSU ganz genau, was sie will; und wer dasselbe will, muß natürlich CDU/CSU wählen. Wer es aber nicht will, dem bleibt, wenn er politisch denkt, nichts übrig, als SPD zu wählen; es ist seine einzige Chance, das, was er verhindern will, vielleicht wirklich verhindert zu sehen; und in den beiden ersten Tagesordnungspunkten darf er überdies ziemlich sicher sein, daß die SPD ihn nicht enttäuschen wird. Was immer die SPD ist oder nicht ist, sie ist eine Friedenspartei, und sie ist eine demokratische Partei. In ein drittes Kriegsabenteuer wird sie Deutschland nicht führen, und in eine Diktatur der Geheimbürokratie auch nicht. Das ist immerhin etwas.
Ich möchte hier den Schlußabsatz von Arthur Rosenbergs Geschichte der Weimarer Republik zitieren, der mir so ungefähr das Treffendste zu sein scheint, was über deutsche Politik in diesem Jahrhundert gesagt worden ist. Er ist heute wieder von frappierender Relevanz und Aktualität.
»Die bürgerliche Republik war in Deutschland 1918 das Werk der Arbeiterklasse. Das Bürgertum selbst hat die werdende deutsche Republik entweder bekämpft oder nur lau unterstützt. 1930 ging die bürgerliche Republik in Deutschland zugrunde, weil ihr Schicksal den Händen des Bürgertums anvertraut war und weil die Arbeiterschaft nicht mehr stark genug war, um die Republik zu retten. Die deutsche Arbeitnehmerschaft umfaßte zwar drei Viertel des Volkes, aber da sie sich weder in ihren politischen Idealen noch in

ihren taktischen Methoden einigen konnte und weil sich ihre Riesenkräfte im Kampfe gegeneinander verbrauchten, kam die Gegenrevolution wieder zur Macht.«

In 35 Jahren hat sich an dem paradoxen Zustand nichts geändert, daß in Deutschland jede Klasse und Partei sozusagen einen Schritt rechts von sich selbst steht, daß also die Arbeiterschaft in Wirklichkeit irgendeine Art von autoritärer Herrschaft will. Das ist gerade heute wieder mit Händen zu greifen.

Auch an der Feindschaft zwischen Sozialdemokraten und Kommunisten hat sich in 35 Jahren nichts geändert; und so zuversichtlich ich bin, daß eine SPD-Regierung zum Frieden und zur Demokratie eine andere und bessere Einstellung finden wird als die CDU/CSU-Regierung, so unsicher bin ich, ob sie ein besseres Verhältnis zu den deutschen Kommunisten und ihrem Staat herstellen kann. Vielleicht hilft es ein wenig, daß dieses Verhältnis heute von der Friedensfrage nicht zu trennen ist. Ein politischer Waffenstillstand zwischen zwei deutschen Staaten, den das allgemeine Friedensbedürfnis gebieterisch verlangt, ist vielleicht heute eher zu erreichen, als es damals ein politischer Waffenstillstand zwischen Sozialdemokraten und Kommunisten innerhalb desselben Staates war. Jedenfalls können die Chancen dafür unter einer SPD-Regierung kaum schlechter werden als unter einer fortgesetzten CDU/CSU-Regierung. Und natürlich wird einiges auch von der Politik der SED und der DDR abhängen.

Die Nacht der langen Knüppel

Der 2. Juni 1967 – ein geplanter Pogrom

Was sich in der Berliner Blutnacht des 2. Juni ereignet hat, war nicht die Auflösung einer Demonstration mit vielleicht etwas zu rauhen Mitteln. Es war ein systematischer, kaltblütig geplanter Pogrom, begangen von der Berliner Polizei an Berliner Studenten. Die Polizei hat die Demonstranten nicht, wie es üblich ist, verjagt und zerstreut, sie hat das Gegenteil getan: Sie hat sie abgeschnitten, eingekesselt, zusammengedrängt und dann auf die Wehrlosen, übereinander Stolpernden, Stürzenden mit hemmungsloser Bestialität eingeknüppelt und eingetrampelt. Während in der Berliner Oper zu Ehren des Schahs die »Zauberflöte« erklang, haben sich draußen Greuel abgespielt, wie sie außerhalb der Konzentrationslager selbst im Dritten Reich Ausnahmeerscheinungen gewesen sind.

Ungerecht aber wäre es, nur den Greifern und Schlägern der Duensingschen Polizei alle Schuld aufzuladen. Die Kurras sind für die Nacht der langen Knüppel genausowenig allein verantwortlich, wie es die Kaduk und Boger für Auschwitz waren. Die Hauptverantwortung tragen heute wie damals Schreibtischtäter mit manikürten Händen.

Seit Monaten hat die in West-Berlin tonangebende und marktbeherrschende Presse des Verlegers Springer gegen die nonkonformistischen Berliner Studenten systematisch eine Pogromstimmung geschürt. Schon am Nachmittag vor der Blutnacht hat der Senatssprecher Herz einem mir bekannten Journalisten augenzwinkernd mitgeteilt: »Heute abend setzt's Keile.« Und 24 Stunden später, in voller Kenntnis der Fakten also, hat der Regierende Bürgermeister

Albertz die Polizei für ihre Untat gelobt und, nach dem Satze handelnd: »Nicht der Mörder, der Ermordete ist schuldig«, weitere Terrormaßnahmen gegen die Opfer angekündigt. Er ist damit in der Methodik dem Beispiel Görings nach der Kristallnacht von 1938 gefolgt, der ja ebenfalls einen obrigkeitlich veranstalteten Pogrom zum Vorwand für außergesetzliche Sondermaßnahmen gegen die Opfer machte.

Ihre eigenen Worte und Taten überführen sie alle. Von Springer, dem eigentlichen Herrn des gegenwärtigen West-Berlin, über Albertz und Duensing führt eine ununterbrochene Kette der Komplizenschaft zu den Direkttätern. Und leider ist auch die West-Berliner Justiz aus dieser blutverklebten Kette nicht herauszunehmen. Schon im vorigen Dezember waren sistierte Demonstranten in den Polizeiwagen, die sie abtransportierten, sadistisch zusammengeschlagen worden. Die Berliner Staatsanwaltschaft hat die deswegen erfolgten Strafanzeigen mit Ermittlungen gegen die Anzeiger beantwortet – genau wie die Staatsanwälte und Richter der Nazi-Zeit, die ja auch bei SA-Überfällen auf Juden nie um juristische Mittel und Wege verlegen waren, den verprügelten Juden und nicht die prügelnde SA als Ordnungsstörer zu belangen. Der Staatsanwalt, der sich in dieser Weise ausgezeichnet hat – sein Name ist mir bekannt –, ist jetzt mit den Ermittlungen über den Tod Benno Ohnesorgs betraut worden.

Vielleicht erwarten Sie, daß ich mich nun konventionellerweise auch von studentischen Extremisten distanziere. Ich denke gar nicht daran, das zu tun. Die demonstrierenden Studenten sind hundertprozentig im Recht. Nicht einer von ihnen ist je bewaffnet gewesen; selbst die Steine, mit denen sie sich in höchster Todesnot in den Kesseln der Krummen

Straße zu verteidigen suchten, mußten sie erst mit den Fingern aus dem Straßenpflaster klauben. Zu behaupten, daß sie Berlin »terrorisierten«, ist schamlose Lüge und niederträchtige Verleumdung. Ihr ganzes Verbrechen besteht in der Demonstration für ihre Meinung, die von der Meinung der Springer-Presse abweicht; und mit dieser Demonstration bewahren sie das letzte noch glimmende Fünkchen von Meinungsfreiheit im Springer-Berlin vor dem Verlöschen.
Gerade hier zeigt sich lupenrein, daß dieses Springer-Berlin von 1967 in der Sache, wenn auch nicht in der Form, wieder ein faschistisches Berlin geworden ist. Denn das ist ja ein entscheidendes Erkennungsmerkmal des Faschismus – das er mit dem Kommunismus teilt –, daß er jede Abweichung vom offiziellen Meinungsmonopol mit Gewalt unterdrückt. Da es in Berlin, dank dem Springer-Monopol, keine Möglichkeit mehr gibt, oppositionelle Meinungen auf journalistischem Wege an eine breitere Öffentlichkeit heranzutragen, bleibt dazu nur noch das – völlig legale – Mittel der Demonstration. Und die wird dann eben mit Pogromhetze beantwortet und mit tatsächlichen Pogromen unterdrückt. Es ist in klassischer Form die alte faschistische Spirale von Lüge und Gewalt: Die Lüge braucht die Gewalt, um sich durchzusetzen, und die Gewalt braucht dann wieder die Lüge, um sich zu rechtfertigen. Und so in ständiger Steigerung immer weiter im Kreise. Das Ende kennen wir.

Vor fünf Jahren hat die SPIEGEL-Affäre noch Kräfte des Protestes ausgelöst, die immerhin einen Regierungswechsel erzwangen. Die SPIEGEL-Aktion jedoch war, verglichen mit der Berliner Blutnacht, geradezu zivilisiert zu nennen. Zwar handelte es sich auch damals schon um die versuchte Unterdrückung der Meinungsfreiheit; aber die SPIEGEL-Redaktion wurde immerhin nicht im Konferenzzimmer zusammenge-

trieben und zusammengepfercht, um dort niedergeknüppelt und niedergetrampelt zu werden. Augstein wurde nicht erst halb totgeschlagen und dann durch einen in Notwehr abgegebenen Warnschuß in den Hinterkopf endgültig abgetan. Und doch ist diesmal der Protest in der Bundesrepublik weit schwächer. Ist das nur so, weil Berlin weit weg, fast schon Ausland ist? Oder zeigt es, wie weit die Refaschisierung auch in der Bundesrepublik seit fünf Jahren schon fortgeschritten ist?
Bleibt das westliche Ausland. Die örtlichen Vertreter der Schutzmächte in West-Berlin sind zwar in tiefen, todesähnlichen Schlaf verfallen. Während der ganzen Ereignisse haben sie nicht das kleinste Zeichen gegeben, daß es sie noch gibt. Aber Washington, London und Paris tragen ja immer noch die letzte Verantwortung in West-Berlin, und ohne die Bereitschaft ihrer Völker, für West-Berlin zu sterben, hat West-Berlin wenig Aussicht, seine nächste Krise zu überstehen. Einst rief Ernst Reuter der ganzen Welt zu: »Blickt auf diese Stadt!«
Heute können Springer und Albertz von Glück sagen, daß die Welt Dringenderes zu tun hat, als auf ihre Stadt zu blicken. Wer es aber doch tut, kann sich nur abwenden, um sich zu erbrechen.

Faschismus und Kapitalismus

Die Geschichte wiederholt sich

Fasce heißt Rutenbündel. Rutenbündel, wie sie zu öffentlichen Auspeitschungen benutzt wurden, wurden im alten Rom den Liktoren, den Polizeipräsidenten, vorangetragen; und von diesem Brauch leiteten die italienischen Anhänger Mussolinis 1920 ihren Namen »Faschisten« ab. Faschismus heißt, ganz wörtlich, Prügelherrschaft. Ein faschistischer Staat ist ein Staat, der seine Untertanen mit Prügeln regiert und das auch ganz offen proklamiert. Eine faschistische Partei ist eine Partei, die den Prügelstaat will. Wie sie sich nennt, ist dabei gleichgültig. Sie kann sich auch NSDAP nennen; auch CDU oder SPD.
Prügel müssen immer her, wenn es keine Argumente mehr gibt. Eine herrschende Klasse braucht den Prügelstaat immer dann, wenn sie ihre Herrschaft mit Vernunftgründen nicht mehr rechtfertigen kann.
Nun kann die herrschende Klasse, die ja immer eine Minderheit ist, die Mehrheit der Beherrschten nicht mit ihren eigenen manikürten Händen verprügeln. Wenn sie einen Prügelstaat errichten will, muß sie eine Mehrheit, mindestens eine große Zahl, zum Prügeln gewinnen. Das ist nicht allzu schwer. – »Der Mensch«, sagte Schopenhauer, »ist das prügelnde Tier.« – Aber es ist auch nicht ganz einfach. Die meisten Menschen prügeln gern, aber mit schlechtem Gewissen. Um ihnen das schlechte Gewissen zu nehmen, muß man sie in Zorn versetzen: Im Zorn schweigt das Gewissen, und die Lust am Prügeln hat freien Lauf.
Der Faschismus muß daher zunächst immer Zorn erregen, er braucht immer einen inneren Feind, der »Prügel verdient«.

Wer soll dieser Feind sein? Offensichtlich derselbe, der die herrschende Klasse in ihrer Stellung bedroht; offensichtlich aber auch jeder, der erkennen kann und zu enthüllen droht, daß es keine Vernunftgründe für ihre Herrschaft mehr gibt, daß »der Kaiser nackt ist«.

Dabei empfiehlt es sich aus taktischen Gründen, den Zorn zuerst gegen diese zweite Gruppe zu lenken: Denn diese zweite Gruppe, also die kritischen Intellektuellen, ist eine ohnehin wenig populäre Minderheit. Und wenn sie zum Schweigen gebracht ist, wird es dann auch viel leichter, mit dem Hauptfeind, der Unterklasse der Arbeiter- und Angestelltenschaft, fertig zu werden – besonders, wenn man diese Unterklasse in der Vorschaltaktion gegen die Intellektuellen gespalten und Teile von ihr durch Gelegenheit zur Befriedigung ihrer Prügelinstinkte bestochen und korrumpiert hat.

Wir erleben heute in der Bundesrepublik und ganz besonders in West-Berlin, das dabei den Schrittmacher abgibt (und zwar interessanterweise unter einer SPD-Regierung), diesen Prozeß in klassisch reiner Ausprägung – viel reiner als seinerzeit unter Weimar, wo ihm viele akzidentelle, verwirrende Elemente untergemischt waren: zum Beispiel die Spaltung der faschistischen Bewegung in eine aristokratisch-reaktionäre und eine plebejisch-pseudodemokratische Gruppe; der Antisemitismus; die betrügerische Verwendung nationalistischer und sogar antikapitalistischer Parolen: Die Hitlersche Spielart des Faschismus gab sich ja lange als sozialistisch aus und nannte sich sogar eine Arbeiterpartei!

Alle solche Komplikationen, Täuschungsmanöver und Finten fallen diesmal weg. Es geht ganz klar zunächst gegen die Intellektuellen und dann gegen die Arbeiter, und die Bewegung zum Faschismus wird ganz offen von der herrschenden Klasse gesteuert. Das Ziel ist eine als Großbetrieb zum ausschließlichen Vorteil einer immer noch ständig schrumpfenden Zahl monopolistischer Privatkapitalisten formierte faschistische Gesellschaft. Mit dem Studentenpogrom vom 2. Juni 1967 hat der Faschismus in West-Berlin seine Maske bereits abgeworfen; in der Bundesrepublik hat er, mit bewaffneten Werkschutzgruppen und Notstandsverfassung, seinen Fuß in der Tür. Die deutsche Zukunft riecht wieder einmal nach Leder – nach Peitschenleder.

In einer solchen Lage gewinnen die zwei Bücher, die ich hier anzeige, eine geradezu schicksalhafte Bedeutung. Beide Bücher sind gerade noch im letzten Augenblick veröffentlicht worden. Sie enthalten alles, was man wissen muß, um zu verstehen, was gespielt wird. Wenn jeder, den es angeht, sie läse, sie studierte (es sind Studierbücher; keine leichte Lektüre) und Konsequenzen zöge, wäre der faschistische Angriff vielleicht noch einmal abzuschlagen. Aber wahrscheinlich ist es schon zu spät. Bücher dieser Art brauchen ein paar Jahre, um ihre Wirkung zu entfalten. Soviel Zeit dürften wir nicht mehr haben.

Die beiden Bücher ergänzen einander. Zwischen ihnen liegt ein Abstand von dreißig Jahren – ein Generationsabstand. »Faschismus und Kapitalismus« von Herbert Marcuse und Otto Bauer besteht aus Studien, die in den dreißiger Jahren, in der Emigration, von deutschen, österreichischen und italienischen Antifaschisten, unabhängig voneinander, geschrieben wurden. Sie waren bis jetzt in verschollenen Zeitschriften begraben und sind nun zum ersten Mal gesammelt. Seine Verfasser, mit dem Triumph des Faschismus in ihren Ländern konfrontiert, stellten sich die Fragen nach den Ursachen. Und sie kamen – was angesichts der damaligen Verwirrung keine geringe geistige Leistung war – alle unabhängig voneinander zu dem gleichen Ergebnis: Die Wurzel des Faschismus lag in der Entwicklung, die der europäische Kapitalismus schon damals genommen hatte, der Faschismus war »weiter nichts als eine moderne, volkstümlich maskierte Form der bürgerlich-kapitalistischen Gegenrevolution« (Rosenberg), und »wer vom Kapitalismus nicht reden will, sollte auch vom Faschismus schweigen« (Horkheimer). Die tiefste Analyse ist die von Herbert Marcuse (der, lange übersehen, jetzt gerade dabei ist, als der wichtigste deutsche Gesellschaftskritiker dieses Jahrhunderts entdeckt zu werden). Er arbeitet präzise den Punkt heraus, an dem Liberalismus in Faschismus umschlägt – also an dem der Kapitalismus gezwungen wird, vom Liberalismus, der ja seine ursprüngliche Ideologie war, zum Faschismus überzugehen; und siehe, es ist genau derselbe Punkt, der heute in der Bundesrepublik wieder erreicht ist.

Wenn man im Lichte des ersten das zweite Buch liest, fällt es einem wie Schuppen von den Augen. »Der CDU-Staat« von Gert Schäfer ist eine Sammlung von zwölf Bestandsaufnahmen, großenteils von demselben Team junger akademischer Soziologen und Politologen erarbeitet, die schon durch das vorzügliche Sammelwerk »Politik ohne Vernunft« (1965 als rororo-Bändchen erschienen) Aufsehen machten. Sie haben zum Gegenstand die Wirtschafts- und Gesellschaftsentwicklung in der Bundesrepublik, insbesondere den wirtschaftlichen Konzentrationsprozeß und den rapiden Verfall der sozialen Infrastruktur, sodann die Aushöhlung des Parlamentarismus und den ständigen Machtzuwachs der Exekutive, das Versagen der Verfassungsgerichtsbarkeit, die bereits unheimlich angeschwollene Macht der Geheimbürokratie und ihre Verfilzung mit der politischen Justiz, die reißende Monopolisierung des Meinungsmarkts, die Ausrichtung der öffentlichen Erziehungs- und Bildungsprozesse auf die Produktion autoritätsgebundener Charaktere und schließlich die Ideologie der »formierten Gesellschaft«. Lückenlos dokumentiert, zeigt das Werk den Zustand eines fast vollendeten faschistischen Aufmarschs auf. Alles steht schon bereit, nur der Befehl zum Losschlagen steht noch aus. Über dem bereits fertig vorbereiteten neuen Faschismus liegt noch ein ganz dünner formaldemokratischer Schleier, der hin und wieder, in gewissen Polizeiaktionen, schon momentweise gelüftet wird. Es herrscht noch Demokratie in der Bundesrepublik, so wie am 21. Juni 1941 an der deutsch-russischen Demarkationslinie noch Friede herrschte.

Warum kann der Kapitalismus zunächst liberal sein und muß dann faschistisch werden, und an welchem Punkt schlägt liberaler Kapitalismus in faschistischen Kapitalismus um? Sehr einfach: Der Kapitalismus kann liberal sein, solange er mit Vernunftgründen zu rechtfertigen ist, und muß faschistisch werden, wenn das nicht mehr der Fall ist. Solange es gute Gründe für ihn gibt, braucht er nicht mit Prügeln zu regieren; wenn es keine Argumente mehr gibt, müssen Prügel her.

Und an welchem Punkt hört der private Kapitalismus auf, mit Vernunftgründen vertretbar zu sein? Genau an dem Punkt, wo an die Stelle der Konkurrenz das Monopol tritt.

Daß Konkurrenz das Geschäft belebt – und den Fortschritt fördert –, leuchtet ein. Aber daß Machtzusammenballungen, die nicht nur die Existenz ihrer jeweiligen Angestellten und Arbeiter und ihren jeweiligen Markt total beherrschen, sondern von denen ganze Städte und Regionen abhängen, ja, die ohne weiteres die politischen Parteien und durch sie mittelbar den Staat aufkaufen können und es auch tun – daß diese wirklichen Machtzentralen der heutigen Bundesrepublik, die viel mächtiger sind als jede Bundesregierung, niemandem verantwortlich, von niemandem kontrolliert, daß sie Privatangelegenheit von anonymen Zufallsinhabern sein und ewig bleiben sollen, das leuchtet nicht ein. Es ist mit keinem Vernunftargument zu rechtfertigen, höchstens ist mit

Lügen davon abzulenken. Und die Lüge braucht die Gewalt, um die Wahrheit mundtot zu machen.

Die Marktwirtschaft ist mit einem liberalen Staat vergleichbar, solange um den Markt gekämpft wird. Ist der Kampf entschieden und wird der Markt von den Siegern monopolistisch beherrscht, dann brauchen die privaten marktbeherrschenden Monopole den Prügelstaat, um die Verewigung ihrer anonymen Willkürherrschaft zu verteidigen. Zuerst gegen die Intellektuellen, die in der Lage sind, den Sachverhalt zu erkennen und zu entlarven. Dann gegen die Arbeiter, die allein in der Lage wären, ihn zu ändern.

Soweit ist es jetzt wieder ungefähr, und zwar zum zweiten Male. Wir haben ja den ganzen Prozeß schon einmal erlebt, und wer die Analyse aus den dreißiger Jahren liest und dann mit der völlig unabhängig davon entstandenen aus dem Jahre 1967 vergleicht, ist frappiert davon, wie genau sich alles Entscheidende wiederholt. Dem Bonner Grundgesetz ergeht es jetzt wie der Weimarer Verfassung, und unter dem Druck derselben Wirtschaftsmächte, die unvergleichlich viel durchschlagskräftiger sind als die unbedeutenden politischen Vordergrundsfiguren. Das ist ja auch kein Wunder. Man hat ja in den drei westlichen Besatzungszonen Deutschlands nach 1945 nichts Entscheidendes geändert. Man hat 1949 einfach die Uhr, ohne ihr ein neues Werk einzusetzen, um dreißig Jahre zurückgestellt und dann wieder aufgezogen. Und nun zeigt sie eben wieder auf 1932.

Im letzten Kapitel des »CDU-Staats« wird mit einer Serie von Zitaten belegt, was jetzt geplant ist. Die Ideologen der »formierten« Gesellschaft reden und schreiben bereits erstaunlich offen. Alle, die die Allmacht privater Monopole für kein unabänderliches Tabu halten, werden als »Nachfolger der antiken Gnosis« eingestuft, »die mehr oder weniger gewaltsam das Reich Gottes auf Erden zu errichten suchen«.

Solche Leute darf es in der »formierten« Gesellschaft nicht mehr geben; sie sind zur Ausrottung vornotiert. »Bedingung der nackten Existenz« ist die »eiserne Unterdrückung des Ideologieunfugs« und die »Stärkung der herrscherlichen Existenz im demokratischen Staat«. Dann aber geht es erst richtig los. »Die mannigfaltigen Tendenzen zu einer gnostischen Psychologie« müssen »radikal unterdrückt werden«, die »Macht der Gewerkschaften« (einer »Organisation parasitärer Existenzen, die sich unsittlich Profitanteile auf Kosten ihrer Gesellschaftspartner appropriieren wollen«) muß »durch entsprechende Gesetzgebung gebrochen werden«. Es ist die Rede von einer »neu formierten Herrscherklasse« und, genau wie einst bei Spengler, von dem »ausbeuterischen Arbeiter des 20. Jahrhunderts«. Schon freut man sich auf eine Zeit, »etwa 1980«, in der es »mit dem weiteren Anwachsen des Gesamtwohlstandes wieder sehr viele Hausangestellte geben wird, die sich aus den Kreisen der Personen rekrutieren, die den Anforderungen eines Normalarbeitsplatzes im Produktions- und Dienstleistungsprozeß der Industriegesellschaft nicht gewachsen sind«. Man muß das durchschmecken. Die Zitate stammen von Eric Vögelin, neben Rüdiger Altmann und Arnold Gehlen dem Chefideologen der »formierten Gesellschaft«.

Wenn man das liest und es zusammenhält mit der Notstandsverfassung und den Schubladengesetzen, mit der Praxis der Parteien der Großen Koalition, der Propaganda des Springerschen Pressemonopols und den Notstandsproben der Polizei in Berlin und anderswo, dann ermißt man, was vor der Tür steht – was, wenn kein Wunder geschieht, schon unabwendbar geworden ist.

Wenn kein Wunder geschieht. Das Wunder, das geschehen müßte, um es abzuwenden, wäre ein Defensiv- und Offensivbündnis von Universitäten, Kirchen und Gewerkschaften –

den drei Institutionen also, die zwar nicht das Reich Gottes auf Erden verwirklichen wollen, aber immerhin gern verhindern würden, daß zum zweiten Mal das Reich des Teufels in Deutschland aufgerichtet wird. Zusammen könnten sie das vielleicht noch schaffen, wenn sie wirklich wollten und sich etwas einfallen ließen.

Aber daraus wird nichts werden. Man braucht nur die ebenso infame wie strohdumme Antwort des Berliner Gewerkschaftsvorsitzenden Walter Sickert auf die Warnungen der verfolgten Berliner Studenten zu lesen, um die ganze Hoffnungslosigkeit der Lage zu ermessen. *Diesem* Gewerkschaftsführer übrigens gönne ich alles, was ihm unter dem neuen Faschismus bevorsteht, von ganzem Herzen.

Die Bestie erwacht

Deutschland im Sog eines neuen Faschismus

Die direkten Erfolge der neuen Linken in Deutschland sind bisher gering; die indirekten Wirkungen gewaltig. In unglaublich kurzer Zeit hat sich die politische Szene – und die politische Atmosphäre – bis zur Unkenntlichkeit verändert. Dahin die bleierne Ruhe der Erhard-Ära, die doch durch die Große Koalition recht eigentlich hatte institutionalisiert werden sollen. Ganz uninteressant geworden die alten Personen- und Gruppenkämpfe in der Bonner Arena. Fast völlig eingeebnet die Schützengräben zwischen den Parteien. Statt dessen zieht sich plötzlich quer durch alle Parteien und alle Bevölkerungsschichten eine neue Front: eine Front zwischen Liberalen und Faschisten.
Ich gebrauche das Wort »Faschisten« hier nicht als ein vages politisches Schimpfwort. Ich gebrauche es in dem exakten politischen Sinn, der durch Mussolinis italienische Bewegung vor 50 Jahren geprägt wurde und heute noch gültig ist.
Faschismus ist ganz einfach die Verteidigung einer angezweifelten oder angegriffenen Herrschafts- und Gesellschaftsordnung mittels Gewalt und Demagogie. Der Faschismus ist sozial konservativ; dadurch unterscheidet er sich vom Kommunismus. Er ist entschlossen, jede Grundsatzopposition mit Gewalt zu unterdrücken; dadurch unterscheidet er sich vom Konservatismus demokratischer Prägung. Und schließlich ist er demagogisch, er mobilisiert mörderische Mob-Instinkte und steuert sie nach Belieben gegen unliebsame Minderheiten; dadurch unterscheidet er sich von beiden. Das Ziel des Faschismus ist die Verhinderung jeder gesell-

schaftlichen Veränderung; seine charakteristische Methode die Mischung von Polizeigewalt und Pogrom.

Der Faschismus, in diesem exakten Sinne verstanden, ist heute im westlichen Deutschland plötzlich wieder eine unheimlich gegenwärtige Macht geworden. Er muß wohl die ganze Zeit dicht unter der politischen Oberfläche vorhanden gewesen sein; sonst wären die Massenhaftigkeit und Selbstverständlichkeit, mit der er sich unter dem leisen Anstoß der Studenten- und Schülerdemonstrationen wieder offen zu erkennen gibt, kaum zu erklären.

Um kein Mißverständnis aufkommen zu lassen: Ich denke hier keineswegs ausschließlich, nicht einmal in erster Linie, an die NPD. Deren Erfolg hält sich einstweilen noch in engen Grenzen, und wenn die NPD die einzige Erscheinungsform des Faschismus im gegenwärtigen Deutschland wäre, könnte man noch einigermaßen beruhigt sein. Faschismus ist aber viel verbreiteter als Neonazismus. Er findet sich in allen Parteien und in allen Bevölkerungsschichten, Arbeiter nicht ausgenommen. Oft firmiert er ganz naiv und vielleicht sogar gutgläubig als »Verteidigung unserer demokratischen Grundordnung«.

Beispiele? Wenn man heute bei Studentendemonstrationen aus den Kreisen der Umstehenden ständig Worte hört wie »Arbeitslager«, »Konzentrationslager«, »gehörige Tracht Prügel«, »über die Mauer werfen«, »zu vergasen vergessen«, »unter Adolf wäre damit kurzer Prozeß gemacht worden« – das sind ebenso spontane wie krasse Manifestationen des Faschismus.

Wenn auf der Berliner Senatsdemonstration Plakate getragen wurden wie: »Dutschke: Staatsfeind Nr. 1« – »Rote Horden und akademische Eierköpfe gehören nicht in unsere Stadt« – »Schluß mit der Seuche« – »Teufel in den Zoo«: das ist Faschismus.

Wenn bei derselben Gelegenheit Bürger verprügelt und fast gelyncht wurden, weil sie Bärte oder randlose Brillen oder rote Schlipse trugen oder nicht genügend Beifall klatschten oder Hochdeutsch statt Berlinerisch sprachen: Faschismus. Faschismus leider auch, wenn die Polizei, wie immer wieder bezeugt worden ist, bei solchen Gelegenheiten den Opfern ihren pflichtgemäßen Schutz versagt oder gar mit den Tätern Sympathie zeigt. (Man ist an Görings Erlaß vom 17. Februar 1933 erinnert, in dem er die Polizei anwies, bei Zusammenstößen jeden Anschein einer feindlichen Haltung gegen SA und Stahlhelmer zu vermeiden, gegen deren Gegner aber jederzeit mit allen Mitteln vorzugehen.)
Eine faschistische Verhaltensweise ist es auch, wenn man durch verfassungswidrige Demonstrationsverbote Vorwände zu massenhafter Gewaltanwendung und Blutvergießen zu schaffen sucht; oder wenn man kein Lob, sondern einen Tadel damit auszusprechen glaubt, daß man eine Gerichtsentscheidung, die ein solches Verbot aufhebt, »völlig unpolitisch« nennt. Dies sind übrigens zugleich Beispiele dafür, daß ein SPD-Parteibuch keine Garantie gegen Faschismus ist. Seit Noskes Tagen besteht gerade hier eine böse Tradition. Nun, Gott sei Dank, der Faschismus ist heute in Deutschland zwar plötzlich wieder offen am Tage und weit verbreitet, aber er ist noch nicht wieder allmächtig. Es gibt auch noch Liberale in Deutschland – und zwar ebenfalls in allen Parteien und allen Bevölkerungsschichten. Und auch sie rühren sich. Die Kirchen zum Beispiel haben sich (wenn auch mit Ausnahmen) bemerkenswert liberal verhalten, auch Teile der Justiz, große Teile der Massenmedien (das Fernsehen verdient einen dicken Lobstrich), manche Politiker, viele Professoren und Intellektuelle und natürlich auch Arbeiter und Gewerkschaftler (freilich nicht alle, wie gesagt).
Die vielen Beweise echter und auch mutiger liberaler Gesin-

nung, sogar liberalen Widerstandes und liberalen Zorns in den letzten Wochen sind immerhin ermutigend. Sie zeigen, daß sich doch in Deutschland seit 1933 einiges zum Besseren geändert hat.

Aber Liberalismus ist immer in Gefahr, zwischen zwei Fronten zerrieben zu werden. Der Liberale ist gegen die faschistische Dementierung bestehender gesellschaftlicher Zustände, aber er ist auch gegen revolutionäre Änderungen. Er möchte die Gesellschaft jederzeit für friedlichen Wandel offenhalten, und er hat eine heimliche Liebe für lange Perioden der Unentschiedenheit – in Krisenzeiten eine gefährliche Schwäche. Liberalismus verabscheut Gewalt und Gesetzlosigkeit, sei es von rechts oder von links. Das kann ihn zur Ohnmacht verurteilen, wenn es zum Schwur kommt. Auch darf man nicht übersehen, daß die Liberalen von der neuen Linken nicht gerade zuvorkommend behandelt werden – und auch sie sind Menschen und haben ihre Empfindlichkeit.

Die Liberalen müssen aber in der so plötzlich neu entstandenen Lage das tun, was ihnen am schwersten fällt: Sie müssen sich entscheiden. Einem Zwei-Fronten-Krieg dürften sie nicht gewachsen sein.

Für ihre Entscheidung gibt es meiner Meinung nach nur einen Prüfstein: Was ist die unmittelbare Gefahr und das größte Übel – der Faschismus oder die Revolution? Wer sich als Liberaler diese Frage ernsthaft stellt, der findet auch die Antwort.

Die Revolution, von der die neue Linke spricht, ist ein zartes, gebrechliches Pflänzchen, von dem noch keiner sagen kann, ob es nicht bald genug von selbst wieder verkümmern wird, wie das deutsche Revolutionen so an sich haben. (Vielleicht wäre es sogar schade darum.) Der Faschismus aber ist bereits wieder eine ausgewachsene, unmittelbar bedrohliche Macht in Deutschland. Diese Gefahr heraufbeschworen, die schlafende Bestie geweckt zu haben – das ist es ja gerade, was viele Liberale der neuen Linken und ihren revolutionären Gesten im stillen zum Vorwurf machen. Aber es hilft nichts, darüber zu jammern; übrigens könnte man es Dutschke auch zum Verdienst anrechnen, den bisher versteckten Faschismus in Deutschland zur Selbstenthüllung gereizt zu haben. Der größte Fehler, den Liberale heute machen könnten, wäre, der gereizten Bestie ihre machtlosen linken Feinde zum Fraß vorzuwerfen.

Das würde ihr nur Appetit auf mehr machen, und die nächsten, die dann gefressen würden, wären die Liberalen selbst. Sei es auch nur um der Erhaltung des Liberalismus und der Offenhaltung der gesellschaftlichen Zukunft willen, die Parole muß jetzt und bis auf weiteres für jeden Liberalen lauten: Frieden mit der neuen Linken, Kampf dem Faschismus!

Freiheit auf Abruf

Ein Reformprogramm gegen den neuen Faschismus

Nicht nur die DDR hat sich im Jahre 1968 eine neue Verfassung gegeben. Auch die Bundesrepublik wird, wenn es nach den Führern der beiden großen Parteien geht, in diesem Sommer eine neue Verfassung bekommen.

Denn nichts anderes bedeutet die Notstandsverfassung, die nun nach dem Willen der Bundesregierung noch vor der Sommerpause verabschiedet werden soll. Mit all den einschneidenden Änderungen, die unter ihr vorgesehen sind, wird das Grundgesetz der Bundesrepublik nicht mehr das Grundgesetz von 1949 sein, sondern etwas ganz anderes. Das Grundgesetz von 1949, unter dem die Bundesrepublik heute noch – wie lange noch? – lebt, ruht auf drei Säulen: einer klaren Gewaltenteilung zwischen Exekutive und Legislative, also Bundesregierung und Bundestag; einer klaren Kompetenzabgrenzung zwischen Bund und Ländern; und unabänderlichen Grundrechten des einzelnen Bürgers gegenüber dem Staat.

Die Notstandsverfassung, die jetzt verabschiedet werden soll, sägt alle diese drei Säulen an. Sie führt als entscheidendes Staatsorgan für Krisenzeiten etwas völlig Systemfremdes ein, nämlich einen gemeinsamen Ausschuß von einigen wenigen Mitgliedern des Bundestags wie des Bundesrats, der im Zusammenwirken mit der Bundesregierung quasi diktatorische Vollmachten besitzen soll. Sie verwischt damit die Grenzen zwischen Exekutive und Legislative ebenso wie die zwischen Bund und Ländern. Vor allem aber relativiert sie die Grundrechte, die im bisherigen Grundgesetz etwas Ab-

solutes waren. Die Freiheit des Bundesbürgers ist in Zukunft eine Freiheit auf Abruf: Wenn der Notstand erklärt wird, können fast sämtliche Freiheitsrechte, von der freien Wahl des Arbeitsplatzes über die Meinungsfreiheit bis zur Sicherheit der Person, jederzeit außer Kraft gesetzt werden.
Sowohl in der DDR wie in der Bundesrepublik bedeutet die Abkehr von den Verfassungen des Jahres 1949 eine politische Grundentscheidung. Die DDR-Verfassung von 1949 war noch auf Wiedervereinigung abgestellt. Sie war dem Bonner Grundgesetz desselben Jahres gar nicht so unähnlich. Sie hielt bewußt die Möglichkeit offen, die beiden Verfassungen in eins zu fassen und auf der Grundlage von Föderalismus und Demokratie einen gesamtdeutschen Bundesstaat wiederherzustellen, in dem die Fragen von Sozialismus und Kapitalismus ständig zur Diskussion und Disposition gestanden hätten. Die DDR-Verfassung von 1968 ist dagegen eine streng sozialistische Verfassung. Sozialismus ist jetzt Staatsgrundlage geworden, Wiedervereinigung mit einer kapitalistischen Bundesrepublik verfassungsrechtlich ausgeschlossen.
Das bundesrepublikanische Grundgesetz von 1949 war noch auf Frieden abgestellt. Auch wenn es nicht, wie die gleichzeitige japanische Verfassung, ein ausdrückliches Kriegsverbot enthielt, ließ es doch in seiner ganzen Anlage erkennen, daß der neue westdeutsche Staat Krieg in keinem Fall mehr ins Auge fassen könne und dürfe. Gerade deswegen waren ja alle Notstandsregelungen bewußt ausgelassen. Artikel 26, ein heute praktisch vergessener Artikel, erklärt immer noch Handlungen, die das friedliche Zusammenleben der Völker stören würden, für verfassungswidrig und gebietet sogar, sie unter Strafe zu stellen – was nie geschehen ist. Die Notstandsverfassung von 1968 ist dagegen wieder eine Kriegsverfassung. Sie rechnet mit Krieg wieder als mit etwas jeder-

zeit Möglichem, Normalem und Überlebbarem, auf das man sich beizeiten einstellen und einrichten muß. Denn der klassische Notstandsfall ist und bleibt der Krieg.
Wer mißtrauisch ist, könnte zwischen den beiden Vorgängen einen Zusammenhang sehen. Wer die Wiedervereinigung mit einem nicht mehr wiedervereinigungsbereiten Staat erzwingen will, der muß wohl logischerweise an Krieg denken. Aber, das ist das Groteske, wenn der Notstandsfall ganz klar auf den Kriegsfall beschränkt wäre, dann wäre das heute geradezu eine Beruhigung. Krieg in Deutschland ist, solange die Amerikaner in der Bundesrepublik und die Russen in der DDR stehen und solange das Atompatt wirksam bleibt, höchst unwahrscheinlich; und eine Notstandsverfassung, die nur im Kriegsfall in Kraft träte, hätte gute Aussichten, auf dem Papier zu bleiben. Das Alarmierende ist, daß die Notstandsverfassung nach allem, was man weiß, auch für einen wenig definierten »Spannungszustand« gelten soll – hat die Bundesrepublik je einen anderen Zustand gekannt? – und auch für einen »inneren Notstand«. Als »inneren Notstand« kann man natürlich alles und jedes ansehen. Damit aber wird der Faden, an dem das Damoklesschwert des Notstands und der Notstandsdiktatur über allen Bürgern der Bundesrepublik aufgehängt werden soll, so dünn, daß er praktisch jeden Tag reißen kann.
Ein Unterschied besteht zwischen den Neuverfassungen der Bundesrepublik und der DDR, und er spricht nicht zugunsten der Bundesrepublik. Die neue Verfassung der DDR ist immerhin ein paar Wochen lang der öffentlichen Diskussion und Kritik und schließlich einer Volksabstimmung unterworfen worden. Die neue Verfassung der Bundesrepublik aber soll jetzt, ohne daß irgend jemand »ja« oder »nein« dazu sagen kann, im Galopp über die Bonner Bühne gejagt werden. Noch wenige Wochen vor der zweiten Lesung ist sie der Öf-

fentlichkeit nicht einmal im Detail bekannt. Noch immer weiß man nicht genau, was der winzige Kreis, der sie hinter verschlossenen Türen berät – und zwar in einer Stimmung von Torschlußpanik: »Der Notstand muß endlich vom Tisch« – nun wirklich ausgekocht hat oder auskochen wird.
Ich weiß, die öffentliche Diskussion in der DDR war mehr scheinbar als real, die Propaganda vollkommen einseitig und auch die Volksabstimmung nicht gerade das Ideal einer freien Entscheidung – wenn es Umschläge für die Stimmzettel gegeben hätte, wäre sie glaubwürdiger gewesen. Immerhin, es gab eine Abstimmung, es gab Stimmzettel, auf denen man ein »Ja« und ein »Nein« ankreuzen konnte, und über 400 000 Leute haben mit »Nein« gestimmt. Man hat nicht gehört, daß irgendeinem von ihnen etwas passiert wäre.
In der Bundesrepublik ist von einer Volksabstimmung nicht einmal die Rede. Die Bundesbürger werden nicht aufgefordert werden, die neue Verfassung öffentlich zu diskutieren und Änderungsvorschläge zu machen, sie werden auch keine Gelegenheit haben, »ja« oder »nein« dazu zu sagen – nicht einmal auf Stimmzetteln ohne Umschläge. Sie werden eines Tages unter einer neuen Verfassung aufwachen, die es möglich macht, sie unter Ausrufung des Notstands an ihren Arbeitsplatz zu binden oder ihnen unerwünschte Arbeitsplätze zuzuweisen, ihnen Zwangsaufenthalte vorzuschreiben oder sie zu verhaften. Und wenn es ihnen einfallen sollte, gegen diese neue Verfassung, der sie ungefragt unterworfen werden, zu demonstrieren oder gar zu streiken – nun, dann wäre der »innere Notstand« ja schon da.

Ist die Bundesrepublik noch zu retten?

Ein Reformprogramm zur Anpassung ans zwanzigste Jahrhundert

Die Bundesrepublik ist jetzt bereit, mit den Studenten, nachdem sie eine Woche lang verprügelt worden sind, zu reden, vorausgesetzt, daß sie auf dem Boden des Grundgesetzes stehen oder auf ihn zurückkehren. Gegen die Bedingung wäre nichts zu sagen, wenn auch die Bundesregierung auf dem Boden des Grundgesetzes stände oder bereit wäre, auf ihn zurückzukehren. Sie klingt heuchlerisch und provozierend im Munde einer Regierung, die mit so grundgesetzwidrigen Gedanken wie Schnellgerichten und Vorbeugungshaft öffentlich umgeht.
Tatsächlich sind wir hier schon mitten in der Frage, um die es geht. Ist die Bundesrepublik als Demokratie noch zu retten? Oder ist der Sog eines neuen Faschismus, in den sie offensichtlich hineingeraten ist, schon unaufhaltsam, unumkehrbar geworden, und kann nur eine sozialistische Revolution die Demokratie in Westdeutschland wiederherstellen?
Es ist wahr, die Studenten selbst sind über diese Frage gespalten. Wenn die Regierung aber die noch nicht verzweifelten Demokraten unter ihnen von den schon verzweifelten, die bloßen Demonstranten von den Revolutionären trennen will, dann muß sie beweisen oder wenigstens glaubhaft machen, daß noch kein Grund zur Verzweiflung, keine Notwendigkeit zur Revolution besteht. Bisher hat sie das nicht getan.
Machen wir uns doch klar, was geschehen ist. Ursprünglich haben die Studenten nichts weiter gewollt als diskutieren –

über Universitätsreform, über weitere gesellschaftliche Reformen, über eine fragwürdig gewordene Politik. Sie haben das Grundgesetz ernst genommen, sie haben ganz gutgläubig vorausgesetzt, daß sie in einer Demokratie lebten, wo Argumente beachtet werden und Vernunft eine Chance hat, sich durchzusetzen. Man hat sie ignoriert.

Darauf haben sie zu demonstrieren begonnen, was ja unter dem Grundgesetz ihr gutes Recht ist – einfach, um endlich Aufmerksamkeit für ihre Beschwerden und Forderungen zu erregen. Man hat sie niedergeknüppelt, und der Springer-Konzern, dessen Macht bald mit der des Goebbelsschen Propagandaministeriums verglichen werden kann, hat eine maßlose Pogrom- und Lynchhetze gegen sie eingeleitet. Niemand ist dagegen eingeschritten, niemand hat den Paragraphen 130 des Strafgesetzbuchs, der eigens gegen solche Hetzkampagnen geschaffen worden ist, gegen Springer angewandt. Man hat tatenlos zugesehen, wie Springer aus den Studenten die neuen Juden gemacht hat.

Dann hat Springers Hetze Frucht getragen. Und nach dem Mordanschlag auf Dutschke haben die Studenten, in verständlicher Verzweiflung, ein paar Tage lang die Auslieferung von Springer-Zeitungen gewaltsam zu verhindern versucht. Und nun schreit jedermann »Gewalt!« und ruft nach Schnellgerichten und Konzentrationslagern. Niemandem fällt die Parallele mit dem Warschauer Ghettoaufstand vor genau 25 Jahren auf: Hier wie dort der getretene Wurm, der sich krümmt, die verfolgte Minderheit, die sich ohnmächtig, mit rührend unzulänglicher Gewalt, gegen ihren übermächtigen Verfolger aufbäumt. Heute wie damals als Reaktion nur Entrüstung gegen dieses gewaltsame Aufbäumen – und Verschärfung der Verfolgung.

Jeder entrüstet sich über steinewerfende Studenten. Niemand über Springersche Zeitungsfahrer, die von ihrem Verleger mit Vierkantkeulen bewaffnet sind und Lastwagen als Mordwerkzeug benutzen. Zweierlei Maß! Und da wundert man sich, daß ein wachsender Teil der Studenten die Berufung auf Grundgesetz und Demokratie als brechreizerregenden Schwindel und unerträgliche Heuchelei betrachtet und nur noch von der Revolution Rettung erwartet?

Aber nicht nur die Studenten sind gespalten; das »Establishment« ist es auch. Hier wie dort gibt es solche, die die Demokratie innerlich schon abgeschrieben haben, und solche, die sie noch retten wollen. Wenn die letzteren, die Liberalen auf beiden Seiten, noch ein nützliches Gespräch führen wollen, dann müssen sich nicht nur die Liberalen unter den Jungen von den Revolutionären, sondern auch die Liberalen unter den Alten von den Faschisten trennen. Und die Faschisten sitzen nicht nur in der NPD.

Aber selbst wenn das geschähe – und noch ist es nicht geschehen –, wäre die Bundesrepublik noch lange nicht gerettet. Kann das Gespräch fruchtbar sein? Gibt es etwas, worüber man sprechen kann? Vergangene Versuche schrecken. Auch der Berliner Bürgermeister Schütz hat ja anfangs »das Gespräch gesucht« – das heißt, er hat die Routinereden, mit denen das Berliner Abgeordnetenhaus sich gewohnheitsmäßig zufriedengibt, zur Abwechslung einmal in zwei Berliner Hochschulen gehalten. Er war verwundert und verwundet, als er Hohn und Pfiffe erntete. Die Berliner Studenten ihrerseits waren beleidigt und in ihrer Intelligenz gekränkt, als er anfing, vor ihnen die bekannten Sprüche zu klopfen, die unseren Politikern so geläufig von den Lippen gehen und bei denen jeder Informierte und Denkende längst nur noch aus tiefster Brust aufstöhnen kann.

Die Regierenden sollten sich das Gespräch mit den Studenten nicht zu leicht vorstellen. Das sind intelligente junge Menschen, die hellhörig und auch – mit Recht – tief mißtrauisch geworden sind. Wenn man ihnen kein glaubwürdiges, positives Programm zur Rettung der Bundesrepublik, und der Demokratie in der Bundesrepublik, vorlegen kann, wird das Gespräch die umgekehrten Folgen haben, die man davon erhofft: Es wird auch die bisher noch nicht Verzweifelten endgültig zur Verzweiflung treiben.

Ein solches Programm gibt es bisher nicht. Die Bundesregierung hat keins, die parlamentarische Opposition hat keins, und auch die außerparlamentarische Opposition, oder ihr nichtrevolutionärer Flügel, hat bisher keins entwickelt. Und da Not am Mann ist, will ich jetzt in die Bresche springen. Im folgenden lege ich, kurz und bündig, ein Zwanzig-Punkte-Programm zur öffentlichen Erörterung vor, von dem ich meine, daß es die Bürgerkriegsfronten noch überwinden und die Bundesrepublik als die kapitalistische Demokratie, die sie nach dem Willen ihrer Gründer werden sollte, noch retten – noch in letzter Stunde retten könnte.

Meine zwanzig Punkte zur Rettung der Bundesrepublik sind in drei Teile gegliedert: einen außenpolitischen, einen, der innenpolitische Sofortmaßnahmen, und einen, der ein mittelfristiges innenpolitisches Reformprogramm vorschlägt. Dazu noch eine kurze Vorbemerkung.

Ich fange bewußt mit der Außenpolitik an, obwohl die Außenpolitik in den Straßenkämpfen der Ostertage keine direkte Rolle gespielt hat. Sie liegt trotzdem an der Wurzel der tödlichen Krankheit, die diese Kämpfe ans Licht gebracht haben. Die Außenpolitik der Bundesrepublik, vom Kalten Krieg gezeugt, ist Kriegspolitik – von Anfang an und immer noch, trotz der gewundenen verbalen Abschwächungen, mit denen sie neuerdings bemäntelt wird. Kriegspolitik nach außen aber zieht Unterdrückungspolitik nach innen zwangsläufig nach sich – im Deutschland Springers nicht weniger als im Deutschland des Kaisers und Hitlers. Wer Demokratie im Innern will, muß Friedenspolitik nach außen treiben.

Eine radikale Umkehr in der Außenpolitik ist daher das erste Erfordernis, wenn die Bundesrepublik gerettet werden soll – nicht nur vor dem dritten Krieg und der dritten Niederlage, denen sie sonst eines Tages nicht entgehen wird, sondern schon vor dem Bürgerkrieg und der Schreckensherrschaft im Innern, die jetzt als unmittelbar drohende Gefahren vor der Tür stehen. Und nun meine zwanzig Punkte.

Außenpolitik
1. Anerkennung der DDR.
2. Anerkennung der in Europa bestehenden Grenzen.
3. Verzicht auf Atomwaffen.
4. Friedensvertrag mit sämtlichen Kriegsgegnern.
5. Übergang von Militärbündnissen zu einem europäischen Sicherheitssystem.

Sofortmaßnahmen zur Sicherung des inneren Friedens
6. Reduzierung der Bundeswehr auf eine kleine Berufstruppe, beginnend mit der von der DDR angebotenen Halbierung beider deutscher Rüstungshaushalte.
7. Verzicht auf Notstandsgesetze, statt dessen Strafgesetzgebung gegen Friedensgefährdung gemäß Artikel 26 des Grundgesetzes.
8. Enteignung Springers und Verhinderung jedes anderen Meinungsmonopols in unkontrollierter Hand. Überführung des Springer-Konzerns in eine Körperschaft öffentlichen Rechts.
9. Garantien für Meinungsfreiheit, redaktionelle Autonomie und freie Diskussion in allen öffentlich-rechtlichen Massenmedien.

10. Einstellung der Subventionen für Vertriebenenverbände.
11. Wiederzulassung der KPD.
12. Entfernung aller Nazis aus Regierungsämtern, aller nicht vor 1945 freiwillig ausgeschiedenen Beamten des Reichssicherheitshauptamts aus dem Polizeidienst.
13. Abschaffung der Prügelstrafe auf Straßen, in Haftanstalten und Schulen.

**Mittelfristiges Reformprogramm
zur Verwirklichung der Demokratie**

14. Wahl des Bundespräsidenten durch das Volk, Wiederzulassung von Volksbegehren und Volksentscheid.
15. Trennung von Staatsapparat und Justiz.
16. Allgemeine kostenlose Volksbildung, kostenloses Hochschulstudium für alle Begabten.
17. Demokratisierung der Hochschul-, Schul- und Betriebsverfassungen. Arbeiter- und Angestelltenmitbestimmung in allen Großunternehmen.
18. Entfernung obrigkeitsstaatlicher Anachronismen aus dem Strafrecht, einschließlich der mittelalterlichen Eingriffe in die Intimsphäre.
19. Wirkliche Gleichstellung der Geschlechter: gleicher Lohn für gleiche Arbeit, Reform des Familienrechts.
20. Wirklicher Kinderschutz, auch gegen Elternwillkür. Kinderhorte und Kindergärten für alle. Entlastung der Familien, Befreiung der Mütter.

Das ist kein revolutionäres und sozialistisches Programm. Es ist ein liberales Reformprogramm zur Rettung der Demokratie – der kapitalistischen Demokratie. Der SDS wird es ebenso ablehnen und schelten wie Springer. An wen aber ist das Programm gerichtet, wer hat die Macht und wer ein Interesse daran, es durchzusetzen? Ich verspreche mir wenig von den armen, von Existenzangst geplagten Mitgliedern des Bundestages; wenig auch von den in ihren Gleisen eingefahrenen, schon durch Zeitmangel am Denken gehinderten Ministern. Ich wende mich vielmehr an die Großkapitalisten vom Kaliber Abs und Beitz, die Eigentümer, Lenker und Herren nicht nur des Nationalvermögens, sondern auch der Parteien und damit des Staats. Sie haben die Macht in diesem Staat, sie haben auch das Interesse an der Rettung dieses Staats. Es ist ihr Staat.

Wenn sie Augenmaß und Realismus haben – auch nur soviel Augenmaß und Realismus wie die preußischen Junker der Bismarckzeit –, dann werden sie erkennen, daß ihr Staat nur noch durch ein Programm der Anpassung an das zwanzigste Jahrhundert, der ehrlichen Demokratie und der seit fünfzig Jahren überfälligen liberalen Reform, der Friedenspolitik nach außen und nach innen gerettet werden kann. Und wenn sie das erkennen, haben sie auch die Macht, es durchzusetzen. Wenn sie sich dazu durchringen, hat die Bundesrepublik eine Chance, als kapitalistische Demokratie noch eine lange, unabsehbare Zeit zu existieren – auch in einer Umwelt, die offensichtlich mehr und mehr dazu neigt, den privaten Kapitalismus als Anachronismus zu empfinden.

Wenn sie sich nicht dazu durchringen, wenn sie sich wie der letzte BILDZEITUNG-Leser vom Cäsarenwahn ihres Klassengenossen Springer berauschen lassen, wenn sie von den katastrophalen Traditionen ihrer Klasse im Deutschen Reich nicht loskommen, wenn sie die Bundesrepublik wieder zum Deutschen Reich werden lassen: dann ist die Bundesrepublik verloren und sie mit ihr. Einen neuen deutschen Faschismus erträgt die Welt nicht mehr. Der Anstoß zur Umkehr und zur Demokratie würde dann ein drittes Mal nur noch von einem durch ein kapitalistisches Deutschland verursachten und verlorenen Krieg kommen können: dann aber voraussehbarerweise nur noch zugleich mit dem Sozialismus, wie jetzt schon in der DDR; und auch das nur in dem kaum mehr wahrscheinlichen Falle, daß von Deutschland dann noch irgend etwas übrigbleibt.

Sieg der Untertanen

Demokratie als Aushängeschild und Feldgeschrei

Wir wollen nichts dramatisieren. Die Verabschiedung der Notstandsverfassung ist kein scharfer Einschnitt in der Geschichte der Bundesrepublik, sie ist nicht einmal mehr eine Überraschung. Sie ist nur eine neue Station in der ständigen Rückentwicklung der Bundesrepublik zu einem Obrigkeits- und Untertanenstaat alten, vordemokratischen Stils, und wahrscheinlich nicht die letzte. Allerdings hat sich diese Entwicklung in den letzten zwei Jahren erheblich beschleunigt, und es ist zu befürchten, daß sie sich weiter beschleunigen wird.

In der Rückschau kann man sehen, daß das Grundgesetz von 1949, das den Anfang einer demokratischen Entwicklung in Deutschland setzen sollte, bereits der abschließende Höhepunkt dieser Entwicklung war. Die grundsätzliche Abwendung wurde bereits 1950 vollzogen, mit Adenauers Vorschlag der deutschen Wiederbewaffnung. Der Gedanke einer friedliebenden und demokratischen Bundesrepublik, der im Grundgesetz verkörpert war, wäre ein scharfer Bruch mit der Tradition des Deutschen Reiches gewesen. Mit dem Wiederbewaffnungsvorschlag nahm Adenauer diese Tradition wieder auf.

Und dann folgte alles Schlag auf Schlag: die Ablehnung des sowjetischen Friedens- und Wiedervereinigungsangebots, der Eintritt in das Westbündnis, die Wiederbewaffnung, die allgemeine Wehrpflicht, das Verbot der KPD, die Selbstgleichschaltung der SPD, die Große Koalition, der Aufstieg der NPD und nun die Notstandsverfassung, die eine CDU/

SPD-Koalition jetzt verabschiedet hat und die eine CDU/ NPD-Koalition in ein paar Jahren anwenden wird.
Das alles hängt untrennbar miteinander zusammen, eins ergibt sich zwingend aus dem anderen. Ein Staat, der in der Lage der Bundesrepublik die Traditionen des Deutschen Reiches fortsetzt, der wie das Deutsche Reich Machtpolitik treiben und durch Machtpolitik wieder das Deutsche Reich *werden* will, kann so wenig wie das Deutsche Reich – ja, wegen seiner Schwäche und Exponiertheit noch weniger als das Deutsche Reich – etwas anderes sein wollen als ein straff disziplinierter Obrigkeits- und Zwangsstaat.
Für einen solchen Staat darf Demokratie nicht mehr bedeuten als ein Aushängeschild und Feldgeschrei; wirkliche Demokratie kann er sich nicht leisten – weder Grundsatz-Opposition noch Regierungswechsel, weder soziale Selbstbestimmung noch liberale Reform. Es ist kein Zufall, daß die Bundesrepublik, die heute wieder die stärkste konventionelle Armee und neuerdings nun auch die pedantischste und ausgeklügeltste Notstandsverfassung in Westeuropa hat, seit 1950 nicht *eine* bedeutende Reform ihrer überständigen Einrichtungen zustande gebracht hat, daß ihr Straf- und Strafvollzugsrecht wie eh und je vorsintflutlich, ihr ganzes Justizsystem barock und vordemokratisch, ihr Erziehungs- und Bildungssystem veraltet und unzulänglich, ihr Familienrecht patriarchalisch, ihr Steuerwesen chaotisch, ihre Sozialverhältnisse feudalistisch und ihr Parteien- und Parlamentsbetrieb klappernder Leerlauf sind: Man kann eben nicht gleichzeitig restaurieren und reformieren. Es ist eins oder das andere. Und die Bundesrepublik hat sich längst entschieden – für die Restauration.
Es ist auch kein Zufall, daß die Begriffe »demokratisch« und »revolutionär« heute in der Bundesrepublik wieder, nicht anders als einst im Deutschen Reich, ineinander übergehen.

Die Bewegung der jungen Generation, die heute Universitäten und Schulen erfaßt hat und vielleicht morgen auch Kirchen, Gewerkschaften und Bundeswehr erfassen wird, ist demokratisch – und gerade darum schon wieder revolutionär. Die Notstandsgesetze sind eine Art Kriegserklärung des Establishments an diese Bewegung. Die Parteien der Großen Koalition haben ihre verzweifelten Proteste – die ja auch eine Art verstecktes Friedensangebot in letzter Stunde waren – mit unüberbietbarem Hochmut beiseite gewischt. Durch die Reden der letzten Bundestagsdebatten schien ständig das alte Wort vom beschränkten Untertanenverstand zu geistern. Die Notstandsverfassung ist die eiserne Faust, die das Establishment der Jugendopposition entgegenhält: Darin liegt heute ihre einzige realpolitische Bedeutung.

Der äußere Krieg, für den sie ursprünglich gedacht war, ist unwahrscheinlich geworden; und sollte er, was Gott verhüte, doch noch kommen, so wird die Bundesrepublik kaum Zeit haben, die Notstandsverfassung anzuwenden, ehe sie besetztes Gebiet geworden ist. Was die Notstandsverfassung heute anvisiert, das ist der Bürgerkrieg; und bei weitem ihr einprägsamster Bestandteil ist die neue Rolle, die sie der Bundeswehr zudiktiert: Ihre Aufgabe soll von nun an nicht nur die Landesverteidigung, sondern auch die Verteidigung des Regimes gegen innere Unruhen sein.

Für eine Wehrpflicht-Armee ist das eine bedenkliche Aufgabe. Nicht allen jungen Bürgern in Uniform wird sie einleuchten. Eine gewisse innere Folgerichtigkeit ist indessen auch dieser »Umfunktionierung« der Bundeswehr nicht abzusprechen. Daß frustrierte Aggressivität eine Tendenz hat, nach innen umzuschlagen, ist ein gesicherter Lehrsatz moderner Tiefenpsychologie; und bei ihrem Rückwärtsmarsch in die Geisteshaltung des Deutschen Reiches mußte die Bundesrepublik mit einer gewissen Unvermeidlichkeit eines Tages auch wieder auf die alte Formel stoßen: »Gegen Demokraten helfen nur Soldaten.«

Wie gesagt, das alles ist keine Überraschung mehr. Es liegt folgerichtig auf der Linie einer nunmehr beinahe zwanzigjährigen Entwicklung. Es ist auch keine Überraschung mehr, daß die SPD ihre Zustimmung zur Notstandsverfassung gegeben und sie dadurch nach zehnjähriger Ziererei möglich gemacht hat. Diese Zustimmung war sozusagen die Morgengabe der SPD an die CDU, der Preis für ihre Zulassung zur Koalition, und sie entspricht im übrigen völlig den eingeschleiften SPD-Traditionen von 1914, 1918 und 1932.

Wer von der SPD etwas anderes erwartet hatte, ist selber schuld. Unerwartet, und ein bißchen peinlich, war höchstens das falsche Pathos, mit dem Brandt nachträglich versicherte, gegen einen Mißbrauch der Notstandsverfassung werde die SPD auf die Barrikaden gehen. Die SPD wird niemals auf die Barrikaden gehen, und übrigens wären diese verfetteten älteren Herrschaften dort auch zu gar nichts nutz. Ihr Kampfplatz, wo sie zu etwas nutz hätten sein können, war das Parlament, und dort haben sie, wie immer, den Paß verkauft.

Falsche Solidarität

Baader, ein deutscher Mao?

Ja, auch ich habe Ulrike Meinhof ein bißchen gekannt und zu Zeiten ganz gern gehabt. Aber meine Sympathie war bereits erschöpft, als sie aus weiblicher Rachsucht das Bett ihres geschiedenen Ehemanns bepinkeln ließ. Was die Aktivitäten der Bande betrifft, der sie nun seit zwei Jahren als Propagandistin und Quartiermacherin dient, so sind sie ein ganz gewöhnlicher Kriminalfall – und keiner, der zu Gedanken über Strafrechtsreform Anlaß gäbe. Wie sehr man auch die sture und brutale Vielstraferei eingeschränkt sehen möchte: Raub, Einbruchdiebstahl, Brandstiftung und Urkundenfälschung werden immer Straftaten bleiben müssen, in jeder Gesellschaft, und Leute, die sich zusammentun, um diese Straftaten zu begehen, wird jede Gesellschaft verfolgen und aus dem Verkehr ziehen müssen.

Mit Politik hat das alles nichts zu tun. Gut, auch der junge Stalin hat Raubüberfälle verübt, um die Partei zu finanzieren, aber wo ist hier die Partei? Gut, in jeder Revolution geschehen Gewalttaten, aber wo ist hier die Revolution? Wenn Baader in seiner jüngsten Verlautbarung von »Volkskrieg« spricht, dann kann man wirklich nur bitter lachen: wo ist hier das Volk? »Dem Volke«, hat eine zeitweilige Mitmacherin mit Recht gefunden, »tritt die Gruppe in ihren Aktionen nur als Feind gegenüber.« Baader, ein deutscher Mao? Eher ein deutscher Mackie Messer.

Und doch gibt es ein berühmtes Mao-Wort, an das man bei der ganzen Geschichte immer wieder peinlich erinnert wird. »Die Partisanen«, hat Mao gesagt, »müssen im Volke schwimmen wie die Fische im Wasser.« Baader und die Sei-

nen sind nicht Partisanen, sondern Gangster, und sie schwimmen auch nicht im Volke, aber es gibt tatsächlich eine gesellschaftliche Gruppe, in der sie schwimmen wie die Fische im Wasser: das deutsche linke Bildungsbürgertum. Nette, in Genschers Worten »sonst honorige« Leute: Professoren, Pastoren, Journalisten – unsereins. Ich habe selbst in den letzten beiden Jahren bis zum Überdruß das Gesellschaftsspiel mitspielen müssen, das mit der Frage beginnt: »Was würden Sie tun, wenn Ulrike plötzlich an Ihrer Tür klingelte?« Und die meisten Leute reagieren auf diese Frage geschmeichelt und irgendwie gekitzelt: »Nun, ein Nachtlager und ein Frühstück würde ich ihr wohl geben.«
Die Bande wäre längst hinter Schloß und Riegel, wo sie hingehört, wenn sie nicht immer wieder diesen Rückhalt fände, der über ein Nachtlager und ein Frühstück meist weit hinausgeht. Und hier wird die Sache ernst, hier wird sie auch politisch: Denn wenn diese Quartiergeber und aktiven Sympathisanten nicht endlich merken, was sie tun, werden sie die gesamte Linke in Deutschland diskreditieren, die hoffnungsvollen Entwicklungen der letzten Jahre abrupt abstoppen und jeder Reformbewegung das Lebenslicht ausblasen.
Die Motive der Sympathie und der Grad der Beteiligung sind natürlich verschieden. Alte Bekanntschaft oder christliches Mitleid sind *eine* Sache. Mitwisserschaft und halbe Mittäterschaft, die sich nur nicht ganz traut, sind eine *andere;* auch Angst spielt manchmal eine gewisse Rolle – die Quartiersucher sind ja bewaffnet. Aber allen Helfern gemeinsam ist ein vages Gefühl, das sich in die Worte fassen läßt: »Wir Linken müssen unter allen Umständen zusammenhalten.« Und das ist falsch. Wir Linken müssen keineswegs mit Verbrechern zusammenhalten. Verbrecher, die sich mit linken Phrasen drapieren, sind die schlimmsten Feinde der Linken. Mitleid, gewiß, Mitleid soll der Christ auch mit seinen Fein-

den haben, und fast jeder Verbrecher ist, genau betrachtet, ein armes Schwein. Deswegen darf man ihn doch nicht gewähren lassen, geschweige ihm bei seinen Verbrechen helfen. Wenn Mitleid mit dem Verbrecher zur Solidarität mit dem Verbrecher ausartet, wird es selbst zum Verbrechen.
Es ist beklemmend zu sehen, wie sich diese falsche Solidarität auf der deutschen intellektuellen Linken gewissermaßen in Wellenringen ausbreitet. Brückner solidarisiert sich mit Meinhof; Prof. Seifert solidarisiert sich nicht mit Meinhof, wohl aber mit Brückner; andere solidarisieren sich nicht mit Brückner, wohl aber mit Seifert. Und so werden alle schließlich in den Strudel gezogen: und keiner merkt, wie Springer sich die Hände reibt.

Blutiges Spiel

Springers Teufelssaat

Wenn Springer angesichts der Bombenattentate von einer »Teufelssaat« spricht, die jetzt aufgegangen sei, sollte er sich an die eigene Nase fassen. Niemand hat in Deutschland die Saat der Gewalt seit Jahren so eifrig ausgesät wie die Springerpresse. Ein Polizistenmörder ist seinerzeit im Berliner Springerhaus auf frischer Tat mit Sekt gefeiert worden; allerdings war der Polizist, den er erschossen hatte, ein Ostpolizist, und damals ging es nicht gegen den amerikanischen Vietnamkrieg, sondern gegen die Berliner Mauer. Aber die Mittel, mit denen dort unter dem aufmunternden Beifall der Springerpresse »Propaganda der Tat« betrieben wurde, waren dieselben wie heute – Sprengstoff und Schußwaffen –, die Opfer waren genauso zufällig und genauso unschuldig, und auch die Mentalität der Täter war die gleiche: dieselbe blind um sich schlagende Entrüstung, dieselbe Freude am Indianerspiel und Bereitschaft zum Verbrechen, derselbe totale Mangel an politischem Denken.

Auch wenn man eines Tages die Entstehungsgeschichte der Baader-Meinhof-Bande und anderer Terroristenvereine erforscht, wird man an dem direkten Schuldanteil der Springerpresse nicht vorbeikommen. Hat man wirklich schon die Lynchjustizkampagne in BILD und BZ vergessen und alles, was daraus folgte – die Erschießung Ohnesorgs, das Dutschke-Attentat, die Knüppelschlachten auf den Straßen und Plätzen deutscher Großstädte?

Und glaubt man wirklich, das alles hätte mit dem blinden Haß und der wilden Rachsucht, die sich jetzt in Bombenanschlägen austobt, nichts zu tun? Der ehemalige APO-Anwalt

Horst Mahler hat in einem der Briefe, die er aus der Haft geschrieben hat und die die Öffentlichkeit erreicht haben, höhnisch die BILDZEITUNG zitiert, die damals schrieb, man solle durch Knüppelschläge auf die Köpfe demonstrierender Studenten den dort etwa vorhandenen Grips locker machen. Ja, schreibt Mahler triumphierend, die Knüppelschläge, zu denen Springer aufrief, haben wirklich Grips locker gemacht, sie haben friedliche Demonstranten zu entschlossenen Guerillakämpfern erzogen!

Nun, ob das, was da locker gemacht wurde, die Bezeichnung »Grips« verdient, darüber bin ich anderer Ansicht als Springer und Mahler. Aber daß Springer sich die Leute, die jetzt in seinem Verlagshaus Bomben legten und seine unschuldigen Angestellten krankenhausreif machten, zum guten Teil selbst herangezüchtet hat, darüber ist nicht zu streiten.

Das entschuldigt diese Leute natürlich nicht. Die Sympathie, die sie bei vielen erweckten, als sie friedliche Demonstranten und selbst Opfer der Gewalt waren, haben sie verscherzt, indem sie ihrerseits Gewaltverbrecher wurden. Denn das sind sie heute: reine Gewaltverbrecher. Sie haben nicht einmal die Entschuldigung, daß sie mit ihren Verbrechen irgendeinem politischen Ziel dienen. Im Gegenteil: Niemand hat mehr Grund, sie zum Teufel zu wünschen, als die politische Linke, deren Sache sie diskreditieren.

Was sie selbst zu ihrer Rechtfertigung vorbringen, macht alles nur noch schlimmer. Wenn irgend etwas noch abstoßender ist als ihre Verbrechen selbst, dann sind es die literarischen Verlautbarungen, die sie darüber herausbringen. Was ist das für eine abgrundtiefe Dummheit, die sich und anderen vormachen will, sie richtete etwas gegen den amerikanischen Bombenterror in Vietnam aus, indem sie ungezielt irgendwelche anonymen Amerikaner in Deutschland umbringt, die vielleicht selbst Vietnamkriegsgegner sind! Und dazu das Imponiergehabe, mit dem militärische Kommuniqués nachgeäfft werden! Als ob man dadurch zum Guerillakämpfer würde, daß man sich Bezeichnungen wie »Kommando Petra Schelm« oder »Kommando 2. Juni« anhängt. Guerillakrieger sind diese Leute ebensowenig wie irgendwelche anderen Mörder. Guerillakrieg ist eine ernste Sache, keine blutige Kinderei. Wenn die heutigen Bombenleger irgendwelche Vorläufer haben, dann sind es nicht Maos oder Castros Guerilleros, die ja den Keim eines wirklichen zukünftigen Staates darstellten, als sie noch in Bergen und Höhlen hausten, sondern allenfalls die Anarchisten der Zeit vor 1914, die sich darauf spezialisiert hatten, Staatsmänner und gekrönte Häupter umzubringen. Aber selbst die waren ernster zu nehmen, obwohl auch sie politisch nie etwas erreicht haben. Sie riskierten bei ihren gezielten Attentaten immerhin auch ihr eigenes Leben. Sie bildeten sich nicht ein, Heldentaten zu vollbringen, indem sie heimlich und aufs Geratewohl irgendwo eine Bombe versteckten, dann davonliefen wie Lausejungen, die einen Streich verübt hatten, und gespannt warteten, wen es treffen würde: die Richtersfrau in ihrem Volkswagen, die Korrektoren in Springers Setzereien oder irgendwelche GIs in ihrer Kantine. Scheußlichkeiten – und dahinter ein knäbischer Unernst. Auch der erinnert übrigens irgendwie an Springer.

Rückblick auf die Siebziger

Ein Plädoyer gegen den Dogmatismus

Die großen Ereignisse des Jahrzehnts passierten woanders, draußen in der weiten Welt (meistens in der sogenannten »Dritten«) – der vierte Krieg in Israel, der Zusammenbruch Südvietnams, Chinas Kurswechsel nach dem Tod von Mao, die Spaltung des arabischen Lagers nach dem Anbruch des Friedens zwischen Juden und Ägyptern und schließlich die Revolution im Iran und der Sowjetputsch in Afghanistan. Vergleichsweise ereignisarm nimmt sich dagegen die politische Szenerie in Deutschland aus, was wichtige Neuigkeiten betrifft – ganz im Gegenteil zu den turbulenten Sechzigern, die voller Bewegung und Erschütterung waren und in den krassen Bonner Regierungswechsel mündeten. Dennoch versteht es sich von selbst, daß die Unordnung im Ausland sich überall in Westeuropa auswirkte und dem deutschen Jahrzehnt einen kummervollen Beiklang von Besorgnis, Unzufriedenheit, ja sogar Weinerlichkeit verlieh.
Eine Sache sollte man sich jedoch ins Gedächtnis rufen, und das sind die Ost-West-Entwicklungen im Herzen des Kontinents, die von unmittelbarem Interesse waren. Sie haben nichts dermaßen Dramatisches an sich, wie es die Entwicklungen in der Dritten Welt so bemerkenswert machte, aber ihre Auswirkungen auf die Zukunft Deutschlands werden um so deutlicher zu spüren sein. Ich denke natürlich an die *détente,* die sogenannte Entspannung: den Versuch, die Feindseligkeiten des Kalten Krieges zwischen Ost und West zu zerstreuen, und den Aufbau von etwas kooperativem Verständnis zwischen den beiden Supermächten. Es war ein Versuch, der in gewisser Hinsicht von Kennedy und

Chruschtschow zuerst unternommen wurde und der, unterbrochen von der Barbarei des Vietnamkrieges, erst in den Siebzigern richtig ins Rollen kam.

Erinnert man sich daran, wie Dr. Kissinger um die Welt reiste und die Herren Nixon und Breschnew regelmäßig und nach Plan ihre Treffen abhielten, um dies oder jenes Abkommen zu unterzeichnen (den feierlichen Vertrag, einen Atomkrieg zu verhindern, eingeschlossen) – lang scheint es her! Der Höhepunkt der Ost-West-Entspannung wurde genau in der Mitte des Jahrzehnts erreicht, 1975 in Helsinki, als einige 35 Nationen – unter der Führung der USA und UdSSR und im Schlepptau der zwei Hälften des alten Deutschen »Reiches« – die Unterzeichnung eines Stückes Papier gebührend feierten, welches »Sicherheit und Zusammenarbeit« in Europa versprach.

Seitdem ist die *détente* ins Trudeln geraten, und in der zweiten Hälfte der Dekade nahmen neue (oder die alten) Spannungen den Raum ein, in dem Entspannung herrschen sollte: das gegenseitige Mißtrauen war wiedergekehrt, die beiden Supermächte hatten sich auf einen weltpolitischen »Stellungskrieg« eingelassen (oder zum mindesten auf ein Gerangel um die bessere Ausgangslage), wobei die Sowjetunion sich in verschiedenen Teilen Afrikas etablierte und die USA gen China rückte. Und als der letzte Tag des Jahres die Nachricht von den Ereignissen in Kabul brachte, war das, was Raymond Aron etwa 30 Jahre zuvor *le grand schisme* genannt hatte, wieder mitten unter uns.

Aber mit einem schrecklichen, kleinen Unterschied. In ebendiesen zehn Jahren ist die Sowjetunion erstarkt, sind die USA schwächer geworden – beide in militärischer und, was um so schwerer wiegt, in politischer und psychologischer Hinsicht. Für die Amerikaner war es ganz offensichtlich ein Jahrzehnt der Katastrophen – zuerst das Debakel Vietnams,

dann Watergate und schließlich die pathetische Kraftlosigkeit ihres Präsidenten Jimmy Carter. In den Augen der Deutschen wandelte sich das Bild Amerikas von einem großartigen, bewundernswerten Vorbild (und Uncle Sam, dem großen Beschützer), aller Treu und allen Glaubens würdig, zu etwas Hilfsbedürftigem und Bemitleidenswertem.
Und das ist einer der, vielleicht der Hauptgrund für das Unbehagen, das die siebziger Jahre für die westdeutsche Bundesrepublik kennzeichnet. Zu Beginn des Jahrzehnts kamen die Westdeutschen gut voran mit mehreren Ostverträgen (mit den Polen, mit den Russen, wobei sie faktisch die Grenzen anerkannten, die durch den Zweiten Weltkrieg entstanden waren), und ohne Zweifel war das genau das Richtige und brachte sogar gewisse Vorteile mit sich. Die endlose Folge von Berlinkrisen brach ab, und so ziemlich jeder westdeutsche Bürger konnte nun die Barrieren der Mauer und der Staatsgrenze überwinden, um seine Verwandten in der DDR zu besuchen.
Aber alle deutschen Jetons waren in der Ost-West-Wette gesetzt. Was passierte nun, wenn dieses Spiel aus ist, wenn tatsächlich entschieden werden muß: durch dick und dünn gehen mit einem schwächeren und unwägbaren amerikanischen Superpartner oder eine Art von Quasi-Neutralität einnehmen, die Westdeutschland völlig schutzlos der Launenhaftigkeit der Kremlspitze ausliefern würde? Allein der Gedanke, solch eine unselige Wahl treffen zu müssen, ist der depressive Faktor vieler politischer Deutscher schlechthin.
Erstaunlicherweise ist dies aber nicht Gegenstand breiter Diskussion. Was die öffentliche Meinung umtreibt, sind die weniger hinterhältigen Themen: die allgemeinen Probleme des Westens mit der Inflation, Arbeitslosigkeit und die drohende Energiekrise. Aber auch hier sind – zum mindesten für den Moment – die Bedenken eher auf die Zukunft als auf

die Gegenwart gerichtet. Denn die Deutschen »hatten es noch nie so gut«, niemand hungert, niemand friert, mehr Autos als je zuvor sind unterwegs, Fabriken stehen in Blüte, Geschäftsaussichten sind rosig, und das geschäftige, kleine, reiche Westdeutschland erscheint geradezu als »Neidapfel« der westlichen Welt. In der Tat hat keine andere westliche Wirtschaft die Probleme der siebziger Jahre so effektiv, so ertragreich gemeistert wie die deutsche; keine andere besitzt so viel Stabilität, so geringe Inflationsraten, so wenig Arbeitslose. Dennoch geht die Sorge um, womöglich weil sich einige besser fühlen, wenn sie sich Sorgen machen.

Alles in allem wurden wir in den siebziger Jahren Zeugen des düsteren Endes des nachkriegsdeutschen Wirtschaftswunders der Adenauer-Erhard-Ära. Die deutsche Illusion (und damit waren sie beileibe nicht die einzigen) eines pausenlosen, unerschöpflichen, automatischen Wirtschaftswachstums wurde stark erschüttert, und dieser Tiefschlag wirkt noch nach. Im Materiellen – um ganz sicher zu gehen – liegt die Betonung immer noch auf »mehr« (und »mehr«); aber die allgemeine Angst, daß die Dinge in naher Zukunft wahrscheinlich ganz anders werden, sitzt allen im Nacken. Zusammengenommen beginnen all die Schatten zukünftiger Dinge etwas im Charakter der Deutschen hervorzubringen, was man gemeinhin überwunden glaubte. Die traditionellen Schwächen, die ich – so scheint's – mehr und mehr entdecke, sind unter anderem ein gewisser Mangel an Klugheit und Maß, die Veranlagung zu dogmatischer Behauptung und Übertreibung und etwas ganz Besonderes: die Lust am Untergang. Damit meine ich die seltsame, enthusiastische Erleichterung, die viele Deutsche angesichts der Entdeckung verspürten, daß Wachstum Grenzen hat, und wie der Sog zur sogenannten »Grünen Bewegung« mit diesem »postindustriellen« ökologischen Eskapismus amalgamiert war.

Meines Erachtens war es anfangs eine recht vernünftige Reaktion auf die ausufernde Verschmutzung der industriellen, sich verstädternden Welt. Aber die Grünen wurden zu einer politischen Bewegung mit einem Programm, das den Lauf der modernen Geschichte umkehren, die Industrielle Revolution zurückdrehen, in die Vergangenheit zurückkehren möchte – möglicherweise sogar in die gute alte Steinzeit oder, als Kompromiß, auch nur in irgendein romantisches Jahr des frühen 19. Jahrhunderts. Daß die tatsächlichen Folgen jedes derartigen Programms den Absturz von Millionen Europäern – um nicht von den Millionen anderswo zu reden – ins allerschlimmste Elend bedeuteten, davon ist kaum die Rede. Die Grünen beharren dennoch darauf, Wachstum als schlecht, Technik als schlimmer und die Industrie insgesamt als böse, verantwortungslos und sündhaft zu brandmarken. Die Zivilisation hat die falsche Abfahrt genommen: Laßt uns alle umkehren, bevor es zu spät ist (und das Ende ist nah ...), zurück zum einfachen Leben. Die Tatsache, daß die Ölkrise den Nachschub auch in Zukunft verknappt – künstlich, ertragreich verknappt, was die Ölscheichs betrifft –, erfüllt unsere Grünen mit Schadenfreude (einer weiteren Facette unseres deutschen Charakters), und die Möglichkeit, daß wir vielleicht in der Lage sind, das Energiedefizit mittels Atomreaktoren zu kompensieren, treibt sie in aufgebrachte Militanz. »Atomkraft – nein danke!« ist davon nur die höfliche Version, die an den Windschutzscheiben ungezählter deutscher Automobile zu finden ist (und fragen Sie bloß nicht, was unsere grünen Freunde mit ihren Vehikeln machen, wenn es ans Rationieren geht). In jedem Fall kann ein Autofahrer hinter seinem tödlichen Steuerrad – es gab mehr als 10 000 Verkehrstote durch Autounfälle im letzten Jahr – nicht zum moralischen Mahner der »menschlichen Sicherheit« und der tödlichen Gefahren von Harrisburg ge-

macht werden ... Die Grünen legen jedoch zahlenmäßig zu, ganz dem Plan verschrieben, die Welt zu stoppen und auszusteigen. Vergeblich hatte man gehofft, daß gerade die Deutschen von einem derartigen »Kurzschlußdenken« geheilt wären.
Weitere Beispiele dafür sind jedoch nicht zu übersehen. Der ganze Terror der siebziger Jahre, voll von gewalttätiger Energie und hirnlosen Parolen, die so viele junge Deutsche aus den besten Bürgerfamilien anzogen. Der dogmatische Feminismus des Jahrzehnts, mit seinen streitbaren Frauengesichtern, voller Haß auf jedes männliche Wesen. Nein, ich bin kein verknöcherter Feind der Frauenbefreiung (und begrüße die erste Premierministerin Europas). Aber ich bin erschrocken über all die feministischen Buchläden (ausschließlich mit Büchern von Schriftstellerinnen) und diese schrecklichen »Frauenkneipen« (spezielle Cafés, nur für Mütter und Töchter, für Jungen verboten).
Es könnte sein, daß all dies nur periphere Geschehnisse sind. Aus der Peripherie kommen allerdings häufig wichtige Signale – und in den letzten Jahren bekamen wir alles in allem zu viele deutsche Signale innerer Unruhe und Unzufriedenheit, obwohl Land und Leute von jeglicher Unbill verschont blieben. Falls sich jemand bemüßigt fühlt, alte deutsche Tugenden durchzustöbern, wäre es von Nutzen, er tauchte mit einigen anderen für die schöne neue Welt der Achtziger wieder auf, mit »Tapferkeit« zum Beispiel – mit einem klein wenig Courage.

Anhang

Quellenverzeichnis

Zwischen den Kriegen
Mein erstes politisches Erlebnis. *Stern, 38/1968*
Deutschland zwischen den Kriegen. *In: Oldenburg und das Ende der Weimarer Republik.* Hrsg. von der Stadt Oldenburg. Oldenburg 1982
Der Spanische Bürgerkrieg. *In: Ein Volk, ein Reich, ein Führer. Zeitgeschichte in Wort, Bild und Ton. 1933–1937.* Herrsching 1989
Und führ' uns gleich ins Dritte Reich. *In: Ein Volk, ein Reich, ein Führer. Zeitgeschichte in Wort, Bild und Ton. 1933–1937.* Herrsching 1989

Hitlerzeit
Der Abschied. *Stern, 14/1983*
Parteiendämmerung im Deutschen Reich. *In: Ein Volk, ein Reich, ein Führer. Zeitgeschichte in Wort, Bild und Ton. 1933–1937.* Herrsching 1989
Rückblick auf München. *The Observer/London, 28.9. und 5.10.1958.* Aus dem Englischen von Kurt Baudisch.
Heuschrecken. *Die Zeitung/London, 17.3.1941*

Kalter Krieg
Das Ende von sieben Jahren. *The Observer/London, 28.12.1952.* Aus dem Englischen von Kurt Baudisch.
»Kalter Frieden«. *The Observer/London, 5.10.1952.* Aus dem Englischen von Nina Hartl.
Das Ende des Wunders. *The Observer/London, 4.12.1955.* Aus dem Englischen von Kurt Baudisch.
Agenda für Deutschland. *The Observer/London, 1.2.1959.* Aus dem Englischen von Kurt Baudisch.

17. Juni 1953. *The Observer/London, 21.6.1953.* Aus dem Englischen von Nina Hartl.
Ein Staat der Partei. *The Observer/London, 1.5.1960.* Aus dem Englischen von Kurt Baudisch.
Noch einmal davongekommen? *Die Welt, 15.8.1961*
Eine ganze klinische Literatur. *Civis, 20.1.1961*
Berlin – Hauptstadt und sonst nichts! *magnum. Zeitschrift für das moderne Leben, 41/1962.*

Entspannung

Die deutsche Frage. *The Observer/London, 13.12.1953.* Aus dem Englischen von Kurt Baudisch.
Deutschland, Rußland und der Westen. *Encounter/London, 10/1961.* Aus dem Englischen von Anne Gebhardt.
Mit der Teilung leben. *Konkret, 9/1965*
Die bedingungslose Integration. *In: Nach 25 Jahren. Eine Deutschland-Bilanz.* Hrsg. von Karl Dietrich Bracher. München 1970
Wo Bismarck und Adenauer scheiterten. *Stern, 41/1972*
Zweifel an Freund und Feind – Deutschland zwischen den Supermächten. *In: Zweifel an Freund und Feind. Politik im Umbruch.* Hrsg. von Gerhard Friedl. Stuttgart 1983
Die Anerkennung der DDR. *Die neue Rundschau, 3/1970*
12 Thesen zur Deutschlandpolitik. *Konkret, 3/1965*

Neue Kritik

»Das mußte einmal gesagt werden«. *Stern, 42/1972*
Rückfall in Schrecken und Willkür. *Spiegel, 46/1962*
Kein Ende der SPIEGEL-Affäre. *In: Forum. Österreichische Monatsblätter für kulturelle Freiheit, 3/1963*
Das Vertrauen der Bürger. *Die Welt, 20.11.1962*
Hundert Jahre deutsche Arbeiterbewegung. *Konkret, 4/1965*
Die Nacht der langen Knüppel. *Stern, 26/1967*

Faschismus und Kapitalismus. *Konkret, 7/1967*
Die Bestie erwacht. *Stern, 10/1968*
Freiheit auf Abruf. *Stern, 17/1968*
Ist die Bundesrepublik noch zu retten? *Stern, 18/1968*
Sieg der Untertanen. *Stern, 24/1968*
Falsche Solidarität. *Stern, 9/1972*
Blutiges Spiel. *Stern, 24/1972*
Rückblick auf die Siebziger. *Encounter/London, 3/1980.* Aus dem Englischen von Nina Hartl.
Ein neuer »Tag von Potsdam«? *Stern, 34/1991*

Ralph Giordano

Foto: tento press

(4860)

(4810)

(3943)

(80024)

(4817)